GUIDE BELLES LETTRES

Collection

dirigée

par

Jean-Noël Robert

DES CIVILISATIONS

DU MÊME AUTEUR

La Scala cœli de Jean Gobi, présentation et édition, éditions du CNRS, collection Sources d'histoire médiévale, IRHT, 1991, 766 p.

En collaboration avec Jacques Berlioz : *Les exempla médiévaux. Introduction à la recherche suivie des tables critiques de* l'Index exemplorum *de F. C. Tubach*, Carcassonne, GARAE/Hésiode, 1992, 295 p.

Dialogue avec un fantôme, Jean Gobi, présentation et traduction, Paris, 1994, Les Belles Lettres, collection La roue à livres, 185 p.

En collaboration avec Jacques Berlioz : *Les exempla médiévaux. Nouvelles perspectives*, actes du colloque de Saint-Cloud, 29-30 septembre 1994, Paris, Champion, 450 p., 1998.

En collaboration avec Jacques Berlioz : *L'animal exemplaire au Moyen Âge*, actes du colloque d'Orléans, 27-28 septembre 1996, Rennes, Presses universitaires de Rennes, 1999, 468 p.

Education, prédication et cultures au XIVe siècle. Essais sur Jean Gobi le Jeune († 1350), Lyon, PUL,1999.

MARIE-ANNE POLO DE BEAULIEU

LA FRANCE AU MOYEN ÂGE

De l'An mil à la Peste noire (1348)

LES BELLES LETTRES

DANS LA MÊME COLLECTION

Rome par J.-N. Robert

La Chine classique par Ivan P. Kamenarović

La Grèce classique par Anne-Marie Buttin

L'Islande médiévale par Régis Boyer

L'Inde classique par Michel Angot

L'Empire ottoman, XVe-XVIIIe siècle par Frédéric Hitzel

La Mésopotamie, par Jean-Jacques Glassner

L'Espagne médiévale, par Adeline Rucquoi

À paraître

L'Égypte des pharaons
L'Empire carolingien
Les Khmers
Le Tibet
L'Iran médiéval
La Mongolie de Gengis Khan
Le Siam
L'Amérique espagnole
Le Japon d'Édo
Les Mayas...

Pour consulter notre catalogue et découvrir nos nouveautés :
www.lesbelleslettres.com

ISBN : 2-251-41019-8

Le Moyen Âge est à la mode. Il est même devenu une sorte de fourre-tout des idéologies les plus diverses : royaliste au nom du « bon temps du roi Saint Louis », catholique au nom « du Moyen Âge très chrétien », écologiste en vertu du cantique aux créatures d'un François d'Assise et régionaliste grâce à certaines interprétations de l'hérésie cathare. Autant de clichés largement répandus par toutes sortes de médias : des revues aux albums de bandes dessinées, sans oublier les sites « donjons et dragons » qui fleurissent sur Internet.

Dans le même temps, la politique de valorisation du patrimoine ouvre les portes de nombreux monuments médiévaux, les met en scène dans de fabuleux sons et lumière (l'embrasement de la citadelle de Carcassonne) ou dans des fêtes médiévales hautes en couleur (Provins et bien d'autres). Enfin, les éditeurs offrent depuis une dizaine d'années des traductions de textes longtemps réservés à un petit nombre d'érudits capables de lire le latin médiéval. Dans le livre de poche, la collection « Lettres gothiques » et aux Belles Lettres, celle de « la Roue à livres », pour n'en citer que deux, ont permis de faire connaître nombre d'auteurs dans des genres aussi variés que la poésie, le roman, l'histoire, la théologie et la philosophie.

Les curieux ont donc ample matière pour satisfaire leur « goût du Moyen Âge » pour reprendre le titre d'un livre récent (Ch. Amalvi). Pourtant nombre d'aspects de cette civilisation nous demeurent incompréhensibles car trop éloignés de nos catégories mentales : les diverses acceptions de la notion de propriété (alleu, tenure, censive, etc.), les jugements de Dieu et les ordalies, la présence du surnaturel dans tous les aspects de la vie, la valeur quasi sacrée de la parole donnée, etc. Pour plonger, sans se perdre, dans ce Moyen Âge, finalement bien plus complexe que ne laissent

COMMENT UTILISER CE GUIDE ?

Il est, certes, possible de lire ce livre chapitre après chapitre, pour découvrir un panorama de la société médiévale ; mais il est aussi conçu pour que le lecteur puisse y trouver rapidement (et en extraire) des informations précises sur un sujet qui l'intéresse. Il est donc conseillé :

– de se reporter au sommaire : *chaque chapitre est divisé en rubriques (avec des renvois internes) qui permettent de lire, dans un domaine choisi, une notice générale. En outre, les autres rubriques du chapitre complètent l'information. Au début de chaque chapitre, une introduction situe le sujet dans une* *perspective différente, illustrant l'évolution de la société et des mentalités médiévales ;*

*– **d'utiliser l'index** à partir duquel, sur une notion générale, un terme technique, voire un personnage, il est possible de réunir, à travers l'ensemble du livre, plusieurs données complémentaires.*

***Une bibliographie choisie** permet, dans un premier temps, de se reporter à des ouvrages récemment parus pour y commencer une recherche. Tous offrent, sur le sujet qu'ils traitent, une bibliographie plus ou moins riche.*

Enfin, les tableaux de synthèse, les cartes et graphiques pourront aider à visualiser et mieux retenir les informations désirées. (Cf. table des cartes, plans et tableaux en fin de sommaire.)

croire certaines publications ou manifestations culturelles, des outils sont nécessaires afin de retrouver le sens d'une image, d'un monument, d'un texte et comprendre leur portée et leur fonction dans cette société à la fois proche de nous et à bien des égards devenue étrangère.

Des dictionnaires ont fleuri à l'approche du passage au XXIe siècle : le *Dictionnaire encyclopédique du Moyen Âge*, le *Dictionnaire de la France médiévale*, le *Dictionnaire raisonné de l'Occident médiéval*, etc. Ils offrent tous d'excellentes notices, reflétant en général l'état le plus récent de la recherche. Cependant, l'ordre alphabétique, pour utile qu'il soit, peut dérouter certains lecteurs. Dans ce modeste guide, l'ordre thématique permet d'offrir une information concise, certes, mais structurée, sur les traits principaux de la civilisation médiévale. Celle-ci est conçue dans toutes ses dimensions : des cadres politiques, administratifs et économiques aux manifestations de la culture folklorique, en passant par les soins du corps et les croyances dans leurs relations avec les rituels.

Ce guide ambitionne donc d'aider l'un à dépasser la fascination pour de prétendus mystères médiévaux (les Templiers, la sorcellerie, etc.), l'autre à sortir de la posture passive de spectateur ébloui par les mises en scène des monuments médiévaux. Il devrait également permettre de répondre aux interrogations qui peuvent surgir lors de la visite d'un musée, ou de la lecture d'un texte composé il y a plusieurs siècles.

Le lecteur sera alors à même de déceler les catégories et les cadres de notre civilisation qui plongent leurs racines dans ce Moyen Âge retrouvé : l'encadrement des fidèles catholiques par l'Église, la genèse de l'État moderne, certains gestes (comme se découvrir la tête pour saluer) et une bonne part de notre vocabulaire philosophique, juridique, technique et commercial.

Les limites chronologiques choisies situent ce volume entre le réveil de l'Occident aux alentours de l'an mil (avec bien des variations régionales) et la terrible épidémie de Peste noire qui ravagea toute l'Europe en 1348. Les limites géographiques de la France ont beaucoup varié durant ces trois siècles et demi. Nous raisonnerons dans cet ouvrage sur les limites de la France actuelle.

On ne s'étonnera pas du choix de certaines graphies pour les noms d'auteurs et de certaines dates, qui varient d'un ouvrage à l'autre. Nous nous sommes appuyés sur la dernière édition (1994) du Dictionnaire des Lettres françaises *pour établir ces noms d'auteurs et sur le* Dictionnaire encyclopédique du Moyen Âge *(Paris, Le Cerf, 1997)* et *sur les tableaux généalogiques du* Lexicon des Mittelalters *(IX Band, 1998) pour les dates.*

Remerciements

Que Brigitte Parent, dessinatrice à l'EHESS, reçoive ici l'expression de ma gratitude pour la quarantaine de dessins qu'elle a composés spécialement pour cet ouvrage.

SOMMAIRE

LA FRANCE AU MOYEN ÂGE, XIe-XIVe SIÈCLE

La période qui s'étend de l'an mil à l'épidémie de Peste noire (1348) voit, après une dissolution du pouvoir central, la reprise en main de la France par la dynastie capétienne, dans un contexte d'essor économique.

C'est durant cette période que la ville de Paris acquiert son titre de capitale du royaume de France. La renommée intellectuelle de Paris ainsi que ses horizons commerciaux débordent largement les frontières de la France.

Les frontières du royaume s'étendent tandis que le roi impose peu à peu son pouvoir à la tête d'une monarchie féodale. Les hommes et les femmes du Moyen Âge vivent au sein de réseaux de pouvoirs et de relations complexes. Les incessantes guerres contre les ennemis extérieurs (essentiellement les Anglais) et entre seigneurs créent un climat permanent d'insécurité.

Dans les campagnes, l'essor démographique conduit les paysans à chercher de nouvelles terres. L'essor de l'agriculture et la reprise du grand commerce entraînent le réveil des villes, dans lesquelles les activités artisanales s'organisent et se développent.

SOMMAIRE

L'enseignement s'organise, tandis que la langue évolue : la latin est réservé aux savants et aux célébrations religieuses, tandis que le français se diffuse dans la population et dans la littérature. La vie intellectuelle s'élargit à de nouveaux domaines, dominés par la théologie. La littérature évolue du style épique, collectif, au roman et à la poésie, plus intimistes.

L'art de la construction se met au service des grands et des institutions dont les palais et bâtiments publics ornent encore bon nombre de villes. L'architecture religieuse évolue de l'art roman à l'art gothique. Les artistes s'illustrent dans des genres moins spectaculaires que l'architecture mais tout aussi élaborés : les arts dits mineurs (enluminure, orfèvrerie, ivoire) et la musique.

X. LES LOISIRS ... 191

Les hommes et les femmes du Moyen Âge apprécient les loisirs, dont certains sont réservés à l'élite aristocratique : tournois, chasse et banquets animés par des troubadours. D'autres loisirs sont à la portée du plus grand nombre : les voyages, les fêtes en bonne partie fondées sur une puissante culture folklorique, les jeux liturgiques et le théâtre, mais aussi les bains et les jeux de société.

XI. LA VIE PRIVÉE ... 211

Les noms, le blason, le sceau mais aussi le lieu de vie et la manière de se vêtir constituent au Moyen Âge des marqueurs bien visibles de l'identité de chaque individu. Plusieurs discours sur le corps se croisent au Moyen Âge : discours médical, moralisateur et religieux. Les sources nous renseignent également sur les pratiques du corps. L'univers mental des hommes du Moyen Âge se laisse deviner à travers leurs pratiques religieuses et dévotionnelles, qualifiées parfois de « superstitieuses ».

CARTES, PLANS, TABLEAUX

Cartes

Plans

SOMMAIRE

Tableaux

Encadrés

Documents iconographiques

SOMMAIRE

Crédits des illustrations

L'Ordre seigneurial, XIe-XIIe siècle, par D. Barthélemy, Paris, Seuil, collection « Points Histoire », série « Nouvelle Histoire de la France médiévale », t. 3, 1990 (p. 22).
Le Moyen Âge, par R. Fossier, t. II, Paris, Armand Colin, 1982 (p. 27).
Des barbares à la Renaissance, par Balard, Genet et Rouche, Paris, Hachette (p. 30 et 33).
Le Moyen Âge, 987-1460, par G. Duby, Paris, Hachette, 1987 (p. 63).
Atlas de l'an mil, par M. Parisse et J. Leuridan, Paris, Picard, 1994 (p. 76).
Le Moyen Âge, par E. Perroy, Paris, PUF, 1955 (p. 89).

LA FRANCE AU MOYEN ÂGE

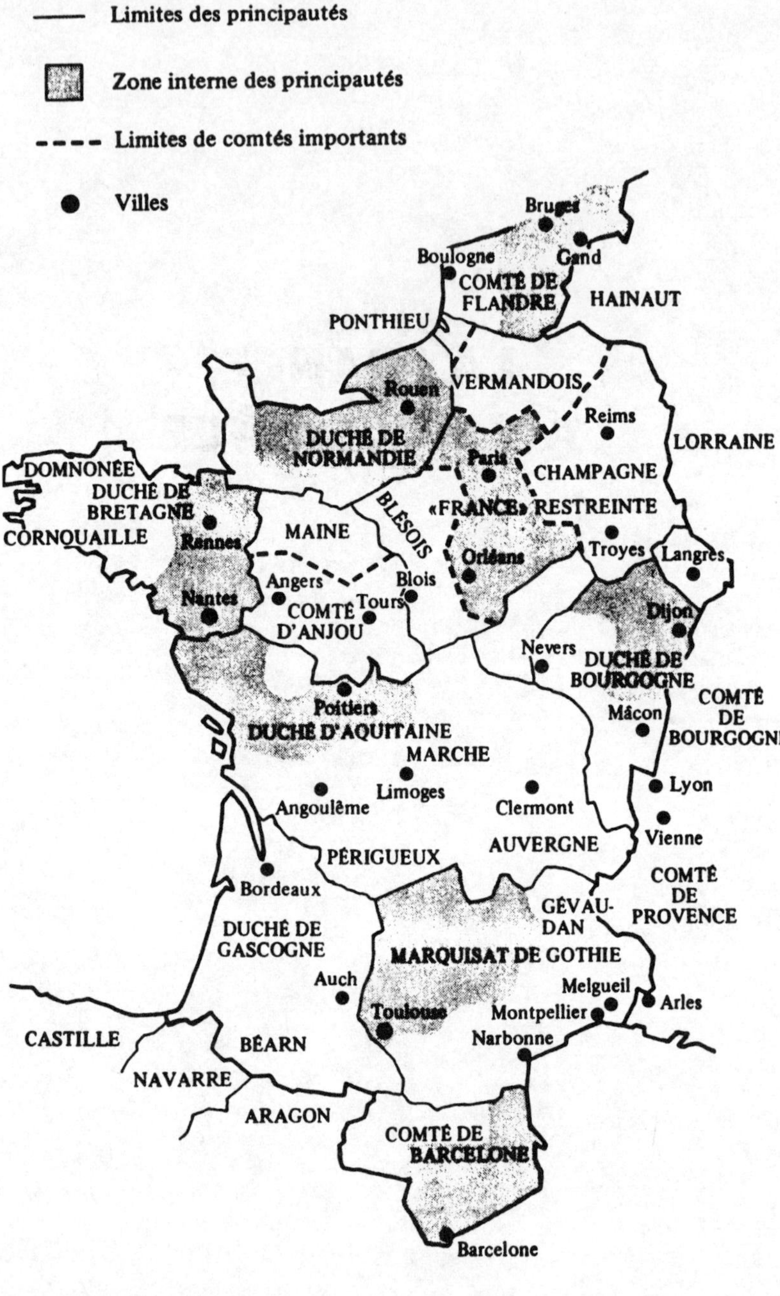

La France de l'an mil

I

APERÇU HISTORIQUE

Dans le millénaire médiéval (Ve-XVe siècle), la période comprise entre le XIe et le XIVe siècle émerge comme une charnière durant laquelle se sont mis en place les grands traits de la France actuelle. Après le choc des invasions barbares, la tentative impériale de Charlemagne et son échec, et avant les grandes crises de l'automne du Moyen Âge, ces quelque trois siècles apparaissent comme un havre de paix. Pourtant, c'est dans la violence féodale que les paysans sont durement soumis au droit du seigneur, et que les vassaux s'engagent par l'hommage envers un guerrier plus puissant. C'est en affrontant ses voisins – Flandre et Angleterre – que la France s'étend (non pas de façon linéaire mais avec des à-coups violents) pour atteindre presque ses frontières actuelles à la veille de la guerre de Cent Ans. Portées par un croissance économique de longue haleine, les campagnes parviennent à nourrir plus d'hommes et les villes sortent de leur léthargie. Mais les effets combinés de la Peste noire, de la guerre de Cent Ans et des blocages de la croissance achèvent dans la douleur cette ère de prospérité.

LE TOURNANT DE L'AN MIL

Le réveil de l'Occident

À partir de 980, toutes les sources s'accordent à noter un **essor agraire** (qui concerne 90 % de la population), mais aussi **commercial et urbain**. Cette croissance économique et démographique s'est accompagnée de la mise en place de nouvelles structures sociales et politiques. L'emprise de **l'Église** et de **l'État** s'est affirmée en même temps que s'établissent des réseaux de solidarité tels que la vassalité, la paroisse, la commune et la corporation.

La France a largement participé à ce large mouvement qui touche l'ensemble de l'Occident à des rythmes variés, et dont les causes demeurent complexes. Pour saisir les ressorts de ce décollage, l'historien se trouve aux prises avec un faisceau de facteurs : optimum climatique favorable à la croissance des végétaux et relâchement des pressions extérieures (musulmane, hongroise et viking). Il ne peut que constater une **croissance démographique**, une **amélioration des techniques de production et d'échanges** et une multiplication ou un agrandissement des **villes**. Sans préjuger de l'apport plus ou moins important de ces facteurs, objets de nombreux débats entre historiens, nous nous bornerons à présenter les caractères de cette expansion sans précédent.

Entre 900 et 1300, des températures plus élevées et surtout une humidité moindre facilitent le travail des « essarteurs » qui **défrichent** les grands massifs forestiers. En Mâconnais et en Poitou, la **forêt** recule devant la cognée et le feu. **L'optimum climatique** est également favorable aux **cultures vivrières**, notamment les céréales, base de l'alimentation. Des récoltes plus régulières et plus abondantes nourrissent une population qui échappe enfin au cercle vicieux de la disette et de la famine. Entre 950 et 1300, le taux moyen annuel de croissance est estimé pour la France à 0,4 % : ce n'est pas une explosion démographique, mais une lente et solide « crue d'hommes ». Les défrichements et la *Reconquista* offrent de nouvelles terres à cet afflux d'hommes. Les **paysans** font preuve d'une meilleure maîtrise des techniques dans le **travail du fer** (forges et outils en fer) et dans l'utilisation de l'énergie hydraulique (moulins). Ils améliorent également la **traction animale**, décisive dans la mise en valeur des sols lourds grâce à des labours profonds.

L'Église ne considère plus le **travail** des laïcs comme un châtiment divin, mais comme une nécessité vitale pour la société. Dans les villes, **l'esprit de profit** pousse les commerçants à rechercher de nouvelles associations pour mobiliser des capitaux et faciliter les échanges sur de longues distances. Dans les campagnes, les habitudes luxueuses de l'aristocratie aggravent la **pression seigneuriale** qui exige toujours plus des paysans : non seulement des corvées et des redevances en nature, mais aussi des redevances en **numéraire**. Les paysans, acculés à la production de **surplus commercialisables**, alimentent largement l'essor du commerce local et régional.

Cependant, dans certaines régions (Charente), l'essor rural a démarré hors de ce cadre contraignant, dans celui de la petite exploitation paysanne indépendante (alleu).

L'essor des campagnes et des villes

Les **défrichements** prennent trois formes qui laissent plus ou moins de traces dans la documentation écrite : l'élargissement des **terroirs anciens** par **grignotage au bout des champs,** la **création de villages neufs** et **l'occupation intercalaire**, un peu plus tardive. Les initiatives paysannes individuelles ont sans doute été décisives dans un premier temps (Charente, Sud-Ouest). Parfois, des **hôtes** (paysans étrangers au village) participent à ce travail en échange d'une tenure (hostise) et de privilèges accordés par le seigneur. Ce dernier organise également de vastes défrichements dont les clauses sont stipulées dans des **contrats de pariage** qui se multiplient après 1100. La tendance à la **concentration de l'habitat** (appelée encellulement) accompagne cette réorganisation du paysage agraire.

Si à la fin de l'Antiquité et durant le haut Moyen Âge les **villes** ont périclité en Occident, elles n'ont pas disparu pour autant. Leurs activités économiques se sont réduites à un modeste artisanat et à un commerce de petite envergure. Dès le XIe siècle, la **croissance** des villes est indéniable : les **faubourgs se multiplient**, de **nouvelles enceintes** sont élevées pour englober ces nouveaux quartiers dans le périmètre de la juridiction urbaine.

En France, **Paris** devient progressivement capitale. Elle se détache nettement d'un **réseau urbain dynamique,** mais moins développé qu'en Italie ou dans les Flandres. Le sud du pays compte des villes nombreuses mais peu peuplées, tandis qu'au nord de la Loire le réseau urbain est moins dense, mais constitué de villes plus importantes. Des unités urbaines ont été créées de toutes pièces ; portant le nom de villeneuves ou de bastides, elles sont particulièrement nombreuses dans le Sud-Ouest. En revanche, dans les régions frontalières (Poitou) ou isolées (Massif central, Vendée), l'urbanisation est plus tardive.

Le **réveil commercial** est concomitant à l'essor des villes : les marchés locaux et régionaux s'ouvrent sur des échanges lointains dès le Xe siècle, notamment ceux qui sont placés sur **l'axe reliant la Méditerranée et les mers du Nord.** Les **foires** les plus célèbres sont celles de Champagne et celle du Lendit à Saint-Denis près de Paris, qui connaissent leur apogée aux XIIe et XIIIe siècles.

Cette France en plein essor voit ses **cadres politiques** se raffermir à partir du XIe siècle.

LA CONSTRUCTION DU POUVOIR MONARCHIQUE

Des principautés territoriales…

Autour de l'an mil, l'unité carolingienne n'est plus qu'un lointain souvenir. Le pouvoir central appartient à un **roi** qui n'apparaît alors que comme un **seigneur** parmi d'autres. De plus, sa légitimité ne peut se prévaloir d'une longue tradition : Hugues Capet a inauguré par un coup de force la toute jeune **dynastie capétienne** en 987.

La véritable puissance est alors liée à la possession d'un **château** fortifié : le seigneur châtelain exerce son autorité sur un territoire délimité par ses **capacités guerrières** à s'imposer aux autres seigneurs laïcs ou ecclésiastiques des environs.

Devant l'éclatement de la **puissance politique**, une première tentative de regroupement se met en place au niveau de la **principauté** : les princes reprennent possession des seigneuries par achats, par prérogatives féodales, notamment par le **fief de reprise**. En Mâconnais, les premiers fiefs de reprise datent du XIe siècle. Le droit princier sur les forteresses « jurables et rendables » est restauré dès le siècle suivant.

Comme les autres princes, le **roi de France** cherche à reprendre en fief les châteaux indépendants (appelés allodiaux). Philippe Ier (1060-1108) avoue, à la veille de sa mort à son fils, le futur Louis VI (1108-1137), que la tour des sires de Montlhéry, qu'il n'a pu conquérir, l'a fait « vieillir avant l'âge ». Le domaine royal, réduit en taille, est alors composé non seulement de terres, mais également d'une multitude de droits et revenus de toutes sortes.

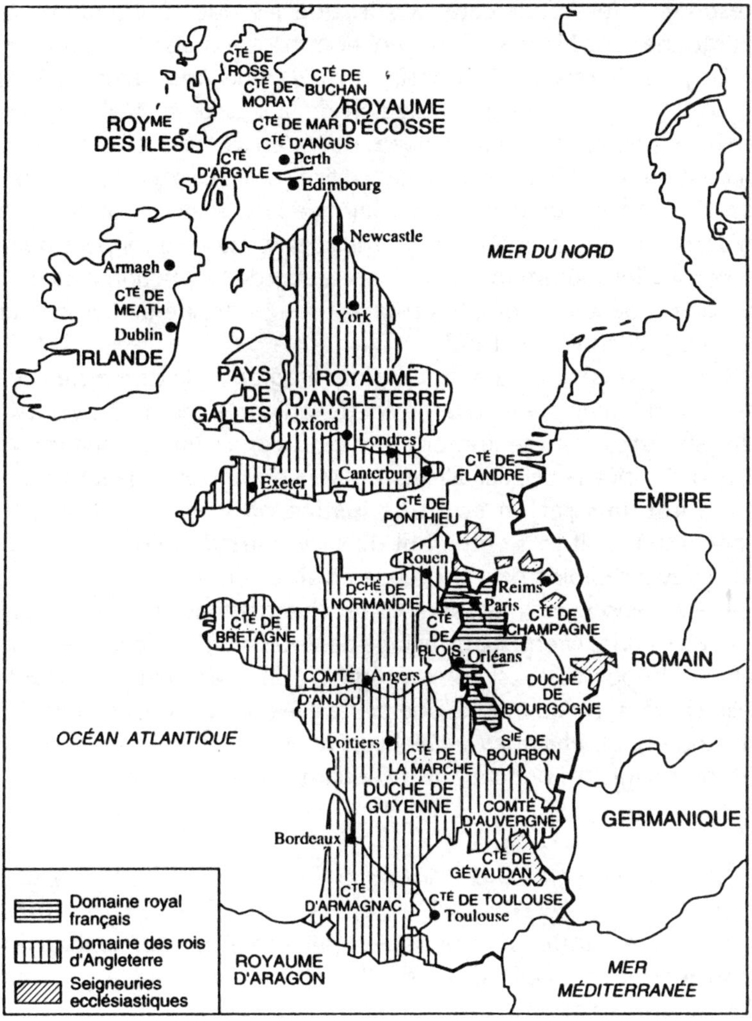

La France au XIIe siècle

… à la monarchie féodale

Le **roi** se distingue de plus en plus des simples seigneurs dans la mesure où il organise sa **mouvance**. Il use du droit féodal pour contrôler les différentes principautés en fief. Il se place au sommet de la **pyramide féodale,** comme l'explique Suger dans la *Vie de Louis le Gros* : la souveraineté du roi repose sur le fait que lui seul ne doit **hommage** à personne. C'est pour cette raison que les ducs d'Aquitaine, de Bourgogne et de Normandie prêtent hommage à Louis VI (1108-1137).

De plus, **Gérard de Cambrai** (en 1024), puis **Adalbéron de Laon** (en 1024-1027) décrivent la division de la société en **trois ordres** : ceux qui prient, ceux qui combattent et ceux qui travaillent. Seul le roi peut garantir l'harmonie de cet édifice social. La royauté revêt une dimension sacrée de plus en plus affirmée : par l'onction au moment du **sacre**, mais également par les miracles royaux : le roi peut guérir les **écrouelles**. Summum de la sacralisation de la fonction royale : la dynastie capétienne compte un saint en la personne de **Saint Louis** (Louis IX), canonisé en 1297.

Les Capétiens s'attachent en outre à agrandir le **domaine royal** et à affirmer leur pouvoir sur le sol de la France, quitte à s'opposer à la **papauté**, comme le montre le long conflit entre Boniface VIII et le roi Philippe le Bel. Par ailleurs, ces souverains dotent leur royaume d'une **administration** et d'une **justice** plus efficaces (baillis et sénéchaux), tout en s'entourant de **serviteurs de l'État** de plus en plus souvent choisis hors du cercle étroit des grandes familles.

Cette période est marquée par un changement de dynastie. À la mort de Charles IV en 1328, Philippe de Valois, fils de Charles de Valois, frère de Philippe le Bel, est nommé régent, alors que la reine est enceinte. Celle-ci ayant mis au monde une petite fille (qui ne pouvait prétendre à la couronne), Philippe de Valois est reconnu roi par les pairs et les barons, malgré les prétentions d'Édouard III d'Angleterre.

La France et l'expansion de l'Occident

Ces années fastes sont marquées par une indéniable **expansion commerciale et religieuse** de l'Occident, à laquelle participe pleinement la France.

Sur le plan commercial, les Européens, et parmi eux nombre de Français, explorent de nouveaux itinéraires liés aux échanges internationaux : le registre de tonlieux de **Londres**, rédigé entre 992 et 1002, signale déjà des **marchands français et normands**. Ils viennent acheter de la laine, travaillée par la suite en Flandre. Les statuts de la guilde de Saint-Omer attestent la puissance des marchands dès les années 1060. Les **marchands français** opèrent la liaison entre les deux grands foyers du commerce maritime : la Méditerranée et les mers nordiques, et participent largement aux ventes de produits textiles, d'armes et d'esclaves. Les **foires de Champagne** sont les plus célèbres

Saint Louis guérissant les écrouelles (Grandes Chroniques de France ; Londres, B. L. Royal 16 G VI, f° 424 v)

et les plus actives de l'Occident entre 1150 et 1300.

L'Europe étend également son emprise par la **christianisation** de nouveaux peuples sur ses marges orientales et septentrionales : les **Islandais**, les **Hongrois**, les **Polonais**, les **Norvégiens**, les **Suédois** et les **Prussiens**. Le **christianisme** s'étend donc par la contrainte ou la persuasion. La **chrétienté latine** se sépare nettement de la **chrétienté grecque** après le **schisme** de 1054, et propose à ses fidèles une liturgie progressivement unifiée autour de la même langue sacrée, le **latin**, et autour des mêmes rituels, sous le commandement suprême de l'évêque de Rome, le **pape**.

En Espagne, la ***Reconquista,*** commencée depuis le VIIIe siècle, progresse nettement entre le XIe et le XIIIe siècle. Elle est assimilée à une croisade à partir du XIIe siècle.

La France participe activement aux **croisades**. La première est prêchée par le pape Urbain II au concile de Clermont en 1095. Elle aboutit à la création de la première principauté latine d'Orient, celle d'Édesse, et à la prise de **Jérusalem**. Les barons français contribuent à la mise en place et au gouvernement des **États latins d'Orient**, où ils introduisent le système féodal.

Des **ordres militaires** fleurissent : Templiers (1128) et ordre des Hospitaliers de Saint-Jean-de-Jérusalem, qui se consacrent à la défense des pèlerins, des États latins d'Orient et parfois à la vie commerciale (banque). De retour dans leur patrie, les croisés encouragent d'autres chevaliers et seigneurs à se croiser et un flot ininterrompu se met en place entre l'Occident et l'Orient. La prise d'Édesse en 1144 conduit à la **prédication** de la deuxième croisade à Vézelay par **saint Bernard (1146)**. Les souverains, absents de la première croisade, s'impliquent dans celle-ci. Louis VII y côtoie l'empereur Conrad III. Lors de la troisième croisade (consécutive à la prise de Jérusalem en 1187), la **papauté** mobilise encore une fois les souverains : Philippe Auguste, Richard Cœur de Lion et Frédéric Barberousse s'embarquent pour ce périlleux pèlerinage armé, au cours duquel l'empereur germanique trouve la

APERÇU HISTORIQUE

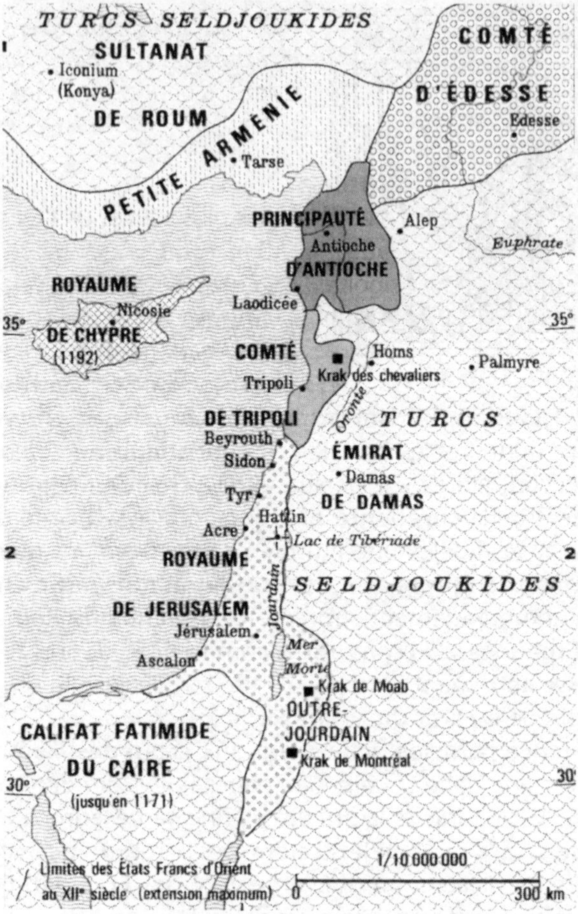

États latins d'Orient

mort. Les **États latins d'Orient,** peuplés de chrétiens issus de toute l'Europe, demeurent extrêmement fragiles, et Jérusalem tombe définitivement en 1244. C'est le roi **Saint Louis** qui est le dernier souverain croisé. Mais ses deux expéditions sont difficiles voire catastrophiques. Fait prisonnier en 1250, il passe ensuite quatre années à réorganiser le royaume d'Acre. Il trouve la mort lors d'une seconde tentative devant **Tunis** en 1270. La chute d'Acre en 1291 donne un coup d'arrêt aux croisades, mais des projets plus ou moins utopiques continuent de fleurir jusqu'au XVIe siècle.

LES CRISES DU XIVe SIÈCLE

Les signes d'essoufflement de la croissance

Quelles que soient les interprétations qu'en donnent les historiens, il est indéniable qu'au XIVe siècle des **blocages** de la croissance se révèlent de plus en plus désastreux.

À cette époque, la société est consciente d'évoluer dans un « **monde plein** ». La France compte alors, dans les limites du royaume, **16,5 millions d'habitants**, et, dans les limites actuelles, environ 21 millions d'habitants. Les meilleures terres sont toutes occupées et les tenures y sont morcelées à l'extrême, sous l'effet des partages successoraux et de la pression seigneuriale. Les derniers **défrichements** ont tenté de mettre en valeur des terres moins fertiles, mais les résultats ne sont pas à la hauteur de l'énorme travail fourni. Les défrichements s'arrêtent, la **production agricole stagne** alors que la population continue d'augmenter. Il devient difficile de nourrir cette masse laborieuse croissante. Confrontés à ces **difficultés**, les seigneurs ne parviennent pas à maintenir leur niveau d'exigence, que ce soit en prélèvement en nature ou en prélèvement en argent sur les faibles revenus des tenanciers. Dès lors, le système se grippe : les **disettes** graves accompagnées de véritables **famines** refont leur apparition. La chronique de Gilles le Muisit décrit celle de 1315-1316 dans toute son horreur et toute son ampleur (elle touche tout le nord-ouest de l'Europe).

Cette **crise** généralisée **compromet le pouvoir d'achat de l'aristocratie**, principale cliente pour les produits de luxe ; le **grand commerce** se trouve alors touché de plein fouet et toute la classe marchande voit son avenir compromis. En 1347, une nouvelle **famine** s'abat sur l'Europe, et c'est donc sur une population affaiblie que le bacille de la **peste** va exercer ses ravages à partir de 1348.

La peste de 1348

Le bacille de Yersin, responsable de la peste bubonique, n'a été identifié qu'à l'extrême fin du XIXe siècle. En 1348, les hommes terrifiés voient entre un tiers et la moitié de la population mourir de cette terrible épidémie. Elle arrive avec les **bateaux** en provenance d'**Asie centrale** qui débarquent leurs marchandises à **Gênes** et à **Marseille.** Les **rats** propagent la maladie dans toute l'Europe. Cette **mortalité** sans précédent détruit tous les réseaux de solidarité, entraîne la désertion de villages et de monastères, brise des lignages ancestraux. Les **retours cycliques** de la peste maintiennent la démographie à un niveau très bas, qui ne sera compensé qu'au XVIIe siècle dans nombre de régions. La peur et l'ignorance se conjuguent pour pousser les hommes à chercher des **boucs émissaires** et à se venger sur eux de ce fléau : les pogroms contre les **Juifs** se multiplient en 1348 dans toute l'Europe, notamment en Alsace. Autre alternative à la peur de la peste : l'invocation de **saints** réputés anti-pesteux, saint Roch et saint Sébastien. A ce drame s'ajoutent les méfaits d'un conflit dont personne ne soupçonne alors qu'il va durer cent ans (1337-1453).

Les débuts de la guerre de Cent Ans

Les débuts de la guerre de Cent Ans rendent encore plus dramatique le tableau déjà sombre de cette première moitié du XIVe siècle.

Les **Capétiens** doivent en effet repousser les prérogatives continentales des **souverains anglais**, notamment en **Guyenne**. Sur ce dernier point, le bilan à la veille de la Peste noire est particulièrement lourd : depuis le début de la guerre, les Anglais accumulent les **victoires** (L'Ecluse en 1340, Crécy en 1346 et Calais en 1347).

Ces défaites s'ajoutent aux crises du XIVe siècle et ne manquent pas d'assombrir le paysage de cette fin du Moyen Âge, parfois appelée « l'automne du Moyen Âge » ou le « temps des **malheurs** ».

La guerre a des conséquences dramatiques : **désorganisation de l'économie** (de la production comme des réseaux de distribution), **destruction** des récoltes et des habitations, **pillages** et violences. L'absence des seigneurs, enrôlés dans des actions militaires, désorganise les seigneuries et prive les paysans de leur défenseur attitré. La **fiscalité royale** augmente considérablement et de façon dramatique pour des populations appauvries, mais obligées de participer à l'effort de guerre par l'impôt. Les investissements productifs périclitent au profit des **investissements non productifs** (armes et ouvrages de défense).

Cette vue cavalière des trois siècles et demi que couvre ce volume se doit d'être approfondie grâce aux généalogies, au glossaire et aux chapitres qui suivent.

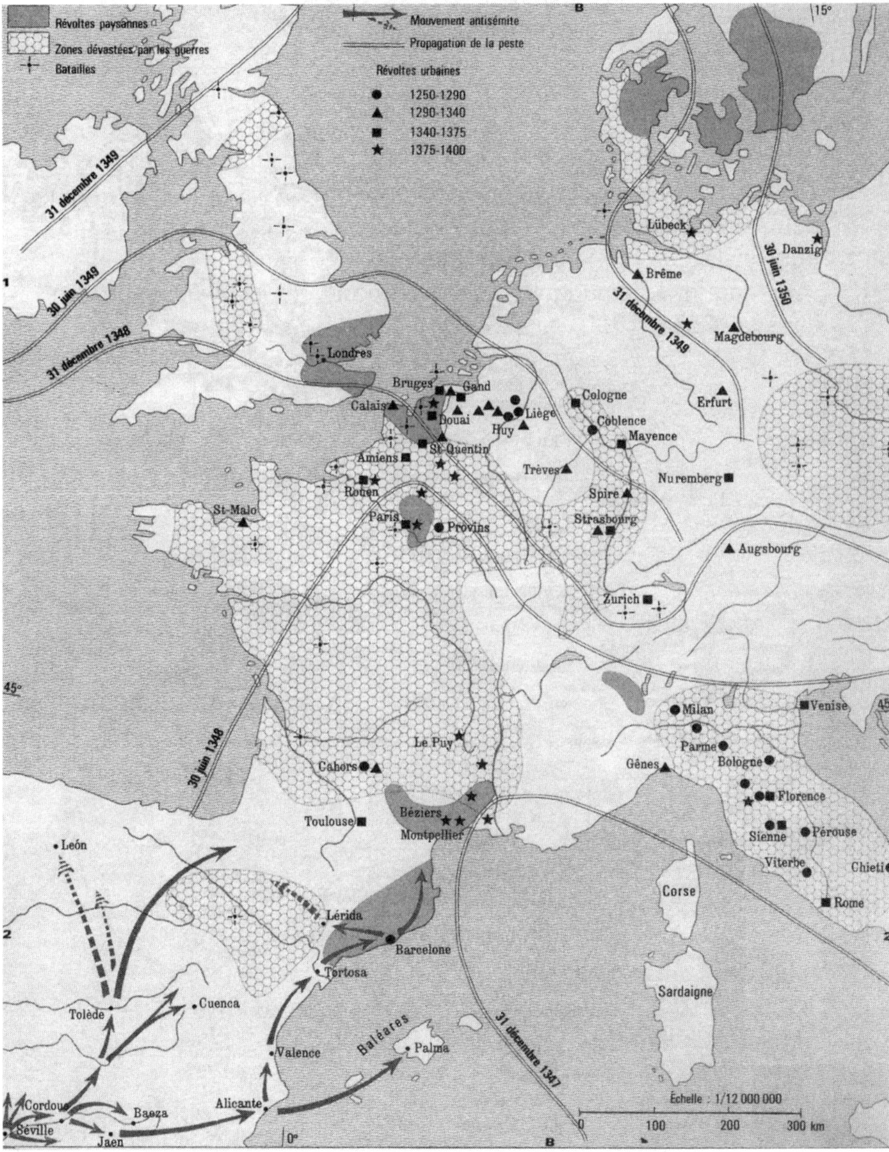

Les troubles du XIVe siècle

GÉNÉALOGIE DES CAPÉTIENS ET DES VALOIS (987-1350)

La généalogie des Valois (1328-1589) est ici partielle.

Branche des Valois qui régne sur la France de 1328 à 1589, les Valois directs règnent de 1328 à 1498, puis les Valois d'Orléans de 1498 à 1515, enfin les Valois d'Angoulême de 1515 à 1589. Nous débordons légèrement la date limite fixée par cet ouvrage (1348), pour inclure le règne de Jean II le Bon.

D'après J.-F. Lemarignier, *La France médiévale. Institutions et société*, Paris, A. Colin, 1970, p. 226.

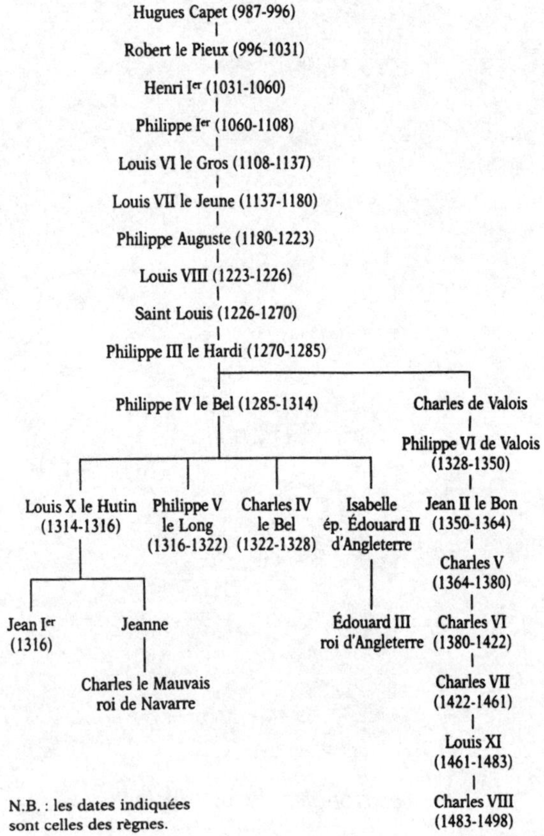

CHRONOLOGIE FONDAMENTALE

VIE POLITIQUE ET SOCIALE

987 : Hugues Capet accède au trône. Début de la dynastie capétienne.

987-996 : Règne de Hugues Capet. Ce premier roi de la dynastie capétienne se heurte à **Charles de Lorraine** (duc de Basse-Lorraine et oncle du dernier Carolingien), qui a été proclamé roi à Laon en 988. Grâce à **la trahison d'Adalbéron de Laon**, Hugues Capet peut le faire emprisonner en 991. Afin d'assurer la survie de sa dynastie il fait **sacrer de son vivant** – dès 987 – **son fils Robert**.

996-1031 : Règne de Robert II le Pieux. Il est **excommunié** par le pape pour avoir répudié sa première femme **Rosala**, fille du roi d'Italie, et avoir épousé **Berthe de Bourgogne**. Il se sépare finalement de Berthe en 1003 pour épouser **Constance de Provence**, fille du comte de Toulouse, unissant ainsi le sud et le nord du royaume. Il défend l'étroit domaine capétien. Il est le premier roi de la dynastie à opérer le **miracle des écrouelles**. Il fait sacrer roi son troisième fils Henri, de son vivant, en 1027.

1023 : Formation du comté de Blois-Champagne

1031-1060 : Règne de Henri Ier. Il doit faire face à l'opposition de sa mère et des grands vassaux qui veulent donner le trône à son frère cadet, **Robert**. Pour obtenir la paix, il lui cède en apanage le duché de Bourgogne. En 1051, il épouse **Anne de Kiev**, fille du grand prince de Kiev. En tant que tuteur de **Guillaume le Conquérant**, duc de Normandie, il le soutient d'abord contre ses vassaux puis se brouille avec lui. Guillaume le vainc en 1054 à **Mortemer**.

1060-1108 : Règne de Philippe Ier. Il ne domine que le « **réduit capétien** », entre Paris et Orléans. Il l'agrandit par le rattachement du **Gâtinais** au domaine royal en 1068. Il met en place une **tradition d'appui au pape**, mais sans s'engager dans la croisade et sans se soumettre à la morale matrimoniale imposée par le souverain pontife. Il est d'ailleurs **excommunié** (la première fois en 1094) pour avoir épousé en premières noces **Berthe de Frise** (mère du futur Louis VI), puis l'avoir répudiée et enfermée dans un donjon, afin d'épouser **Bertrade de Montfort**, dans le but de renforcer son pouvoir en Île-de-France. Il est excommunié trois fois pour ce motif par le pape, qui souhaite imposer à tous les chrétiens un mariage fondé sur le consentement des deux époux et limiter les mariages consanguins. Il fait preuve de finesse politique pour trouver **un compromis dans la querelle des Investitures.** Il favorise **Cluny** et, obsédé par ses péchés, se fait inhumer à Fleury-sur-Loire.

1108-1137 : Règne de Louis VI le Gros. Il nous est connu par la *Vie de Louis le Gros* écrite par **Suger**, abbé de Saint-Denis, mais également par diverses **chroniques** et 437 actes royaux. Suger a imposé l'image d'un roi, vassal de Saint-Denis, **protecteur de l'Église**. En 1122, il mène une expédition en **Auvergne** pour protéger les églises. **Il soutient le pape** contre l'empereur romain germanique Henri V, qui envahit la Champagne en 1125. Il lutte en outre contre les châtelains d'Île-de-France et contre le roi d'Angleterre Henri Ier et son allié le comte Thibaud de Blois-Champagne dans le but d'agrandir son domaine. Il marie son fils à l'héritière du **duché d'Aquitaine** pour parachever ce dessein.

1131 : Sacre de Louis VII, second fils de Louis VI et d'Adélaïde de Savoie, en présence du pape Innocent II.

1137-1180 : Règne de Louis VII le Jeune. Ce règne s'ouvre par le mariage du roi avec **Aliénor d'Aquitaine,** héritière du duc d'Aquitaine, Guillaume X († 1137). Le domaine royal est encore ancré sur l'Île-de-France, mais également sur le contrôle de sièges épiscopaux importants comme **Sens, Bourges, Tours et Reims**. Suger demeure le conseiller du jeune roi et opère un rapprochement avec les grands, notamment la maison de Blois-Champagne. Toutefois, son **renvoi** et l'influence de la reine mère inaugurent une période de **troubles.** Le roi, en intervenant dans les élections épiscopales, s'oppose au **pape** et à **saint Bernard** (qui prêche la 2e croisade à Vézelay en 1146) . **Le retour de Suger** et la médiation de saint Bernard aboutissent à une réconciliation suivie du **départ en croisade** du roi (1147-1149).

Suger est nommé régent du Royaume. Aliénor, qui accompagne le roi à la croisade, le ridiculise par ses infidélités, au point que **leur mariage est annulé en 1152** au concile de Beaugency (sous prétexte de consanguinité). La même année, **Henri II Plantagenêt épouse Aliénor**. À l'assemblée de Soissons (1155), Louis VII proclame la **Paix du roi,** qu'il fait jurer à tous ses barons. Il est à la tête d'un domaine de mieux en mieux géré et pacifié. Mais la fin de son règne est occupée par **sa lutte contre Henri II Plantagenêt,** qui réussit à imposer sa domination sur la Normandie, l'Anjou, la Bretagne et l'Aquitaine, confiés à ses vaillants fils. Incapable de les affronter seul, Louis VII s'allie aux comtes de Flandre et de Champagne, à l'empereur **Frédéric Barberousse** (rencontre de Vaucouleurs, 1165) et en appelle à **l'arbitrage de la papauté** (traité d'Ivry, 1177).

1180-1223 : **Règne de Philippe II.** Il est surnommé **Auguste**, car il agrandit fortement le domaine royal par une lutte sans merci **contre les grands vassaux et contre les Plantagenêts.** Dans les années 1196-1198, il fait rédiger les premières **chartes d'hommage** des grands vassaux. Ses démêlés avec les Plantagenêts sont complexes : Richard Cœur de Lion est vainqueur à la bataille de **Fréteval** en 1194 et lui barre l'accès à la **Normandie** en construisant la forteresse de **Château-Gaillard**. Mais la mort de Richard, en 1199, ne laisse en face de Philippe Auguste que le faible Jean sans Terre. En 1202, Philippe Auguste prononce **la commise de ses fiefs,** car il a épousé Isabelle, déjà fiancée à son vassal Hugues de Lusignan. Celui-ci en appelle au roi de France, qui condamna la **félonie** du roi Jean sans Terre. Les **victoires françaises** se succèdent : Normandie, Maine, Anjou, Touraine, Berry et Poitou entrent dans le domaine de la Couronne entre 1202 et 1205. Ces conquêtes sont confortées par la victoire de **Bouvines** (27 juillet 1214) contre la coalition de l'empereur Otton IV de Brunswick, du roi Jean sans Terre et du comte de Flandre. Philippe Auguste est également un grand organisateur du royaume, dont il améliore le fonctionnement (**la justice et l'administration**). Il poursuit la tradition du roi croisé en participant à la **troisième croisade** (1190-1191) et ancre la dynastie capétienne en insistant sur la notion de « **sang royal** ». Ses **démêlés conjugaux** brouillent ses relations avec la papauté : en 1189, il épouse Isabelle de Hainaut († 1190), qui apporte au royaume de France l'Artois (dans sa dot). Après sa mort, il se marie avec Ingeburge du Danemark en 1193, qu'il répudie aussitôt pour prendre

Agnès de Méranie pour femme. Le **pape Innocent III** refuse de reconnaître ce dernier mariage.

1212 : Commise du comté de Boulogne.

1216 : **Échec de l'expédition d'Angleterre** : Louis de France (le futur Louis VIII), appelé par certains barons anglais, tente en vain de conquérir l'Angleterre. Il est battu à Lincoln (1217) et doit renoncer à ses prétentions par le traité de Kingston.

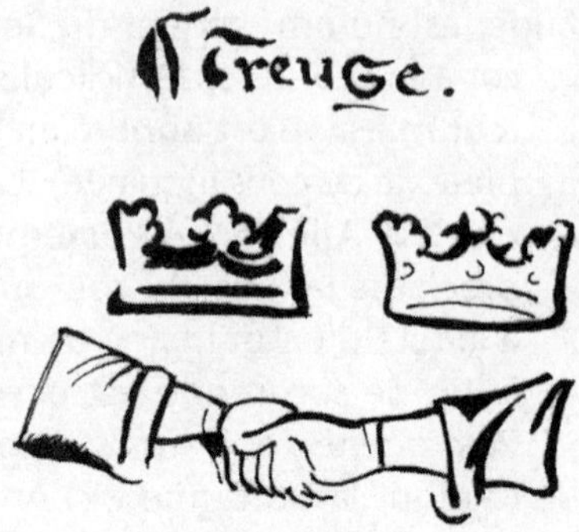

Vignette utilisée dans un manuscrit signant une trêve entre la France et l'Angleterre (Cambridge, Corpus Christi Coll. 16, f° 162)

1223-1226 : Règne de Louis VIII le Lion. Marié en 1220 à **Blanche de Castille,** il enlève aux Plantagenêts le **Poitou** (1224-1225) et une partie de la **Gascogne** (1224). Il prend part à la croisade contre les **albigeois** et s'empare **d'Avignon** (1226).

1226-1270 : Règne de Louis IX. En 1226, à la mort de Louis VIII, Louis IX n'a que 12 ans ; la **régence** est confiée à la reine mère, **Blanche de Castille** (jusqu'en 1234), qui conserve une forte influence politique jusqu'en 1242. La politique d'expansion du domaine royal est poursuivie par **l'achat du comté de Mâcon** en 1239, puis par la campagne de **Poitou** en 1242. La même année, les victoires de **Taillebourg** et de **Saintes** conduisent à une **trêve durable avec les Plantagenêts**.

1246 : Charles d'Anjou, frère de Louis IX, comte de Provence.

1249-1250 : Louis IX part en **croisade** en Égypte ; après la victoire de **Damiette**, il est capturé à **Mansourah**. Après sa **libération**, il reste quatre années dans le **royaume de Jérusalem** pour le restaurer. À son retour en 1254, Louis IX décide la **réforme morale et politique du royaume**, qui s'ouvre par **l'ordonnance** sur la réformation du royaume de France.

1252-1270 : Règne personnel de Louis IX.

1259 : **Traité de Paris.** Louis IX fait signer à Henri III Plantagenêt ce traité par lequel il renonce à ses revendications sur la Normandie, et reçoit en fief ses domaines du Limousin et du Périgord comme vassal du roi de France.

1264-1266 : Charles d'Anjou conquiert **l'Italie du Sud**, Naples en 1266.

1268 : Étienne Boileau, prévôt de Paris, écrit le ***Livre des métiers***, qui décrit précisément les activités des artisans et leur organisation en **corporations** à Paris.

Autre exemple de vignette dans un manuscrit de trêve entre la France et l'Angleterre (même ms, f° 52v)

1270 : VIIIe croisade : mort de Louis IX devant **Tunis**. Philippe III est proclamé roi sur place, il conclut à la hâte une paix de dix ans avec les Maures pour revenir au plus vite en France.

1270-1285 : **Règne de Philippe III le Hardi.** Ces quinze années sont marquées par les luttes incessantes entre partisans de Philippe et partisans de son oncle, **Charles d'Anjou-Sicile.** La politique royale se tourne résolument vers le **sud du royaume** : en 1271, **le comté de Toulouse, le Poitou** et **l'Auvergne** entrent dans le domaine royal (héritage d'Alphonse de Poitiers). De plus, le roi incorpore le **Perche** et **le comté d'Alençon** (héritage de son frère Pierre) et achète les comtés de **Nemours et de Chartres**. Il cède en 1274 le **Comtat Venaissin** au pape Grégoire X. Philippe III soutient les ambitions siciliennes de son oncle, Charles d'Anjou. Après les **Vêpres siciliennes** (massacre général des Français de Sicile), le pape excommunie Pierre III d'Aragon, considéré comme responsable de l'attentat, et donne son royaume à **Charles de Valois**, fils de Philippe le Hardi. Ce dernier se lance alors dans la croisade contre l'Aragonais, qui s'achève par un échec en Catalogne et sa propre mort à **Perpignan** en 1285. La même année, Gilles de Rome écrit le traité ***Du gouvernement des princes,*** destiné à la formation morale et politique de l'héritier du royaume de France, et qui connaît un succès durable dans toute l'Europe.

1285-1314 : Règne de Philippe IV le Bel. Il est dominé par la volonté de briser les dernières **résistances des grands fiefs** et de **s'opposer à la théocratie pontificale**.

1291 : La chute d'Acre marque la fin des États latins d'Orient.

1293 : Ordonnances de justice.

1294-1298 : **Guerre franco-anglaise.**

APERÇU HISTORIQUE

1297 : Philippe IV obtient **la canonisation de Louis IX** (Saint Louis) par le pape Boniface VIII, ce qui renforce la dynastie capétienne.

Le roi s'attaque au **comté de Flandre** ; après une longue guerre, il est défait à la bataille de **Courtrai** en 1302.

1302 : **Première réunion des États généraux** en France par Philippe IV le Bel.

1302-1303 : Jean de Paris (1260-1306) écrit le traité ***Du pouvoir royal et pontifical,*** dans lequel il plaide pour une séparation de l'Église et de l'État, **en faveur de Philippe le Bel.** Cette période est marquée par le conflit ouvert entre le roi et le pape Boniface VIII. En 1302, une ordonnance stipule que le roi de France ne peut pas prêter hommage à l'un de ses sujets : « **Le roi est empereur en son royaume** » (ordonnance réitérée en 1314). Le roi cherche à financer ses entreprises par **l'impôt,** la **confiscation des biens des Juifs** expulsés du royaume en 1306 et les mutations monétaires. En 1308, Paris est secoué par des troubles sociaux. Philippe le Bel fait élire un pape français, **Clément V**, qui vient placer la papauté sous la protection du roi de France en **Avignon** (1309). Philippe le Bel intente **un procès aux Templiers** (1307-1314), fait condamner leur ordre par Clément V (1311) et s'empare d'une partie de sa fortune.

1314-1316 : Règne de Louis X le Hutin (c'est-à-dire le Querelleur). Dès son accession au trône, Louis X doit faire face à une **forte réaction féodale** menée par son oncle, **Charles de Valois,** qui réclame la mort des légistes de Philippe le Bel. Louis X fait alors **pendre Enguerrand de Marigny** en 1315. Il poursuit la recherche de **finances** pour mener la politique royale et n'hésite pas à **spolier les Juifs**, les marchands lombards et force les serfs de ses domaines à payer l'achat de leur affranchissement. En 1318, il instaure la tenue mensuelle du Conseil royal, dont un notaire enregistre les délibérations et les décisions. Marié en 1305 à Marguerite de Bourgogne, il se remarie avec Clémence de Hongrie, dont il a un fils posthume, Jean Ier, qui ne vit que quelques jours. C'est donc son frère, Philippe V le Long, qui lui succède.

1316-1322 : **Règne de Philippe V le Long.** Il accède à la Couronne **en excluant les femmes de la succession au trône de France** (pour écarter sa nièce, Jeanne de Navarre). Malgré un contexte économique et social difficile (1315-1316 : grande **famine** dans le nord-ouest de l'Europe), il poursuit l'œuvre de **centralisation** et

d'affirmation de la souveraineté royale de son père. Il entretient des relations pacifiées avec la Flandre (1320) et l'Angleterre. Il consulte régulièrement l'opinion des élites en convoquant **les assemblées d'États** (1317, pour entériner son sacre). Il ne peut empêcher **le massacre des Juifs** par les pastoureaux en 1320 et celui des lépreux en 1321. Il meurt sans laisser d'héritier mâle.

1322-1328 : Règne de Charles IV le Bel. L'exclusion des femmes de la succession au trône de France est réitérée afin d'écarter les filles de Philippe V le Long en 1322. Charles IV consacre son règne à **la réorganisation des finances et de la justice** du royaume. Mais l'aggravation des tensions avec les Plantagenêts préfigure la guerre de Cent Ans. Mort sans laisser de fils, Charles le Bel est le dernier des Capétiens directs.

1324 : Marsile de Padoue et Jean de Jaudun publient le ***Defensor pacis*** (le *Défenseur de la paix*), pour démontrer le droit du prince à exercer le pouvoir suprême en tant que défenseur de la paix et représentant de Dieu sur terre. Cet ouvrage destiné à l'empereur **Louis de Bavière,** est utilisé par **les rois de France** dans l'affirmation de leur pouvoir face à la papauté, laquelle excommunie les deux auteurs de cet ouvrage.

1328-1350 : Règne de Philippe VI de Valois. Édouard III (1327-1377) est écarté de la Couronne de France par la coutume récente de l'exclusion des lignées féminines de la succession royale, il est en outre obligé par le droit féodal de rendre hommage au roi de France à Amiens pour ses domaines continentaux.

1328 : **État des paroisses et des feux de France** (premier recensement du royaume).

1328 : **Victoire de Cassel** sur le comte de Flandre.

1337-1453 : **Guerre de Cent Ans.** En 1337, Édouard III décide de faire valoir ses droits à la Couronne de France, ce qui déclenche la guerre de Cent Ans.

1340 : **Guerre de succession de Bretagne**.

1340 : Victoire navale anglaise à L'Écluse.

1346 : **Victoires anglaises** de Crécy et L'Aiguillon.

1346 : Ordonnance de Philippe VI pour protéger les forêts contre les défrichements.

1347 : Les Anglais prennent **Calais**.

1347-1350 **Peste noire** en Europe (qui tue le tiers ou la moitié de la population européenne) avec des retours cycliques.

1347 : Les États exposent les revendications des représentants des villes. Après cette date, Philippe VI confie la gestion de la Normandie, de la Bourgogne et du Dauphiné au prince héritier, qui prend le nom de **Dauphin** (à partir de 1349).
1348 : **Pogroms** contre des Juifs en Alsace. Ils sont accusés d'empoisonner les puits et de propager la Peste noire.

1350-1364 : Règne de Jean II le Bon. Capturé à **Poitiers** par le Prince Noir, il est emmené **captif à Londres** en 1356.
1358 : **Jacquerie** : révolte paysanne partie du Beauvaisis.
1360 : **Traité de Brétigny**, négocié par le Dauphin (le futur Charles V), il accorde à Édouard III des territoires dans le nord de la France et toute la Guyenne ainsi qu'une **rançon** considérable de 3 millions d'écus d'or pour la libération de Jean le Bon. Le roi est libéré mais doit laisser en **otage** deux de ses fils. L'un d'eux, Louis d'Anjou, s'étant enfui en 1363, Jean II le Bon revient se constituer prisonnier. **Il meurt en captivité.**

VIE CULTURELLE, RELIGIEUSE ET ARTISTIQUE

987-996 : Règne de Hugues Capet.
989 : Le concile de Charroux lance **le mouvement de la paix de Dieu.**
990 : **Guillaume de Volpiano** († 1031), abbé de Saint-Bénigne de Dijon, y introduit les **coutumes de Cluny**.
993-994 : Le concile de Saint-Paulien entérine la paix de Dieu.
994-1049 : Abbatiat **d'Odilon de Cluny**, qui instaure au début du XIe siècle la fête des défunts le 2 novembre et fait de Cluny l'abbaye par excellence pour **le culte des défunts**.

996-1031 : Règne de Robert II le Pieux.
999-1003 : **Gerbert d'Aurillac**, pape sous le nom de Sylvestre II par la volonté d'Otton III. Il incarne l'un des premiers **esprits scientifiques** du Moyen Âge, nourri des cultures antique et arabe conservées dans les bibliothèques d'Al-Andalus.
1004 : Mort **d'Abbon de Fleury**, abbé de Fleury-sur-Loire, grand centre intellectuel. Conseiller du roi Robert Ier, il trouve la mort

au cours de la révolte des moines de La Réole. Considéré comme saint, son disciple écrit sa vie. Il a laissé **une œuvre très importante** tant en droit canon qu'en grammaire, en histoire, en exégèse biblique et dans divers domaines scientifiques.

Après 1007 : Reconstruction de **Saint-Philibert de Tournus.**

v. 1009 : **Saint-Martin du Canigou** (nef voûtée).

1002-1018 : Saint-Bénigne de Dijon.

Début XIe s. : Bernard d'Angers, *Miracles de sainte Foy de Conques.*

1015-1018 : **Cathédrale** de Strasbourg.

1019-1020 : Linteau de Saint-Génis-des-Fontaines (Pyrénées-Orientales).

1019-21 : Assemblée de Verdun-sur-le-Doubs : Cluny prend en main le mouvement de la paix de Dieu.

1022 : **Procès des hérétiques** « manichéens » d'Orléans, qui sont condamnés au bûcher.

1024 : Gérard de Cambrai définit **la tripartition de la société** : ceux qui prient, ceux qui combattent et ceux qui travaillent.

1024-1027 : Dans son ***Poème au roi Robert,*** Adalbéron, évêque de Laon, reprend le thème des trois ordres de la société.

1031-1060 : Règne de Henri Ier.

1037-1067 : Abbatiale de **Jumièges** (Normandie).

1040 : *Chronique* de **Raoul Glaber** († 1047) écrite à Cluny et à Saint-Germain d'Auxerre.

1042 : Assemblée d'Arles qui décrète **la trêve de Dieu** du jeudi au samedi et certains jours de fête (décisions reprises à l'assemblée de Narbonne en 1043).

1049-1109 : **Hugues de Semur**, abbé de Cluny.

1054 : **Schisme entre l'Église d'Orient et l'Église romaine,** pour des différends disciplinaires, liturgiques et doctrinaux, à la suite de l'excommunication réciproque du légat pontifical Humbert de Moyenmoutier et du patriarche Michel Cérulaire.

1060-1108 : Règne de Philippe Ier.

1060-1120 : Construction **des grandes églises de pèlerinage :** Saint-Martial de Limoges, Sainte-Foy de Conques, Saint-Sernin de Toulouse.

v. 1062-1080 : Abbayes de Caen : La Trinité, Saint-Étienne.

v. 1065-1100 : *Chanson de Roland.*

v. 1068 : Début de la reconstruction de Saint-Benoît-sur-Loire.

1075 : ***Dictatus Papae*** du pape Grégoire VII (1073-1085) qui affirme la primauté pontificale : le pape est l'unique chef de l'Église et son pouvoir est universel. Il est au-dessus de tous les évêques et de tous les princes laïcs qu'il peut excommunier ou déposer s'ils ne respectent pas les droits de Dieu et de l'Église.

1075-1122 : **Querelle des Investitures** : le *Dictatus papae* interdisant de recevoir un évêché ou une abbaye des mains d'un laïc, fût-il roi ou empereur, remet en cause le contrôle royal et impérial sur ces charges. Il s'ensuit **une longue lutte entre la papauté et les empereurs romains germaniques** qui impliqua tous les souverains d'Europe.

Chapiteau roman de Perrecy-les-Forges (Bourgogne)

1075-1122 : Construction de la cathédrale de **Saint-Jacques-de-Compostelle**, pèlerinage majeur de l'Occident, avec Jérusalem et Rome.

1080 : Construction du **donjon de Houdan.**

1084 : Fondation de la **Grande Chartreuse** près de Grenoble par saint Bruno († 1101) pour organiser un mode de vie semi-érémitique particulièrement ascétique.

1088-1130 : Construction de l'**abbatiale de Cluny (« Cluny III »)**, décidée par Hugues de Cluny (1049-1109).

1095 : Voyage d'Urbain II en France et **prédication de la première croisade** au concile de Clermont.

1096-1132 : Construction de la basilique de la Madeleine à **Vézelay.**

1097-1098 : Siège et prise **d'Antioche** par les croisés.

1098 : Fondation de **Cîteaux** par Robert de Molesmes (origine de l'ordre des cisterciens appelés les moines blancs).

1099 : Prise de **Jérusalem** par les croisés

1108-1137 : Règne de Louis VI le Gros.

1115 : **Saint Bernard** fonde l'abbaye de **Clairvaux,** dont il restera abbé jusqu'à sa mort en 1153. Il donne son essor à l'ordre cistercien et intervient dans toute la chrétienté pour réformer et régler des problèmes diplomatiques.

1121 : **Pierre Abélard** († 1142) inaugure la scolastique dans son ouvrage *Theologia summi boni,* condamné au concile de Soissons.

1119 : Fondation de **l'ordre du Temple**, ordre religieux militaire établi à Jérusalem près de l'ancien temple de Salomon.

1122-1151 : **Suger**, abbé de Saint-Denis, est le conseiller de Louis VI et de son fils. **Saint-Denis, nécropole royale** où les tombeaux des Carolingiens et ceux des Capétiens sont réunis pour montrer **« l'union des deux races ».**

1122 : **Concordat de Worms**, entre le pape et l'empereur romain germanique, qui clôt la querelle des Investitures. Le principe de la liberté des élections épiscopales et abbatiales est affirmé ; l'investiture par la crosse et l'anneau est réservée au métropolitain, l'investiture par le sceptre à l'empereur. Au cours du XIe siècle, des **compromis** du même type sont passés entre la papauté et les Églises nationales en plein essor.

1122-1156 : **Pierre le Vénérable**, neuvième abbé de Cluny. Il fait traduire le Coran en latin pour mieux s'opposer aux musulmans sur le plan doctrinal (en 1141).

1124 : **Prise de Tyr** par les croisés francs.

1125-1140 : **Voûtes d'ogives** des églises abbatiales de **Caen** (la Trinité, Saint-Étienne).

1130-1147 : Construction de l'abbaye cistercienne de **Fontenay en Bourgogne.**

1132-1144 : Reconstruction de l'abbatiale de Saint-Denis : **début de l'art gothique.**

1137-1180 : Règne de Louis VII le Jeune.

1140 : Concile de Sens : **condamnation d'Abélard** sur intervention de saint Bernard.

Vers 1142 : **Décret de Gratien** : fondement du droit canon.

1145 : **Saint Bernard prêche contre les cathares à Albi**.

1146 : Saint Bernard prêche la **deuxième croisade** à Vézelay.

1145-1155 : Portail royal de **Chartres.**

1148 : Échec de la deuxième croisade devant Damas.

Vers 1150-1185 : Chœur et transept de **la cathédrale de Noyon**.

Vers 1150-1175 : Premiers **vitraux de Chartres.**

1152 : Pierre Lombard, ***Livre des sentences,*** source majeure de la théologie scolastique.

1155-1207 : Construction de la cathédrale de **Laon.**

1160 (vers) : *Roman d'Eneas, Roman de Troie.*

1160-1189 : *Lais* de Marie de France ; *Roman de Renart.*

APERÇU HISTORIQUE

1163-1260 : Construction de **Notre-Dame de Paris.**

1170-1221 : Vie de **saint Dominique**, fondateur des Frères prêcheurs (ou dominicains)

1170 (vers) : Béroul, ***Tristan.***

1174-1200 : *Roman de Renart* (I-XII).

1172-1176 : Thomas d'Angleterre, ***Tristan***. Dans cette version, le roman s'achève sur la condamnation à mort des deux amants. Elle a été interprétée comme une dénonciation des impasses de l'idéologie courtoise.

Vers 1173 : Naissance du mouvement hérétique des **vaudois,** sous la direction du marchand lyonnais Pierre Valdès (ou Valdo). Il reçoit en 1179 l'autorisation (orale) de prêcher du pape Alexandre III, qui la lui retire ensuite. Il refuse de se soumettre et se trouve déclaré hérétique.

1168-1185 : **Chrétien de Troyes**, *Érec et Énide*, *Cligès*, le *Chevalier à la charrette*, le *Chevalier au lion*, le *Conte du Graal.*

Vers 1180 : Portail de la cathédrale de **Senlis.**

1180-1223 : Règne de Philippe Auguste.

1182-1226 : Vie de saint **François d'Assise**, fondateur des Frères mineurs (ou franciscains)

1182 : Chrétien de Troyes, ***Perceval.***

1187 : **Victoire de Saladin** sur les Francs à Hattin et prise de Jérusalem.

1189 : Début de la **troisième croisade,** qui s'achève par une trêve négociée par Richard Cœur de Lion avec Saladin en 1192.

1194 : Incendie de la cathédrale de Chartres et début de la reconstruction.

1197-1198 : Construction de **Château-Gaillard** près des Andelys par Richard Cœur de Lion.

Début XIII e s. : *Roman du Saint-Graal, Aucassin et Nicolette.* Vitraux de la cathédrale de Strasbourg.

Élément de décor dans une bible du XIIe siècle (Paris, BnF, lat. 116, f° 65)

1204 : **Prise de Constantinople** par les croisés : c'est le détournement de la quatrième croisade.

1205-1250 : Façade de Notre-Dame de Paris, dont le portail de la Vierge (1210-1220) et la Rose occidentale (vers 1220).

1206-1207 : Missions de saint Dominique en pays albigeois.

1207 (vers) : Villehardouin, *La conquête de Constantinople.*

1209 : Première communauté franciscaine.

1209-1213 : **Croisade des albigeois** dirigée contre les cathares, très nombreux aux environs d'Albi, d'où leur surnom. **Simon de Montfort** dirige cette croisade des barons et grands du nord de la France, qui s'achève par la victoire des croisés.

1210-1236 : Vitraux de la cathédrale de Chartres.

1211-1311 : Construction de **Notre-Dame de Reims**.

1215 : **IVe concile de Latran,** qui décrète la lutte contre les hérésies (notamment cathare), l'obligation de la confession auriculaire (privée) une fois par an pour tous les fidèles, réaffirme la primauté pontificale et reconnaît l'ordre des Frères mineurs.

1215 : Statuts de Robert de Courçon pour l'université de Paris.

1217-1221 : **Cinquième croisade**, nouvelle tentative contre l'Égypte.

1220-1270 : Vitraux de Chartres.

1223-1226 : Règne de Louis VIII le Lion.

1223-1229 : **Sixième croisade** de l'empereur Frédéric II, qui s'achève par une négociation (traité de Jaffa, 1229) avec le sultan d'Égypte.

1225 (vers) : ***Lancelot*** en prose ; Guillaume dit de Lorris, première partie du ***Roman de la Rose****.*

1226-1270 : Règne de Louis IX.

1228 : Canonisation de François d'Assise. Achèvement de l'abbaye du **Mont-Saint-Michel.**

Vers 1230 : Premières sculptures de la cathédrale de Strasbourg. Début de la construction du **château de Coucy**.

1229 : **Traité de Paris,** qui met fin à la croisade contre les albigeois.

1230 (vers) : Gautier de Coinci, *Miracles de Notre-Dame.*

1231 : **Bulle *Parens Scienciarum*** en faveur de l'université de Paris. La même année, **l'Inquisition** est confiée aux dominicains pour lutter contre les cathares, encore très actifs dans le sud-ouest de la France et en Lombardie.

1230-1240 : Philippe de Beaumanoir (le père) publie les romans de *La Manekine* et *Jehan et Blonde*.

1234 : Canonisation de saint Dominique.

1237-1241 : **La croisade des Barons** complète celle de Frédéric II :

après des combats, elle s'achève, elle aussi, par une négociation avec les princes musulmans.

1240 : Robert Grosseteste traduit **l'*Éthique* d'Aristote** : l'aristotélisme entre à l'université et révolutionne les méthodes de raisonnement.

Vers 1240-1250 : Construction d'**Aigues-Mortes** ; transformations de **Carcassonne**.

1244-1248 : Construction de la **Sainte-Chapelle** de Paris.

1245 : **Le Ier concile de Lyon**, présidé par le pape Innocent IV, dépose Frédéric II, empereur romain germanique (1212-1250).

1245 : Enseignement de Roger Bacon et d'Albert le Grand à Paris.

1246 : Voyage du franciscain Jean Du Plan Carpin à la **cour mongole.**

1247-1272 : Construction de la cathédrale de Beauvais.

1248 : Consécration de la Sainte-Chapelle à Paris, construite pour abriter une relique insigne : la couronne du Christ.

1250 : Échec de la **septième croisade** : Saint Louis est fait prisonnier après la défaite de Mansourah. Il reste en Orient jusqu'en 1254.

1250 (vers) : 1100 couvents franciscains dans toute l'Europe.

1250-1285 : **Rutebeuf** († 1285), auteur de cinquante-six poèmes composés à Paris, qui font de nombreuses allusions aux problèmes de son temps (querelles de l'Université, croisades...).

1252 : La **torture** est autorisée dans la procédure de **l'Inquisition**.

1252-1259 : Premier enseignement de **Thomas d'Aquin** à Paris.

1253-1254 : Mission diplomatique et religieuse de **Guillaume de Rubrouck** envoyé par Louis IX auprès des Mongols.

1254 : **Conflit entre séculiers et réguliers** à l'université de Paris.

1256 : Miniatures du Psautier de Saint Louis.

1257 : Fondation du collège de Sorbon à Paris.

1260 (vers) : Début de l'édification de l'église des Jacobins à Toulouse.

1262-1266 : Construction de **Saint-Urbain de Troyes.**

1269-1272 : Second enseignement de Thomas d'Aquin à Paris, qui rédige sa *Somme théologique*.

1270 : Echec de la **huitième croisade** où Saint Louis trouve la mort devant Tunis. La même année, condamnation de l'averroïsme.

1270-1285 : Règne de Philippe III le Hardi.

Après 1270 : Jugement dernier au tympan de la cathédrale de **Bourges**. 1272-1339 : Façade de la cathédrale de **Strasbourg.**

1274 : **IIe concile de Lyon** qui prononce l'union des Églises et met fin à des ordres récents (les Frères du Sac ou Sachets, par exemple).

1274 (après) : Jean de Meun, seconde partie du *Roman de la Rose*.

1275-1280 Achèvement des **cathédrales gothiques** d'Amiens, Albi, Bourges, Strasbourg et Beauvais.

Vers 1276 : **Adam de la Halle** fait donner sur une place d'Arras sa pièce de théâtre, le *Jeu de la Feuillée*, satire de la société urbaine de son temps.

1282 : Adam de la Halle compose le *Jeu de Robin et Marion*. Début de la cathédrale d'Albi.

1283 : Philippe de Beaumanoir (le fils) publie les ***Coutumes du Beauvaisis.***

1284 : Effondrement des voûtes du chœur de la cathédrale de **Beauvais.**

1285-1314 : Règne de Philippe IV le Bel.

1288 : Début de l'atelier de maître Honoré à Paris.

1291 : Chute d'Acre et **fin des États latins d'Orient**.

1302 : Tour de Philippe le Bel à **Villeneuve-lès-Avignon**.

1303 : Début de Saint-Ouen de **Rouen**.

1304 : Fondation du **collège de Navarre** à Paris, destiné à accueillir les étudiants champenois.

1304-1308 : Enseignement de **Jean Duns Scot** à Paris.

1307 : Le dévot Christ de Perpignan.

1308 : Construction du pont Valentré à **Cahors**.

1309 : **Jean de Joinville**, *Mémoires du sire de Joinville ou Histoire de Saint Louis.*

1309-1377 : La papauté en **Avignon**.

1309-1316 : Pontificat de Clément V en Avignon.

Vers 1310 : Utilisation du jaune d'argent dans les vitraux d'Île-de-France. Première présentation des ***Mystères de la Passion*** à Rouen.

1311 : **Suppression de l'ordre du Temple** à cause de sa trop grande richesse et de diverses accusations fomentées par Philippe le Bel. Pour éviter la condamnation de Boniface VIII, Clément V accepte de réunir le **concile de Vienne** (1311-1312), où il prononce la condamnation des Templiers, mais aussi des **Spirituels franciscains**, tandis que le **thomisme** reste autorisé. Par nécessité diplomatique et par crainte des factions romaines, ce pape se déplace sans cesse en Aquitaine et en Provence.

1316-1322 : Règne de Philippe V le Long.

1316-1334 : Pontificat de Jean XXII, qui se fixe en **Avignon**. La papauté s'oppose à l'empereur **Louis de Bavière** sur la question du sacerdoce et de l'empire (de 1322 à 1346). Sous ce pontificat, les charges et offices octroyés par le pape se multiplient (canonicat, prieurés, cures...) au détriment des évêques, tandis que la **fiscalité et la juridiction pontificales** s'étendent.

1318 : Vitraux de Saint-Ouen de Rouen.

1322 : Jean XXII publie une **décrétale sur l'*Ars nova*.**

1322-1328 : Règne de Charles IV le Bel.

1323-1326 : *Bréviaire de Belleville* par Jean Pucelle.

1326 : Jean XXII condamne le philosophe nominaliste **Guillaume d'Ockham** comme hérétique ; ce franciscain anglais se réfugie à la cour de l'empereur Louis V. Jean XXII entame les travaux du **palais des Papes,** qui seront poursuivis par ses successeurs. Le pontificat s'achève dans les remous de la **querelle de la Vision béatifique** (1331-1334).

1328-1350 : Règne de Philippe VI de Valois.

1330-1358 : **Guillaume de Digulleville** compose le *Pèlerinage de vie humaine* (1330-31), le *Roman de la fleur de lis* (1338), le *Pèlerinage de l'âme* (1355-58) et le *Pèlerinage de Jésus-Christ* (1358).

1334-1342 : Pontificat de **Benoît XII** en Avignon, où il fait construire le palais des Papes austère, inspiré de ses origines cisterciennes **(le « Palais-Vieux »).**

1337-1344 : *Perceforest.*

1340-1344 : Séjour et mort de **Simone Martini** en Avignon.

1342-1352 : Pontificat de Clément VI en Avignon. En 1346, ce pape achète Avignon aux Angevins. Il fait agrandir le palais des Papes **(le « Palais-Neuf »)** et le fait décorer avec faste par **Matteo Giovannetti** : scènes de chasse peintes dans la Chambre du Cerf et fresques religieuses dans la chapelle Saint-Martial.

1348 : Premiers **moulins à papier** à Troyes.

II

PARIS, CAPITALE DES CAPÉTIENS

Les premiers rois de France ont été d'infatigables voyageurs, passant d'un palais à une résidence, suivis par une cour itinérante. Ils devaient se montrer aux grands et au peuple pour revivifier sans cesse le lien vassalique qui les unissait aux élites du royaume. Or, à partir du XIIe siècle, le roi se fixe à Paris, avec sa cour et une administration centrale de plus en plus élaborée. L'autorité du souverain n'est plus seulement liée à sa position de suzerain suprême, elle repose désormais sur sa fonction sacrée reconnue par l'ensemble de ses sujets. Cette évolution politique majeure, sensible entre le XIIe et le XIIIe siècle, permet à Paris d'accéder au rang de capitale. La présence de groupes sociaux à hauts revenus stimule les activités économiques d'une ville qui devient en même temps un centre intellectuel majeur. En quelques décennies, Paris se transforme en un « monstre urbain » de 200 000 habitants environ (en 1297), centre de décision politique du pays, métropole économique et phare des controverses théologiques.

Au cœur du **riche Bassin parisien,** Paris bénéficie d'une situation de carrefour sur les axes nord-sud et est-ouest et d'un **site propice** au développement d'une ville. Une île (**l'île de la Cité**) facilitant la traversée de la Seine, une **plaine** au nord protégée des inondations par une levée de terre et quelques **collines** attirent le peuplement dès l'époque gallo-romaine.

L'ÉVOLUTION DE LA VILLE

Clovis († 511) en fait une **ville chrétienne et royale,** après y avoir vécu et fondé un monastère dédié à sainte Geneviève, la patronne de la ville. D'autres **abbayes** sont ensuite érigées par ses descendants : Saint-Germain-des-Prés, Saint-Victor et, à l'extérieur, Saint-Denis et Saint-Maur-des-Fossés (voir plan de Paris). Le changement dynastique intervenu avec l'élection d'Hugues Capet (987) porte au pouvoir le descendant de Robert le Fort, comte de Paris. Les **Capétiens** urbanisent **la rive droite** de la ville à partir des noyaux de peuplement constitués par des églises (Saint-Germain-l'Auxerrois), le long des axes routiers (rues Saint-Martin et Saint-Denis) et au débouché des ponts ou du port (place de Grève). Les **foires du Lendit** s'établissent au début du XIIe siècle sur la route de Saint-Denis et se spécialisent dans le commerce du vin. Sur la **rive gauche, les fonctions intellectuelles** dominent avec de nombreuses écoles disséminées dans un paysage mi-rural (nombreuses vignes), mi-urbain. À partir de 1163, **le chantier de reconstruction de Notre-Dame** se met en place pour de nombreuses années. L'évêque Maurice de Sully (v. 1120-1196) instaure **un maillage de paroisses dans la ville**. Mais c'est véritablement Philippe Auguste qui fait de Paris la capitale du royaume.

PHILIPPE AUGUSTE, ROI DE PARIS

Philippe Auguste (1180-1223) réside à Paris et fait installer dans le **Palais de la Cité les archives royales** au trésor des chartes, annexe de la chapelle du Palais. Au fur et à mesure que se développe l'administration et que gonflent les effectifs de clercs et secrétaires, des ailes et des tours sont accolées au Palais. Les réserves financières de la Couronne sont conservées dans le **donjon du Temple**, tandis que **les trésors royaux sont cachés au Louvre**, qui fait également office de prison. **Philippe Auguste fait fortifier la ville** en 1190, avant son départ en croisade. Le quartier marchand à l'ouest est ainsi protégé, mais reste ouvert vers l'extérieur grâce à six portes. Après son retour, il complète la protection de Paris par la construction de la grosse tour du Louvre (1204) et par la fortification du quartier étudiant au sud (1209) et des Halles. Il fait **paver les rues** principales (rues Saint-Martin et Saint-Denis) et installer des **fontaines**.

Le **commerce parisien** bénéficie de la politique d'expansion du domaine royal menée avec succès par le souverain, qui reçoit en échange **l'appui des marchands** sous forme de prêts et d'une aide précieuse pour la gestion des finances. Il s'assure de leur fidélité en

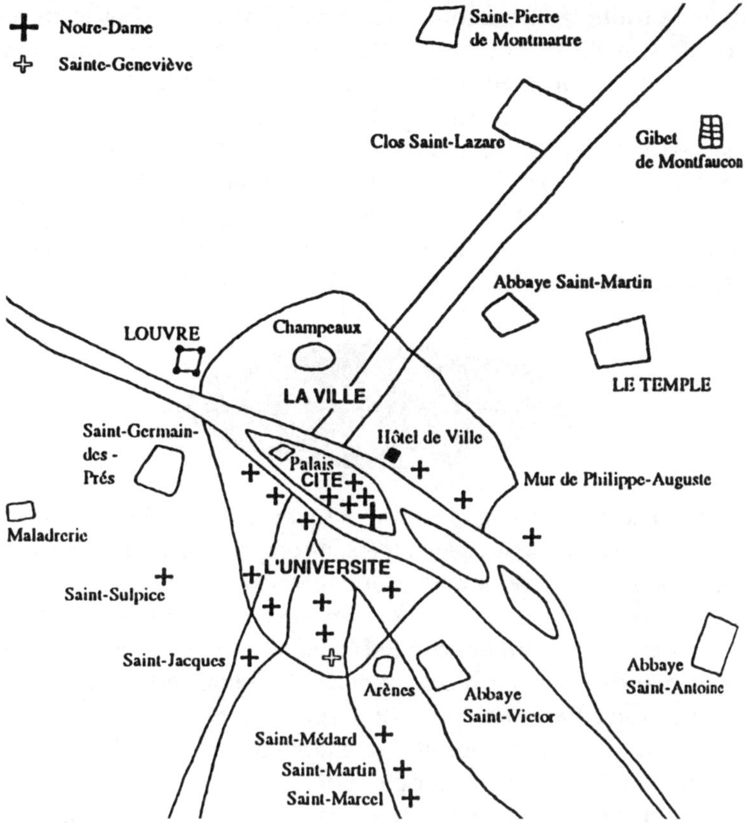

Plan de Paris sous Philippe Auguste

multipliant **les privilèges commerciaux et judiciaires** (1190 et 1204) en faveur de la hanse des marchands de l'eau (la corporation des marchands qui pratiquent le commerce fluvial à Paris).

PARIS, CAPITALE INTELLECTUELLE DE LA CHRÉTIENTÉ AUX XIIe ET XIIIe SIÈCLES

À partir du XIIe siècle, Paris est reconnue comme **un centre intellectuel** d'importance à cause des nombreuses écoles de la rive gauche, notamment celle du **cloître Notre-Dame** et celles **des abbayes Saint-Victor et Sainte-Geneviève**. Pierre Abélard (1079-1142) voit les élèves affluer de toute la chrétienté pour écouter ses leçons et le suivre lorsqu'il est exilé loin de Paris. Dès 1200, les maîtres s'organisent en une communauté autonome, **l'université**, dotée de privilèges qui l'exemptent de la justice séculière et des impôts royaux. Au XIIIe siècle, des maîtres de renom comme **Thomas d'Aquin et Albert le Grand** font de la faculté de théologie parisienne le haut lieu des débats de la chrétienté. Des collèges se multiplient pour accueillir les étudiants : celui de la **Sorbonne** en 1257 puis celui de **Navarre** en 1304 (cf. Des écoles aux universités, chap. VIII).

PARIS, CAPITALE ROYALE AUX XIIIe ET XIVe SIÈCLES

Les institutions royales se fixent et se multiplient à Paris, exigeant toujours plus de bâtiments. Saint Louis fait construire la **Sainte-Chapelle** (consacrée en 1248) pour abriter une relique insigne : une épine de la couronne du Christ. Ses successeurs agrandissent le Palais. Mais c'est sous le règne de **Philippe le Bel** (1285-1314) que sont accomplis les plus grands travaux : reconstruction du **palais**, édification de la grande salle du **Parlement** (tribunal suprême du royaume), ornée de statues des rois de France et d'une table de marbre. Le logement du roi est situé à l'ouest. À la pointe de l'île, le jardin du roi donne sur un port. Près de la Sainte-Chapelle se trouve la **Chambre des comptes**. Aux temps fastueux de Philippe le Bel, la cour du roi compte pas moins de sept cent cinquante personnes. Paris est véritablement devenue **le centre de décision politique** du pays ; c'est là aussi qu'éclatent les poussées revendicatives, comme celle d'Étienne Marcel en 1356-1358. Le royaume, dirigé depuis une prestigieuse capitale, se dote alors d'une administration et d'une justice à la hauteur des ambitions des Capétiens (cf. La justice, chap. III).

VIVRE À PARIS

Sentir grouiller la vie bruyante des Parisiens dans les quartiers, sur les places publiques, dans les rues, au parvis des églises, autour des fontaines et lavoirs, sur les ponts, lieux par excellence de la convivialité, des bavardages, des rumeurs et des « effrois », grande émotion populaire née de l'annonce d'une flambée des prix, d'une bataille... Quelques documents comme le ***Livre des métiers*** d'Étienne Boileau, **le registre de la taille de 1297** et le premier **recensement de 1328** permettent d'approcher la vie quotidienne des Parisiens entre le XIe et le milieu du XIVe siècle. **La circulation dans la ville** pose déjà de graves problèmes. En effet, l'axe nord-sud est interrompu sur l'île de la Cité, le raccordement entre ses deux parties (la rue Saint-Denis pour la rive droite et la rue Saint-Jacques pour la rive gauche) s'opère par un lacis de ruelles tortueuses. L'axe est-ouest est également mal raccordé. En outre, ces routes non pavées sont pleines d'une fange nauséabonde comme le racontent les *Chroniques de Saint-Denis* : « *Un jour que le roi [Philippe Auguste] allait par son palais, ... il s'accouda à une des fenêtres pour prendre l'air. Or il arriva que précisément des charrettes qui passaient sur les chemins remuèrent et touillèrent tant la boue et les immondices, dont la voie est pleine, qu'une puanteur à peine supportable en sortit, monta jusqu'à la fenêtre où est accoudé le roi. Quand il sentit cette odeur affreuse, il quitta la fenêtre, le cœur défaillant.* » Cet incident décide le roi à faire paver les rues principales.

De plus, les Parisiens disposent **seulement de deux ponts** pour traverser la Seine. Ils sont en bois (jusqu'en 1499) et encombrés d'habitations : cent quarante maisons et cent douze boutiques occupent le Grand-Pont, sans compter les moulins.

Les ponts de Paris
(Vie de saint Denis, Paris, BnF, fr. 2092, f° 37v° ; XIVe siècle)

Les ponts de Paris (Vie de saint Denis, f° 1 ; XIVe siècle)

Des **bateliers** assurent donc la traversée entre le Louvre et la tour de Nesles. Seules les plus grandes rues sont pavées à partir de Philippe Auguste, mais elles sont encombrées **d'immondices** entassées devant les maisons au mépris de toutes les règles d'hygiène. En 1260, des **égouts** sont creusés dans le Marais pour évacuer les eaux usées, qui se déversent dans les fossés et dans la Bièvre détournée de son cours.

Par ailleurs, **deux aqueducs** (de Belleville et du Pré-Saint-Gervais) approvisionnent en eau potable les six **fontaines** aménagées entre 1182 et 1400 (Sainte-Avoye, les Innocents, Maubuée, les Halles, Saint-Julien et Saint-Leu). Les Parisiens boivent également l'eau de **nombreux puits privés**.

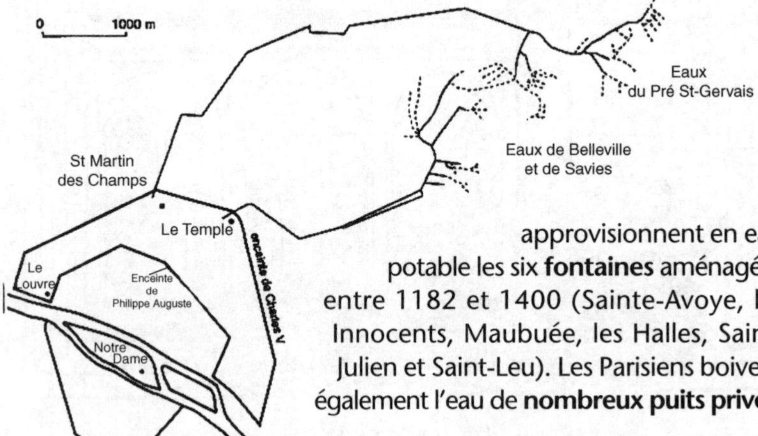

Les aqueducs de Paris

Certaines zones de la ville sont moins attrayantes : **le cimetière des Innocents** clos par Philippe Auguste, le gibet royal de Montfaucon et **les léproseries** rejetées en banlieue (celle du Roule à Neuilly et celle de Villeneuve-Saint-Ladre).

L'exercice des métiers à Paris est précisément réglementé comme l'atteste le *Livre des métiers* (composé en 1268), qui recense **plus d'une centaine de professions**. Dans chaque atelier, un maître dirige un groupe d'apprentis et de compagnons. Ceux-ci travaillent à la lumière du jour à l'ouvroir donnant sur la rue de manière que l'on puisse vérifier la qualité de l'ouvrage. Les métiers se réunissent souvent dans la même rue ou le même quartier, comme l'atteste le registre de la taille de 1297 (cf. l'artisanat et les corporations, chap. IV).

Habitants de la rue Saint-Germain d'après le registre de la taille de 1297

Nom, profession	Montant de la taille payée
Pierre Miton, regratier	9 sous parisis
Jehan Bonne, orfèvre	12 sous parisis
Raoul de Blangis, poulailler	48 sous parisis
Jehannot le Normand, orfèvre	12 sous parisis
Jacques de la Ferrière	6 livres parisis
Jehan Quentin, orfèvre	12 sous parisis
Jehan le Saucier, tavernier	58 sous parisis
Et sa fille	18 sous parisis
Baudoin de Châtillon, tavernier	30 sous parisis
Jehannot, son valet	10 sous parisis
Jehan Cheval, hôtelier	12 sous parisis
Bertaut le Pevrier, orfèvre	6 sous parisis
Raoul le Breton, tavernier	6 sous parisis
Jehan Miete, poissonnier	4 livres, 12 sous parisis
Maître Girard de Troyes	6 livres, 15 sous parisis
Bartelot Popin	78 sous parisis
Simon Pougeri	36 sous parisis
Gefroi L'Escot	16 sous parisis
Quentin l'orfèvre	8 sous parisis
Jehannot de Saint-Denis, orfèvre	8 sous parisis
Jehan l'huilier	12 sous parisis
Pierre Miton, pâtissier	8 sous parisis

Les « menus » qui payent cinq sous et moins d'impôt sont : un marchand d'oublies (petites gaufres), deux cordonniers, un ameçonneur, deux orfèvres, une couturière, une potière et un regratier (revendeur détaillant de marchandises achetées aux Halles).

Les **cloches** rythment la journée de travail, qui peut varier de neuf heures en hiver à seize heures en été (cf. Mesures du temps, chap. VI). Les **confréries** encadrent sur le plan religieux les hommes d'un même métier, qui se réunissent pour la fête de leur saint patron (saint Éloi pour les orfèvres), pour les funérailles d'un confrère ou pour leur banquet annuel. **Les Halles** (aux Champeaux) sont aménagées dès 1137 par Louis VII pour stocker et vendre le grain, le sel, le bétail, les draps de Flandre et de Normandie, et les articles de mercerie (cf. Les surplus commercialisables, chap. IV).

Le commerce du vin et des produits de luxe se pratique plutôt dans **les foires de Saint-Denis et du Lendit** au nord de Paris. **Les ports de la Seine** sont très actifs, le plus important étant celui de Grève. Le vin, le sel, le poisson de la Manche, le bois et la pierre sont acheminés par bateau. **Les cris** des vendeurs jurés, des mesureurs, des courtiers, des avaleurs (ceux qui déchargent les marchandises)

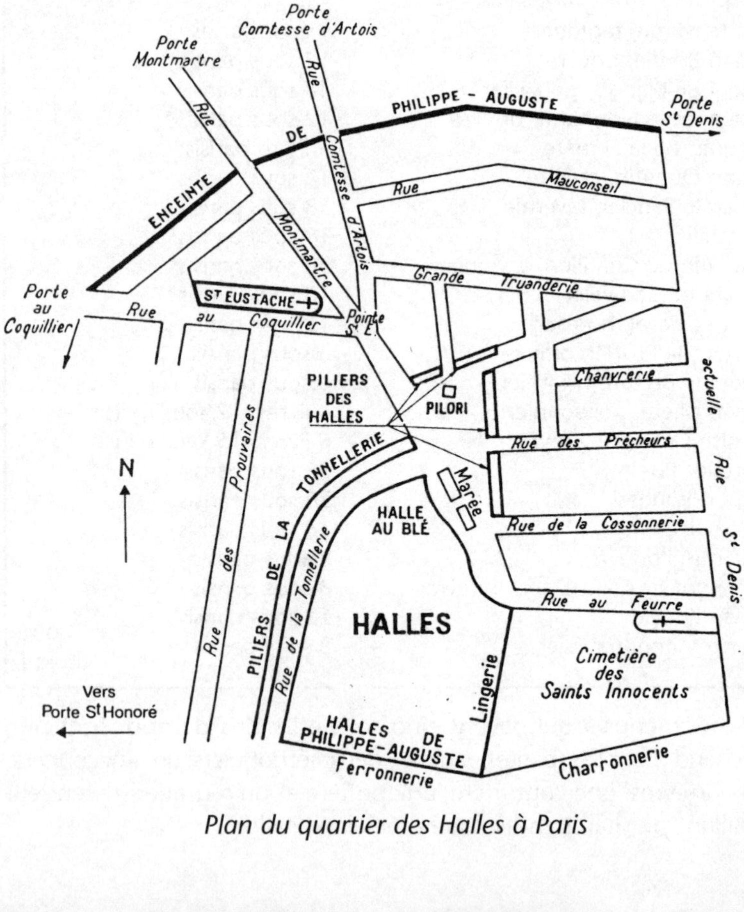

Plan du quartier des Halles à Paris

retentissent sur les **quais** et se prolongent dans les **tavernes et auberges** environnantes. Ce dynamisme économique, allié aux fonctions de capitale d'un puissant royaume, pousse la ville à déborder rapidement les deux cent cinquante hectares enfermés dans l'enceinte de Philippe Auguste (construite en 1190-1210). La ville s'étend dans toutes les directions et se divise désormais en trois parties : « **la Cité** », le cœur religieux, administratif et judiciaire ; « **la Ville** », la rive droite porteuse des activités économiques liées aux ports et aux Halles ; « **l'Université** », la rive gauche estudiantine. Le recensement de 1328 dénombre 61 098 feux soit **environ 200 000 habitants**, ce qui est considérable pour l'époque. La ville compte alors pas moins de **trente cinq paroisses** (d'où son nom de la ville aux cent clochers). Elle est l'une des plus grandes d'Europe, et la seule à cumuler les fonctions de **capitale et de première université** de théologie de la chrétienté.

Les cris de Paris

Au XIIIe siècle, Guillaume de la Villeneuve rapporte les cris de Paris :

Je vous dirai comment font ceux qui ont des marchandises à vendre et qui courent Paris, en les criant, jusqu'à la nuit.

Ils commencent dès le point du jour : « Seigneurs, dit le premier, allez aux bains, vite, vite : ils sont chauds ! » Et puis viennent ceux qui crient les poissons : harengs saurs et harengs blancs, harengs frais salés, vives de mer et aloses. Et d'autres qui crient les oisons et les pigeons, et la viande fraîche. Et la sauce à l'ail, et le miel. Et les pois en purée chaude, et les fèves chaudes. Et les oignons et le cresson de fontaine, et le pourpier, et les poireaux, et la laitue fraîche.

Celui-ci s'écrie : « J'ai du bon merlan frais, du merlan salé ! ... » Un autre : « Je change des aiguilles contre du vieux fer ! » Ou bien : « Qui veut de l'eau contre du pain ? ... » Et celui-là : « J'ai du bon fromage de Champagne, du fromage de Brie ! N'oubliez pas mon beurre frais ! ... » « Voilà du bon gruau ! Farine fine ! Farine... » « Au lait, la commère, ma voisine ! ... » « Pêches mûres ! Poires de Caillaux ! Noix fraîches ! Calville rouge ! Calville blanc d'Auvergne ! ... » « Balais ! Balais ! ... » « Bûches ! Bûches à deux oboles la pièce ! » Et puis l'huile de noix, les cerneaux, le vinaigre... « Cerises au verjus ! Légumes ! Œufs ! Poireaux ! ... » « Pâtés chauds ! Gâteaux chauds ! ... » « Lardons grillés ! »...

Et voici qu'on publie un édit du roi Louis. [...] Et voici le sonneur qui court les rues en criant : « Priez pour l'âme du trépassé ! »

III

L'ORGANISATION POLITIQUE ET ADMINISTRATIVE

La société médiévale étonne par la densité et la complexité des réseaux de contrainte et de solidarité qui s'exercent sur l'individu. Une administration locale représentant le pouvoir royal et sa législation (connue par les ordonnances) se superpose aux coutumes régionales et aux droits seigneuriaux. Avant d'être sujet du roi de France, tel paysan ou tel bourgeois est d'abord « l'homme » de tel seigneur (laïc ou ecclésiastique) pour ce qui relève du droit du sol, d'un autre pour ce qui relève du droit de ban (les fameuses banalités : droits de justice et taxes diverses). Les chartes de franchise appliquées dans les villages comme dans les villes n'abolissent pas ces droits seigneuriaux, elles les limitent et les encadrent.

Cette société, fréquemment en proie à la guerre (guerres privées et conflits internationaux), valorise fortement le métier des armes, qui assure pouvoir et richesse. Cependant, l'Église tente de limiter cette idéologie guerrière en l'encadrant dans le mouvement de la Paix de Dieu et dans les croisades.

• L'EXERCICE DU POUVOIR

LA CONSTITUTION DU ROYAUME DE FRANCE

Alors que **les monarchies nationales** se dessinent en Europe, les deux plus puissantes, **la France et l'Angleterre**, se heurtent rapidement à cause des possessions anglaises sur le continent.

L'ORGANISATION POLITIQUE ET ADMINISTRATIVE

En France, une fois récupérés les droits régaliens usurpés par les princes territoriaux, les **Capétiens** s'attachent d'abord à **agrandir le domaine royal**. Patiemment, les descendants d'Hugues Capet poursuivent cette entreprise de longue haleine : **ils achètent des terres** (Bourges en 1106, le comté de Mâcon en 1239, le Quercy en 1286), **recueillent des successions en déshérence** (comté du Perche, héritage toulousain d'Alphonse de Poitiers en 1271) ou des dots (Artois en 1189), et **confisquent les biens des vassaux rebelles** (commise des fiefs Plantagenêts en 1202 et du comté de Boulogne en 1212). La croisade des Albigeois permet au royaume de s'étendre vers le Midi.

À partir de la modeste mais prospère Île-de-France (8000 km^2 entre Loire et Oise), le royaume atteint progressivement les frontières actuelles en 1328 (exception faite de la Savoie, du Dauphiné, du comté de Provence, du duché de Guyenne, du Comtat Venaissin, de la Corse, du comté de Nice, de la Franche-Comté, de l'Alsace et de la Lorraine). Cette France est alors composée soit du **domaine direct du roi de France**, soit de fiefs appartenant à **la mouvance de la Couronne**. Le domaine royal n'est pas seulement constitué par les terres directement tenues par le roi, mais par tous les revenus tirés de ses droits de suzerain et de haut justicier.

LA « GARDE GÉNÉRALE DE TOUT LE ROYAUME » CONFIÉE AU ROI

Le roi se place au sommet de la **hiérarchie féodale** comme **suzerain suprême** et gouverne en son Conseil. Sa légitimité tient autant à la continuité dynastique qu'à **la cérémonie du sacre** : onction, remise des emblèmes royaux, acclamation et serment du souverain de défendre l'Église, d'assurer la paix et de rendre bonne justice. C'est à ce titre que le roi encourage la **procédure d'appel à la justice royale**, met en place les procédures d'enquête, d'appel et d'arbitrage, et peut même interdire les guerres privées et le port d'armes (Louis IX).

Les Capétiens font souvent **sacrer leur fils aîné** de leur vivant afin de s'assurer la continuité dynastique. La pérennité du pouvoir royal facilite **la renaissance de la notion d'État** et d'utilité générale. La fonction de roi est inaliénable et indivisible, elle est au service de la *res publica* (la chose publique, notion empruntée au droit romain, redécouvert à partir du XIIe siècle).

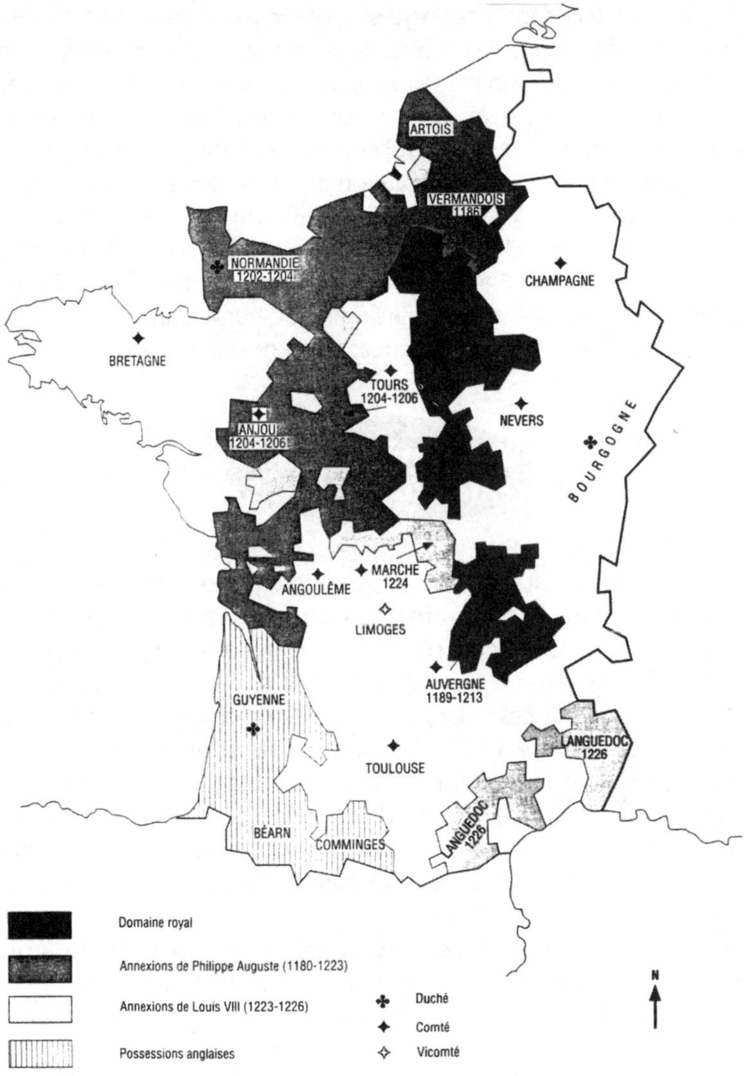

La France au XIIIe siècle

En échange de cette lourde charge royale, il paraît normal que l'exercice du pouvoir rapporte des revenus à la Couronne, qui ne peut plus se contenter de « vivre du sien » sur son domaine personnel. **L'aide de l'ost, taxe destinée à remplacer l'aide féodale,** est progressivement étendue à tous les sujets du royaume. À partir de

1303, elle est dénommée **fouage** et répartie par feu entre les familles (cf. Les finances, chap. III). Cette levée demeure encore irrégulière. Le roi tire profit du monnayage royal, perçoit la régale sur les évêchés, une taxe sur le sceau royal, une part des produits des douanes et des taxes sur les étrangers, sans compter les emprunts forcés imposés à quelques bonnes villes et la confiscation des biens des Juifs. **Les rouages d'un État moderne** donnent au souverain une autorité de moins en moins contestée. Parallèlement, **l'unification progressive du droit**, les conflits face aux Plantagenêts et **l'émergence d'une Église nationale** face aux prétentions de l'Église de Rome concourent à faire naître un sentiment d'appartenance à une même **nation**.

LE GOUVERNEMENT PAR ORDONNANCES

Une des manifestations les plus spectaculaires de la puissance royale réside dans la **promulgation d'ordonnances** réformant le royaume ou une large part de celui-ci. Elles sont désignées par les termes « établissements », « constitutions », « édits » mais, le plus souvent, « ordonnances ». Le premier texte de ce type émanant d'un roi de France date de **1155**, et l'un des plus célèbres est constitué par le **Testament** que rédige Philippe Auguste avant de partir en croisade (1190). Sous prétexte d'organiser la régence durant son absence, il impose une véritable réforme administrative et judiciaire du royaume, et crée **le corps des baillis** chargés de surveiller les prévôts.

Ses successeurs vont user de la même voie législative pour améliorer l'administration du royaume, sa justice et sa fiscalité, en somme tout ce qui a trait **au droit public**, sans intervenir dans le droit privé, qui relève des coutumes. Saint Louis promulgue en tout vingt-cinq ordonnances durant son règne, dont trois pour « **l'utilité du royaume** ». Celle de 1254 vise à réformer en profondeur l'administration, la justice et la vie morale du royaume de France. Les officiers chargés de la justice royale doivent refuser tout cadeau et rendre la justice de façon impartiale en respectant à la fois les coutumes locales et les droits du roi, de manière à éviter les détentions arbitraires et les levées d'amendes en dehors des assises régulières. **Les baillis et sénéchaux** (et leur famille) ne peuvent pas acquérir de terres dans leur circonscription administrative. Ils sont chargés de réprimer les désordres que constituent aux yeux du roi très chrétien la prostitution, le blasphème, l'ivrognerie et les jeux de hasard. Les ordonnances, de plus en plus nombreuses, deviennent un mode de gouvernement ; elles sont lues publiquement dans chaque circonscription. Elles sont complétées par **des procédures d'enquêtes** (comme celle de 1247), destinées à surveiller les représentants locaux du pouvoir royal et à éviter qu'ils ne se transforment en tyranneaux de province. À la fin du XIIIe siècle, **Philippe de Beaumanoir** (fils) rappelle que, pour être valable, une ordonnance doit répondre à trois exigences : le consentement de la communauté, le « **commun profit** » et la conformité à la raison et à la coutume. La grande ordonnance de 1303 prend le nom de *magna statuta* et sert de modèle aux suivantes.

LES SERVITEURS DU ROI

Jusqu'au XIIIe siècle, ce sont les grands vassaux directs du roi qui se réunissent périodiquement en son conseil (*curia regis*, **la cour du roi**) pour l'aider à gouverner. Ils se voient attribuer des charges honorifiques et politiques comme celle de sénéchal (longtemps occupée par les comtes de Champagne), chambrier, bouteiller.

À partir de Philippe Auguste, une véritable **administration centrale** est créée, formée de juristes et d'officiers royaux formés au droit romain dans les nouvelles universités. La fonction de chancelier est supprimée par Philippe Auguste, qui craint des **abus de pouvoir** à ses dépens. L'ancienne cour féodale se scinde en sessions spécialisées soit en matière de finance, soit en matière de justice. **La Chambre des comptes** apparaît ainsi à l'orée du XIVe siècle, tandis que le **Parlement** (à partir de 1307) remplace les sessions temporaires de la justice royale établies depuis 1258-1260 par Saint Louis, pour mettre fin aux duels judiciaires dans son domaine. L'ordonnance de 1345 fixe le nombre de conseillers au Parlement gagés par le roi et répartis en trois chambres : **la Grand-Chambre**, qui entend les plaidoiries des avocats en français et rend les arrêts en latin ; **la Chambre des enquêtes**, chargée de l'instruction des procès, et **la Chambre des requêtes**, qui examine la recevabilité des appels. Le Parlement est débordé par son succès et ne suffit pas à répondre à tous les appels à la justice royale, ce qui limite son efficacité.

• LA JUSTICE

LES JUSTICES MÉDIÉVALES

La notion de justice reçoit deux acceptions au Moyen Âge : elle est à la fois **une des vertus** cardinales et **un concept juridique**, ainsi défini par Ulpien (228) : « La justice est la volonté constante et perpétuelle d'attribuer à chacun son droit. » Cette définition a été reprise dans le droit romain, redécouvert en Occident au XIIe siècle. À partir de cette double acception s'est forgée **une réflexion sur la justice** prise en charge par les théologiens (notamment Thomas d'Aquin) et par les juristes. Saint Thomas distingue la justice légale ou générale (qui ordonne l'homme au bien commun) de la justice particulière (qui règle les rapports entre individus).

Dans la pratique juridique, les choses sont bien plus complexes. La société médiévale est enserrée dans **un enchevêtrement de droits**, de justices, qui se recoupent et s'opposent parfois pour déboucher sur **des conflits de juridictions**. Il faut donc distinguer le civil du criminel, la basse justice de la haute justice, les justices laïques des justices ecclésiastiques. En réalité, la frontière entre le civil et le criminel reste floue jusqu'à la fin de notre période. Au parlement de Paris, **la Tournelle** (chambre criminelle créée au début du XIVe siècle) prend en charge certains procès qui relèvent du civil, à cause de la personnalité de l'accusé ou de la conjoncture politique. Dans le cadre de **la seigneurie**, la distinction entre haute et basse justice se met en place à partir du XIe siècle. À **la haute justice** reviennent en principe les causes civiles les plus importantes (crimes de sang, délits engendrant un désordre comme l'incendie volontaire, le viol, la trahison). Elle peut condamner le coupable à mort ou exiger des amendes égales ou supérieures à 60 sous. À **la basse justice** reviennent les affaires justifiables d'une amende inférieure à 60 sous. En réalité, cette distinction n'est pas toujours respectée. De plus, la haute justice, recherchée pour le prestige qu'elle confère (affirmé par l'érection de **fourches patibulaires**), est moins lucrative que la basse justice, uniquement fondée sur les amendes, si bien que certains seigneurs cumulent les deux, alors que cette distinction est un facteur de hiérarchisation des seigneuries.

La justice épiscopale s'exerce dans le cadre de l'officialité, dont le pouvoir est affirmé dans le cadre de la réforme grégorienne. La peine de mort y est interdite, de sorte que ces tribunaux épiscopaux

Louis VI fait pendre les pillards d'Île-de-France
(Grandes Chroniques de France, Paris, BnF, fr. 2813, f°200)

sont remis en cause par le pouvoir laïque à la fin du Moyen Âge, pour laxisme excessif (cf. L'Église : une hiérarchie double, chap. VII).

Enfin, **la justice royale** est déléguée aux représentants du roi, sénéchaux ou baillis, tandis que la justice retenue du roi s'exerce par son droit de juger n'importe quelle affaire et de gracier n'importe quel condamné, à condition qu'il ait avoué son crime.

Dans ce maquis judiciaire, un principe permet de trancher beaucoup de cas : **la prééminence de la justice du lieu**. Elle peut être détenue par le maire ou par les représentants des habitants d'une commune, elle sert de garantie **contre l'arbitraire seigneurial**. Cependant, force est de constater que cette **multiplicité des juridictions** entraîne souvent pour le pauvre justiciable **une multiplication des amendes**. À partir du XIIIe siècle, l'idée que toute justice émane du prince tend à s'imposer. En France, **la main de justice** est le premier des insignes royaux donnés au roi après l'onction du sacre. Le pouvoir royal est par nature un pouvoir éminemment justicier ; **les juges** ne sont que des délégués de ce pouvoir. Cette clarification et cette centralisation se sont accomplies au prix de **conflits de juridictions** de plus en plus violents **entre juridiction laïque royale et juridiction ecclésiastique**, la première défendant la souveraineté de l'État, la seconde l'indépendance de l'Église. Le canon 42 du IVe concile de Latran reconnaît cet état de fait lorsqu'il « interdit à tous les clercs que ne s'étende à l'avenir, sous prétexte de liberté ecclésiastique, sa juridiction aux dépens de la justice séculière ».

Le privilège de « for », qui soustrayait les clercs à la justice royale, a été remis en cause dans diverses affaires, où l'État fait passer le respect de l'ordre public devant cette marque de la liberté de l'Église. C'est ainsi qu'en 1301, **Bernard Saisset**, l'évêque de Pamiers, est poursuivi par un juge séculier pour « lèse-majesté, trahison, simonie, hérésie et blasphème ».

Ces incessants conflits de juridiction ont alimenté des controverses et des débats doctrinaux.

L'ADMINISTRATION LOCALE

Sur le modèle des administrations domaniales laïques ou ecclésiastiques, l'administration du royaume de France est confiée aux **prévôts** à partir du XIe siècle. À la fois régisseurs et intendants, ils contrôlent aussi l'application de la juridiction domaniale concernant notamment les droits forestiers et collectent les revenus domaniaux. Le prévôt est rémunéré par **le système de la ferme** : il prend par adjudication un ensemble de droits et redevances, moyennant le paiement à termes fixes d'une somme. Cette forme de rémunération ouvre la porte à tous les abus. Le prévôt est alors plutôt considéré comme un **percepteur** que comme un représentant du roi, ce qui conduit à sa disgrâce à partir de la fin du XIIe siècle.

Sceau du prévôt de Chinon, XIIIe siècle

À partir de 1190, les prévôts du domaine royal sont en effet contrôlés par les **baillis** royaux, institués par Philippe Auguste. La mission d'enquête provisoire de ces derniers (qui s'étend aussi au contrôle des vicomtes en Normandie) se pérennise et ils sont bientôt placés à la tête d'une circonscription administrative, **le bailliage** (vers 1230), dans laquelle ils jugent en appel, encaissent les recettes royales, lèvent l'ost et transmettent les ordres du roi. Le bailli de Vermandois joue un rôle politique dans les affaires de Flandre et celui de Mâcon dans celles de Lyon. **Cette institution est rapidement imitée dans les principautés**, notamment en Bourgogne dès 1239. Les baillis sont appelés **sénéchaux dans le midi et l'ouest** de la France. Ce sont sont en général **des professionnels de l'administration** qui font véritablement carrière dans les bailliages.

Il faut faire une place à part aux **deux prévôts de Paris**, véritables baillis, qui siègent au Châtelet. Ils exercent les pouvoirs de justice, de police et d'administration, qui leur sont délégués par le roi en tant que souverain et en tant que seigneur foncier. Ces prévôts, choisis dans la **haute bourgeoisie parisienne**, se partagent les tâches : l'un est juge, l'autre receveur. Saint Louis ne nomme qu'un seul prévôt de Paris, **Étienne Boileau**, à la tête d'une véritable administration (cf. Vivre à Paris, chap. II).

Bien que leurs effectifs soient insuffisants, ces agents zélés du roi ont beaucoup œuvré pour l'extension du pouvoir monarchique à l'ensemble du royaume. Mais celui-ci a dû composer longtemps avec un réseau complexe de fidélités, la féodalité, encore très puissante jusqu'à l'arrivée de la Grande Peste.

• LES FINANCES

LA FISCALITÉ

La fiscalité seigneuriale tend à s'imposer aux dépens des corvées de faible rendement, de plus en plus mal supportées par les paysans. Outre le champart, ceux-ci doivent dégager des surplus commercialisables pour payer au seigneur **le cens de leur terre, la taille** (apparue au XIe siècle) et diverses taxes, dont **les banalités** pour utiliser le four, le moulin et le pressoir du seigneur. **Les chartes de franchise** des communautés paysannes et les chartes de défrichement fixent le montant de la taille, appelée dès lors **taille abonnée**, ce qui protège les manants des exactions seigneuriales, des mauvaises coutumes qu'ils tentent d'imposer (cf. Les franchises urbaines et villageoises, chap. V). À la fin du Moyen Âge, le terme de taille tend à désigner toute imposition directe levée par une autorité, qu'elle soit seigneuriale, municipale, royale ou princière. Dans les campagnes, les serfs (de plus en plus rares) payent des impôts spécifiques : **la taille à merci** (non abonnée) et **le chevage**, mais aussi des taxes : **le formariage** (en cas de mariage en dehors de la seigneurie ou avec une personne d'une autre condition) et **la mainmorte** (payée au seigneur au moment du décès du serf).

Le roi, comme tout seigneur, lève la taille dans ses domaines, mais il tente, à partir du XIIIe siècle, d'imposer à ses sujets **une fiscalité proprement royale**. En tant que suzerain, il reçoit de ses vassaux **l'aide aux quatre cas** : pour son départ en croisade, pour l'adoubement de son fils aîné, pour le mariage de sa fille aînée et pour le paiement de sa rançon. Mais ces ressources ne suffisent pas à financer l'essor de la monarchie capétienne. Dès la fin du XIIe siècle le roi lève **des décimes sur le clergé** pour financer la croisade, puis la mise en ordre de son royaume avant son départ en croisade. Ce glissement est à l'origine du **conflit entre Philippe le Bel et le pape Boniface VIII** à l'orée du XIVe siècle (cf. L'essor de l'Église nationale, chap. VII). Au temps des papes d'Avignon, le roi et les papes se partagent la plupart des décimes. Le roi propose également aux grands barons **de racheter le service militaire** qu'ils lui doivent en tant que vassaux. Les contingents du roi étant alors constitués d'arrière-vassaux (l'arrière-ban). En cas d'extrême nécessité, le roi n'hésite pas à recourir à **l'emprunt forcé imposé à ses « bonnes villes »**. En 1315 naît **la gabelle** ; d'abord destinée à réguler le marché du sel, elle devient un impôt (dans les années 1330) particulièrement impopulaire. Les premières batailles de la guerre de Cent Ans obligent le roi à réclamer **un effort fiscal**, auquel ses sujets consentent dans le cadre d'assemblées de bailliage ou de diocèse, puis dans le cadre des **États généraux**, en échange d'assurances sur la politique monétaire royale et sur l'emploi des fonds collectés. À tous ces prélèvements, il faut ajouter **la dîme pour l'Église** : perçue en nature, elle représente en principe environ un dixième de la récolte et du croît du bétail. Rendue obligatoire pour tous les fidèles par le capitulaire de Herstal en 779, sa gestion est confiée **aux évêques**. Ceux-ci sont tenus d'en faire quatre parts : une pour eux-mêmes, les trois autres pour les clercs du diocèse, les pauvres et l'entretien des églises. Avec la multiplication des paroisses, la dîme revint **aux curés**. Elle est en outre **étendue aux bénéfices du commerce et de l'artisanat** et, dans ce cas, levée en espèces, sur tous, y compris les Juifs (dîme personnelle). Le pape exempte certains ordres religieux du paiement de la dîme et les évêques diverses institutions charitables (hôpitaux et léproseries). Des seigneurs laïques, qui se sont arrogé des dîmes, les restituent progressivement au fur et à mesure que s'impose **la réforme grégorienne**. Les fidèles ont souvent à payer les sacrements dans leur paroisse : le casuel qui vient compléter les trop faibles revenus des curés des pauvres paroisses rurales. Les évêques font payer aux paroisses **la réconciliation de leur église** (levée de l'excommunication ou de l'interdit) et de leur cimetière (en cas de profanation). La papauté, à partir du XIIIe siècle, et encore plus durant son séjour en Avignon, organise une véritable fiscalité qui pèse sur les Églises nationales, notamment **le droit de dépouille** sur les évêchés vacants.

• LE POUVOIR MILITAIRE

LE SERVICE MILITAIRE ET L'ARMÉE

Le système militaire du Moyen Âge a conservé de **ses origines germaniques** l'idée d'exiger de **tout homme libre** le service militaire en faveur du détenteur **du droit de ban** (droit de commander et de contraindre). Dès les IXe-Xe siècles, les armées se constituent autour **d'un noyau de cavaliers lourds** cuirassés entourés de « gens de pied », notamment les archers dont le rôle ne cesse d'augmenter. Aux Xe-XIe siècles, **l'ost** est la première source de recrutement militaire dans le système féodal. Le chevalier qui doit servir son seigneur suzerain avec armes et chevaux se fait lui-même accompagner de combattants qu'il a recrutés parmi ses propres vassaux ou en dehors de ce groupe (cf. La féodalité, chap. V). Au milieu du XIe siècle, les armées sont assez puissantes pour se lancer dans **de grandes expéditions** (conquête de l'Angleterre en 1066, puis la Ire croisade en 1095-1099), qui enrichissent **les techniques militaires**. La poursuite de ces croisades et les guerres incessantes entre la France capétienne et l'Angleterre des Plantegenêts exigent **d'accroître les effectifs**. L'ost n'y suffit plus et **le recours au mercenariat** se révèle indispensable à partir du XIIe siècle. L'essor des communes urbaines et rurales entraîne **l'apparition de milices urbaines et de**

contingents d'auxiliaires issus des communautés rurales. Au XIIIe siècle, trois évolutions majeures se dessinent dans les armées : le volontariat et le mercenariat se développent, les effectifs des chevaliers diminuent au profit des « écuyers » nobles (non adoubés), **des archers et arbalétriers,** et, surtout, **des professionnels de la poliorcétique** (mineurs, pionniers, « maîtres des engins » pour assiéger villes et châteaux). Les effectifs de l'armée royale ne cessent d'augmenter entre le XIe et le XIVe siècle : celui de la cavalerie est multiplié par dix ou vingt et celui de l'infanterie par quatre ou cinq. A la fin du XIIIe siècle, il devient d'usage courant de **verser une solde** aux combattants, même à ceux qui sont tenus par un devoir vassalique. Au siècle suivant, le recrutement des armées continue de se diversifier et les techniques de siège de s'améliorer. La guerre de Cent Ans oblige les États à lever des troupes engagées puis licenciées au gré des batailles, au grand dam des populations livrées aux « **Grandes Compagnies de routiers** » et aux « écorcheurs ».

L'ARMEMENT

Sur le champ de bataille, c'est **le chevalier** lourdement armé qui a la prééminence. Le sergent à cheval (non chevalier) cherche à l'imiter mais reste plus légèrement équipé. **Les fantassins,** issus des milices urbaines et rurales, sont divisés entre archers, arbalétriers (qui ont un rôle grandissant) et la piétaille armée de lances, d'épieux, de couteaux (ils ne sont que des auxiliaires). Ces fantassins sont au mieux protégés par un chapeau de fer et **un haubergeon** (cotte de mailles courte) ou une simple casaque rembourrée (**gambison**).

L'équipement du chevalier est constitué d'**une lance, longue** d'environ trois mètres, qu'il serre sous son bras pour charger, bien calé sur ses étriers et sa selle. Le combat commence toujours par un choc frontal destiné à désarçonner l'adversaire et à percer **son bouclier et son armure**. C'est au XIe siècle que se diffuse cette technique dite de la « lance couchée », décrite dans la broderie de Bayeux, mais on y voit encore des combattants lance brandie selon la tradition antérieure.

Le combat se poursuit à **l'épée**, droite et large de lame ; parfois, le cavalier porte une autre épée plus courte, à la ceinture. Vers la fin du XIIIe siècle, les armures sont devenues si résistantes que les coups de taille deviennent inefficaces, et l'épée devient de plus en plus une arme d'estoc. Le combattant use également de **la masse**

*Combats à la lance dans l'*Histoire du saint Graal *de Robert de Boron (Paris, BnF, fr. 95, f° 292v ; illustré vers 1280)*

d'armes pour assommer son ennemi ou de la hache dite danoise (introduite par les Vikings), qui se tient à deux mains dans un combat à pied. **L'épée reste cependant l'arme symbolique du chevalier** : dotée d'un nom (l'épée Durandal de Roland), bénie le jour de l'adoubement, elle est transmise au sein du lignage (cf. Noblesse des villes, noblesse des champs, chap. V).

Pour se protéger, le chevalier dispose d'**un haubert**, ou cotte de mailles : chemise qui descend jusqu'aux genoux, fendue ou formant culotte pour faciliter les mouvements, et qui est constituée de centaines de petits anneaux de fer entrelacés. Elle peut comporter des manches et un capuchon. Les membres inférieurs sont protégés par **des chausses** également en mailles. L'ensemble de l'équipement atteint les douze kilos.

Sous le haubert, on porte un gambison et par-dessus **la cotte d'armes**, sorte de tunique sans manche resserrée à la taille et qui porte les armoiries du combattant à partir de la fin du XIIIe siècle. Le

Équipement du chevalier d'après Villard de Honnecourt, XIIIe siècle

haubert est renforcé à cette époque par des plaques de métal (**les plates**), bientôt articulées entre elles pour constituer l'armure qui ne devient courante qu'à la fin du XIVe siècle. Vers 1300 apparaît **la brigandine** : vêtement court de toile ou de cuir, renforcé à l'intérieur ou à l'extérieur de plaques ou d'arceaux métalliques. **Le heaume,** ou casque, est, lui, posé sur le capuchon ; il adopte diverses formes : d'abord conique, puis cylindrique avec un nasal, il couvre de plus en plus la nuque et le visage. Des fentes et des petits orifices permettent de voir et de respirer. **Le bouclier**, en forme d'amande, est fait de bois couvert de cuir renforcé de fer. Il disparaît lorsque les armures se généralisent.

LE REFUS DE LA GUERRE

Le mouvement de la paix de Dieu (x^e^-xiiie siècle)

Le mouvement de la paix de Dieu (*Pax Dei*) est organisé, à l'origine, par **les évêques**, habitués depuis l'époque carolingienne à intervenir dans les affaires publiques pour le maintien de la paix. Le mouvement **part de l'Aquitaine**, vaste province échappant largement à l'emprise du roi de France, puis se répand vers le Nord, où il est repris en main par **les moines clunisiens** et **les princes**, puis **le roi capétien**.

Ce mouvement, extrêmement **populaire**, est un fait politique et social propre à cette période. Devant l'échec des premiers Capétiens à maintenir l'ordre et devant **la violence de nombreux châtelains**, prêts à déclencher toutes sortes **de guerres privées** pour se tailler un territoire à la mesure de leurs ambitions, les évêques lancent à partir de 989 le mouvement de la paix de Dieu. Les prélats convoquent à **un concile de paix** les responsables religieux (abbés, moines) et politiques locaux (comte, duc), les chevaliers et tout le peuple. **Des reliques** sont réunies en nombre, donnant une sacralité particulière à la cérémonie. Les seigneurs et chevaliers accusés d'avoir semé le désordre et la violence sont sommés d'y mettre fin et de **faire réparation**. Puis **une liste d'interdictions et de promesses** est lue, à la suite de quoi les grands prêtent **serment sur les reliques** et devant le peuple assemblé de tenir ces engagements. Les canons de paix assurent les catégories sociales les plus fragiles (paysans, religieux, marchands, tous désarmés) contre les violences des chevaliers pillards. Les récoltes et les vendanges elles-mêmes sont protégées. De plus, les assistants s'engagent à jeûner certains jours du calendrier religieux. Les contrevenants s'exposent à **des sanctions spirituelles** (anathème, interdit ou excommunication).

À partir des années 1030-1040, les assemblées de paix se transforment : elles promulguent plutôt **des trêves de Dieu** prohibant la guerre du mercredi soir au lundi matin (en souvenir de la Passion du Christ), aux temps liturgiques de Noël, de Pâques et des Rogations à la Pentecôte. L'association du peuple à ces assemblées provoque **un véritable mouvement social** lorsque, vers 1035, **l'évêque de Bourges** invite tous les fidèles âgés de quinze ans et plus à adhérer à une ligue destinée à imposer la paix. Une véritable armée populaire se constitue (la ligue de paix), groupant paysans et citadins ; dirigée

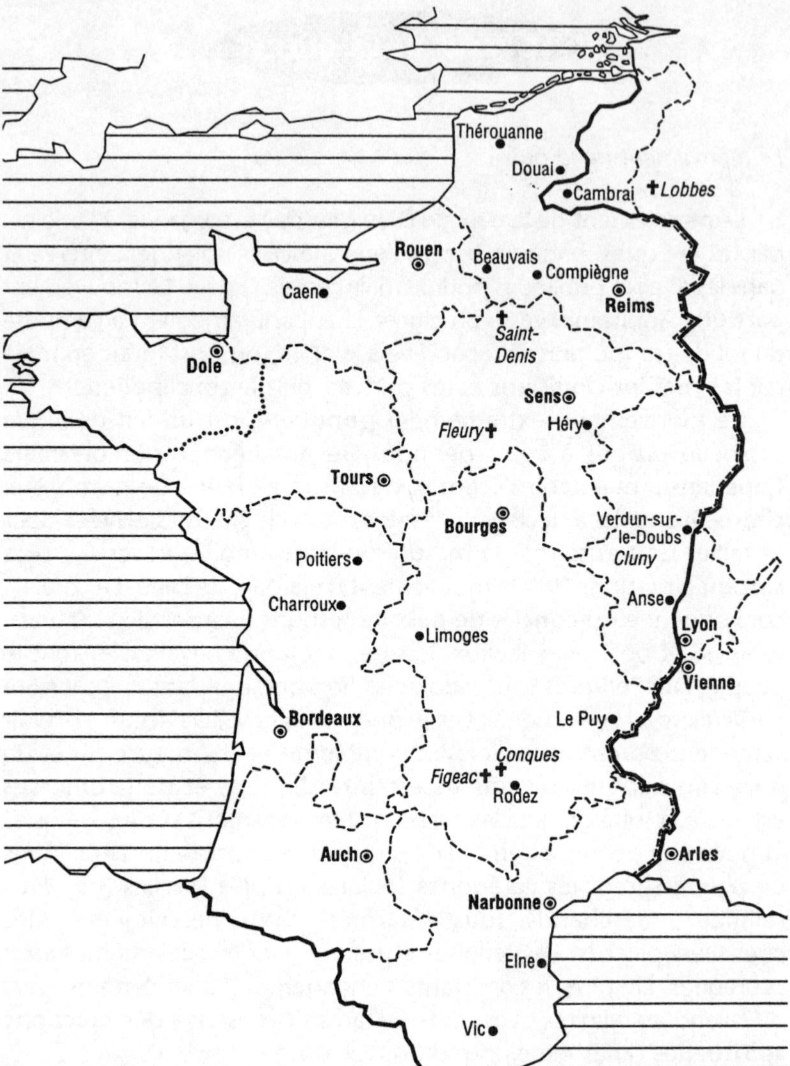

limites du royaume
limites de province ecclésiastique
métropole de province ecclésiastique
site important de l'histoire des paix de Dieu
grande abbaye

D'après M. Parisse et J. Leuridan, *Atlas de l'an mil*, Paris, Picard, 1994.

Les conciles de paix en France

par des prêtres, elle s'attaque à la noblesse locale. Après d'impressionnants succès, elle est écrasée en 1038 par les cavaliers du comte de Déols. Cependant, dans certaines régions du **midi de la France, des ligues de paix** subsistent jusqu'au XIIIe siècle. Les conciles de paix du royaume capétien servent de modèle dans toute l'Europe occidentale. Leur idéologie est encore prégnante dans la paix de dix ans imposée par Louis VII à tout son royaume. Signe des temps, la paix de Dieu est devenue **la paix du roi.**

UNE GRANDE BATAILLE : BOUVINES, 27 JUILLET 1214

Malgré l'idéologie pacifiste de la paix de Dieu, **les guerres** ont été nombreuses au Moyen Âge et **les batailles** ont marqué la **mémoire collective**. Les plus grandes, comme celle de Bouvines, ont pu contribuer à la naissance de la nation France.

La bataille de Bouvines est **la grande victoire de la monarchie capétienne**. Pour cette bataille, Philippe Auguste mobilise **environ 10 000 hommes,** dont 1300 chevaliers et 1300 sergents à cheval (cf. Philippe Auguste, roi de Paris, chap. II). Dans l'histoire militaire du Moyen Âge, qui apparaît plutôt comme une succession de petites échauffourées engageant au plus quelques centaines de combattants, Bouvines fait figure d'exception et annonce les grandes batailles de la guerre de Cent Ans. À la suite de l'invasion ratée de l'Angleterre par le prince Louis et de la défection de **Ferrand de Portugal,** comte de Flandre (mai 1213), Philippe Auguste mène des combats incertains durant une année en **Flandre** contre les troupes de Ferrand et des villes flamandes, contre celles du **comte de Boulogne** et ses contingents anglais. Au printemps 1214, **Jean sans Terre** débarque à La Rochelle pour ouvrir un second front, mais il est mis en déroute par le prince Louis. Au même moment, son allié, l'empereur romain germanique, **Otton IV de Brunswick** se dirige vers la Flandre à la tête d'importants contingents. Le **dimanche 27 juillet**, les deux armées se retrouvent sur la frontière entre le comté de Flandre et l'Empire. Philippe Auguste commence à se replier vers Lille quand les coalisés décident de l'attaquer au passage de la rivière Marcq, franchie par un unique pont près du village de Bouvines. **Frère Guérin**, conseiller du roi, réussit à le convaincre que l'ennemi est prêt à livrer bataille, bien que ce soit un dimanche. L'infanterie, qui

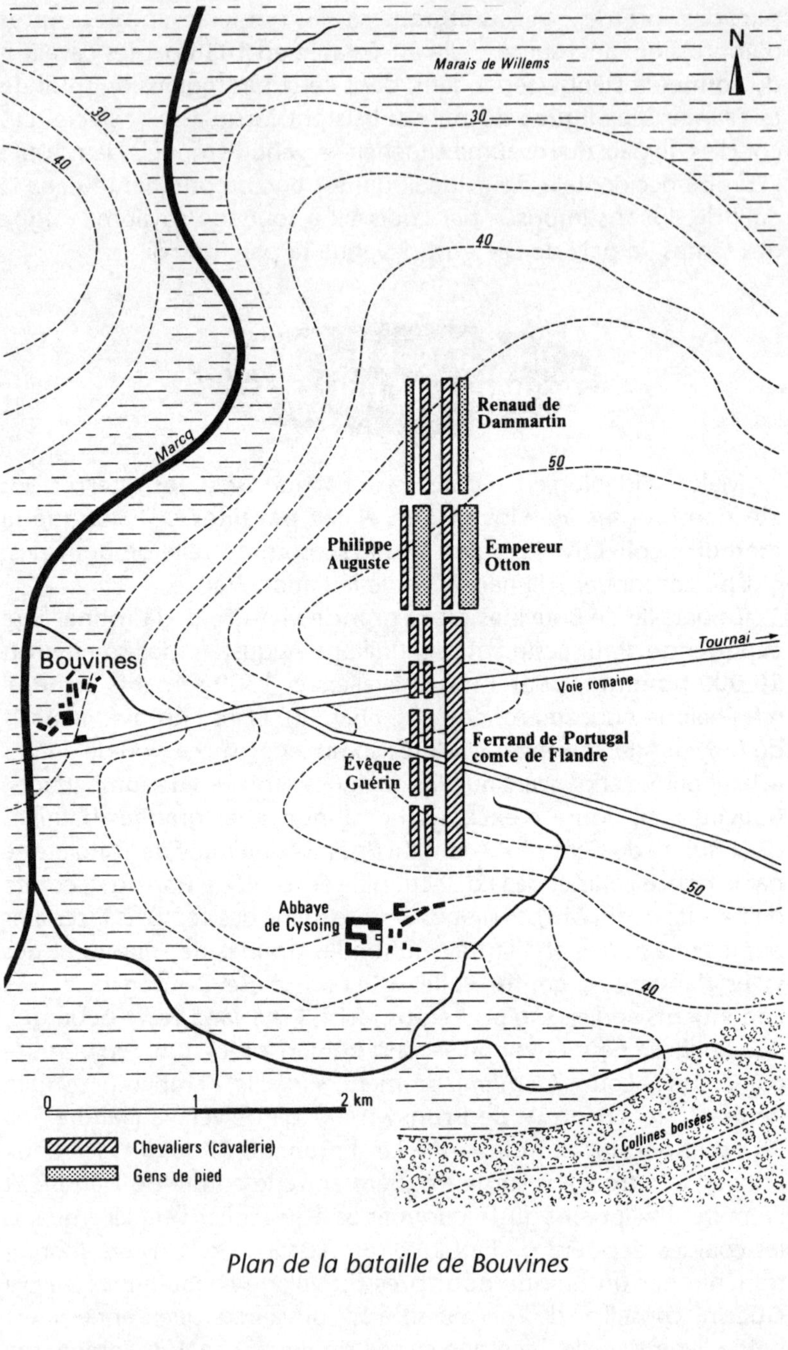

Plan de la bataille de Bouvines

a déjà traversé la rivière, est rappelée, l'armée se déploie sur **le plateau bien dégagé** propice aux charges de cavalerie (cf. Plan de la bataille).

Frère Guérin, placé à l'aile droite, engage immédiatement le combat. L'infanterie adverse (plus importante en nombre que celle des Français), prise de vitesse, n'arrive pas sur le champ de bataille à temps. Les Français sont convaincus de participer à **un jugement de Dieu** (ordalie) contre un ennemi excommunié qui ne respecte même pas **la trêve traditionnelle du dimanche** (cf. Le refus de la guerre : le mouvement de la paix de Dieu). Les deux armées sont distribuées en **trois corps de bataille**, les souverains se tenant au centre avec leurs emblèmes. Les Français chargent à plusieurs reprises leurs ennemis et réussissent à disloquer leur front. **Ferrand de Portugal est capturé**. L'infanterie est écrasée par les charges de cavalerie ; la bataille devient confuse. Les deux fronts sont enfoncés. Les deux souverains se trouvent à découvert et sont sauvés par leurs proches. **L'empereur préfère prendre la fuite**, suivi par une partie de ses vassaux. Ceux qui résistent sont faits prisonniers. À l'aile gauche, le comte Robert de Dreux et son frère Philippe (évêque de Beauvais) affrontent Renaud de Boulogne et le comte de Salisbury, à la tête de mercenaires brabançons. Renaud doit finalement se rendre à frère Guérin, accouru en renfort.

La bataille s'achève par une **éclatante victoire française**, qui donne un immense **prestige** à la monarchie capétienne. Le rôle des **milices municipales** (fournissant des fantassins) a été largement exagéré par les chroniques, mais révèle la place prise par les « bonnes villes » dans le royaume de France (cf. Le réveil des villes, chap. IV).

IV
LA VIE ÉCONOMIQUE

Les trois siècles qui s'écoulent de l'an mil à la Peste noire (1348) sont marqués par une croissance économique sans précédent. De menus progrès dans les pratiques agricoles, mais répandus à grande échelle, conduisent à une augmentation de la production qui a deux effets bénéfiques : un essor démographique et l'apparition massive de surplus commercialisables, qui intègrent les campagnes dans la reprise du commerce. Celle-ci assure le réveil des villes, ranime d'anciens centres endormis (réseau gallo-romain et cités épiscopales) ou crée de nouveaux centres à proximité d'un monastère, d'un château (bourgs monastiques ou castraux) ou d'un *portus*. Les grandes foires de Champagne, étape obligée entre les mers nordiques et la Méditerranée, marquent la réussite de ce commerce international. Cependant, dès le XIVe siècle, des signes d'essoufflement de la croissance laissent augurer d'un avenir bien sombre (crises économiques et sociales, famines, épidémies).

L'ESSOR DE L'AGRICULTURE

Au Moyen Âge, **la terre est source de puissance et de richesse**. Elle nourrit la majorité de la population. Mais, aux alentours de l'an mil, la terre est encore inégalement exploitée dans **des clairières de culture** et les hommes vivent dans la crainte de la disette, voire de la famine. Or, à partir du XIe siècle, un lent mais **durable essor** se manifeste dans les campagnes. L'augmentation de la production agricole repose sur l'ouverture **de nouveaux terroirs** et sur **l'amélioration des techniques agricoles** dans un contexte climatique favorable.

Cette plus grande production agricole permet de nourrir plus d'hommes. En effet, **l'essor démographique** est général et incontestable : la population de l'Europe occidentale est passée de **22 millions d'habitants en 950 à 54 millions au début du** XIVe siècle. La durée moyenne de vie augmente ainsi que le taux de natalité. Quelques estimations régionales (Picardie, Namurois) peuvent être souvent extrapolées à d'autres régions grâce à l'examen de sources variées : hausse du prix de la terre, stagnation ou baisse des salaires agricoles, croissance des villes, fractionnement des tenures paysannes surpeuplées. En France, ce dynamisme démographique est particulièrement net en **Île-de-France**.

Les classes dominantes installées dans leurs châteaux ruraux exercent une pression permanente sur les dépendants, poussés à produire toujours plus pour satisfaire les exigences des maîtres du sol. Les jeunes couples n'hésitent pas à quitter une tenure exiguë pour s'installer sur de nouveaux terroirs. **Ils revendent les surplus de leurs récoltes** afin de payer leurs redevances en numéraire et d'acheter les produits et outils qu'ils ne peuvent produire par eux-mêmes (sel, outils et instruments agricoles métalliques).

DÉFRICHEMENTS ET NOUVELLES TECHNIQUES

Les défrichements de nouveaux terroirs reposent sur un travail acharné de plusieurs générations de paysans, mais aussi sur un progrès des techniques agricoles. Celles-ci ne constituent pas à proprement parler des innovations, plutôt **une généralisation de l'emploi d'outils** anciennement connus. **Les moulins à eau** se multiplient comme **les moulins à vent** au XIIe siècle. **La charrue**, avec son coutre, son soc dissymétrique et son versoir, l'emporte sur l'araire et la houe, pour les terrains lourds du Nord (cf. croquis). Les animaux de trait sont plus efficaces dans la mesure où leur attelage s'est

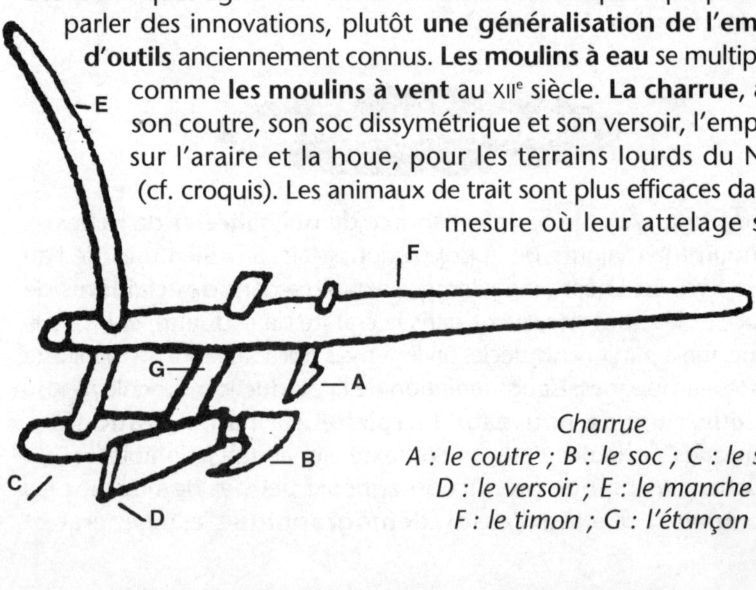

Charrue
A : le coutre ; B : le soc ; C : le sep ; D : le versoir ; E : le manche ; F : le timon ; G : l'étançon

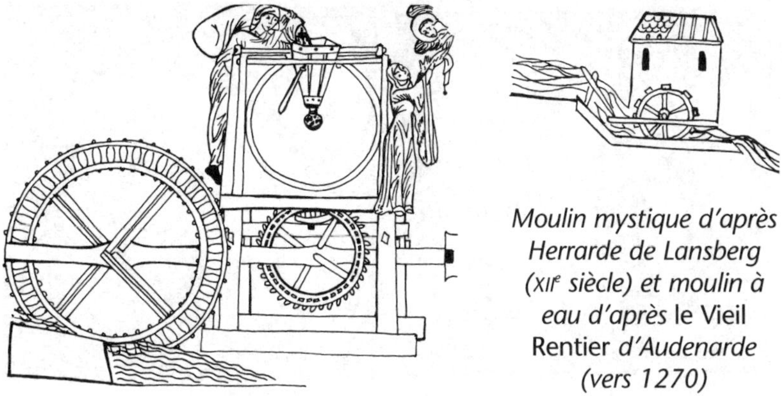

Moulin mystique d'après Herrarde de Lansberg (XIIe siècle) et moulin à eau d'après le Vieil Rentier *d'Audenarde (vers 1270)*

amélioré : joug frontal pour les bœufs et collier d'épaule et attelage en file pour les chevaux.

Les méthodes culturales s'améliorent : **la rotation triennale,** connue dès le VIIIe siècle, s'étend et se généralise au XIIIe siècle. Elle permet de varier les cultures, comme on peut le voir sur ce tableau :

Tableau : La rotation triennale

	Champ de l'ouest	Champ du nord	Champ du sud
Année A	Jachère	Blés d'hiver	Céréales de printemps
Année B	Blés d'hiver	Céréales de printemps	Jachère
Année C	Céréales de printemps	Jachère	Blés d'hiver

Les céréales de printemps sont souvent appelées céréales de trémois (du troisième mois). Cette rotation des cultures sur trois années suppose **un assolement des terres de la communauté villageoise** en trois quartiers (champ de l'ouest, du nord et du sud). Sur chacun de ces quartiers, tous les agriculteurs sont tenus de cultiver les mêmes espèces en même temps. Les limites du renouveau agraire sont liées à **l'insuffisance des engrais** et au caractère encore rudimentaire des techniques.

Les défrichements se déroulent dans des conditions sociales favorables : **les mouvements de paix**, qui protègent les paysans et leurs récoltes, et **la volonté de seigneurs** de stimuler l'ouverture de nouveaux terroirs par **des contrats de pariage**, qui offrent des conditions attrayantes aux courageux essarteurs. Les toponymes en

Paysans battant au fléau et taillant la vigne (Paris, Bnf, lat. 12834, f° 40 et 64 v, XIIIe siècle)

« villeneuve, sauveterre, bordes, essarts » attestent l'ampleur de ces défrichements. **Des ordres religieux** ayant pour vocation de vivre « au désert » (cisterciens, Grandmont) utilisent des frères convers et des paysans salariés pour mener à bien ces défrichements (cf. L'Église : une hiérarchie double, chap. VII). Les campagnes s'animent et voient **des migrations importantes de populations**, tandis que la forêt recule, surtout dans la France du Nord. Sur les routes de Saint-Jacques-de-Compostelle naissent **les sauvetés du Sud-Ouest**, lieux d'asile et de défrichements (XIe et XIIe siècles), puis **les bastides** au siècle suivant, le long de la frontière entre les terres anglaises et françaises. Sur les rivages atlantiques, ces travaux ont pris la forme d'endiguement, d'assèchement et de **drainage de marais** dirigés par des abbayes et des seigneurs laïques. **Le peuplement intercalaire** sur les derniers territoires mis en culture au XIIIe siècle serait à l'origine du paysage de bocage. On observe **des décalages chronologiques** dans les défrichements : là où ils ont commencé plus tôt (comme en Normandie dès 950), ils s'arrêtent plus précocement (dès la fin du XIIe siècle en Normandie, vers 1230-1250 dans le Bassin parisien), tandis que les défrichements plus tardifs des pays aquitains se prolongent en plein XIVe siècle. **Le renversement climatique des premières années du XIVe siècle** oblige à revenir en deçà des dernières terres conquises, de manière à respecter un équilibre écologique, dans lequel **la forêt** joue un rôle important : bois de chauffage, bois de construction et parcours des troupeaux. Le résultat de cette formidable entreprise menée à l'échelle européenne est **une meilleure alimentation des paysans** (cf. Alimentation, chap. XI) et le dégagement **de surplus commercialisables**.

LES SURPLUS COMMERCIALISABLES

Les produits agricoles commercialisables sont essentiellement **le vin et les céréales.** Les seigneurs imposent le plus souvent possible **le banvin** : le droit de vendre en premier le produit de leurs vignes, de manière à bénéficier des meilleurs prix. Les céréales et le vin sont échangés dans **des foires** locales puis acheminés vers des foires plus importantes. Les villes constituent un foyer de demande très important. **Paris,** par exemple, fait venir ses produits alimentaires des régions avoisinantes sur un périmètre très large (cf. Vivre à Paris, chap. II).

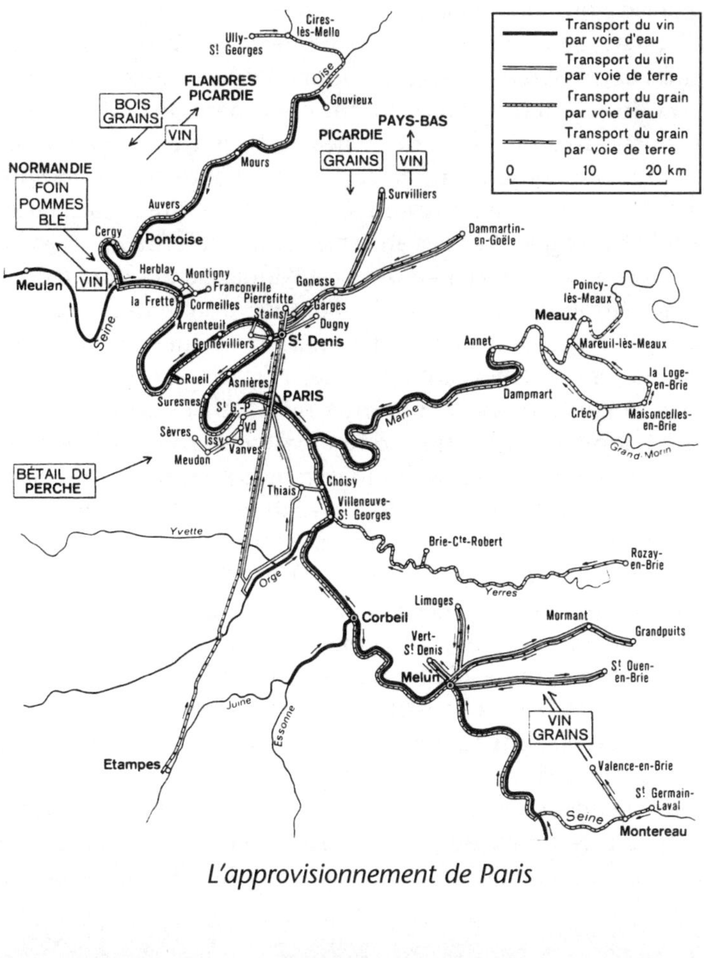

L'approvisionnement de Paris

Les campagnes produisent également **des surplus artisanaux,** essentiellement textiles (notamment dans les campagnes normandes), qui sont commercialisés de la même manière.

LE RÉVEIL DES VILLES

En effet, les villes, « assoupies » durant le haut Moyen Âge, se réveillent à partir du XIe siècle.

D'après **Henri Pirenne**, les conquêtes musulmanes ont fait de la Méditerranée un « lac sarrasin » et ont mis fin au **grand commerce entre l'Orient et l'Occident**. Cet étiage des échanges a provoqué le déclin des villes à partir du VIIIe siècle. Les invasions normandes du IXe siècle entraînent une rupture dans la vie urbaine. Les villes qui subsistent se replient sur elles-mêmes, parfois dans d'étroites enceintes, et n'assurent plus que les fonctions de chef-lieu de diocèse (cité) ou de *castrum* défensif durant cette période violente. Pour cet historien, **la renaissance des villes au XIe siècle** est uniquement liée à la reprise du grand commerce. Les marchands créent **un *portus*** ou bien installent leurs entrepôts et leurs activités marchandes dans **un faubourg** auprès des anciens noyaux préurbains, mais sans relation avec eux. Pour H. Pirenne c'est l'agglomération marchande qui est le germe de la ville médiévale. Il en donne pour preuve le cas de la ville de Saint-Omer, ville marchande née au XIe siècle à proximité d'une abbaye carolingienne.

Cette brillante thèse a connu de nombreuses corrections ces dernières années. La coupure due aux invasions normandes n'a pas été vraiment constatée et **les marchands** ne sont pas forcément des étrangers en quête de lucratives aventures. Ils émanent souvent **de l'entourage de l'évêque** : serviteurs chargés d'écouler les surplus agricoles ou anciens paysans ayant pris goût à cette activité commerciale d'abord locale. On a pu mesurer l'importance de ce recrutement local des marchands pour Paris, Amiens et Metz (issus de la ville ou dans un rayon de trente kilomètres alentour). Les plus grandes villes fleurissent sur les axes commerciaux actifs, mais aussi au sein des plus **riches terroirs agricoles,** comme en France du Nord-Est et dans les Flandres. Si la thèse d'Henri Pirenne attribue au seul essor commercial le renouveau urbain du XIe siècle, il est désormais convenu de prendre en compte **une multitude de facteurs** et de processus dans ce développement des villes. Dans certains cas, **la ville gallo-romaine** a subsisté (notamment dans les régions méditerranéennes) et a été le noyau à partir duquel la ville médiévale s'est étoffée ; dans d'autres cas, on assiste à une création à côté **d'une abbaye carolingienne** (Saint-Omer) ou d'un **point fortifié** ou ***ex nihilo*** comme les bastides du Sud-Ouest et les villeneuves du Bassin parisien liées aux grands défrichements.

Le réseau urbain se constitue sur trois types de villes. À la base, un grand nombre de **petites villes** (quelques milliers d'habitants) vivent du **marché hebdomadaire**, des travaux agricoles et de quelques activités artisanales. Au-dessus, **les capitales de province et de**

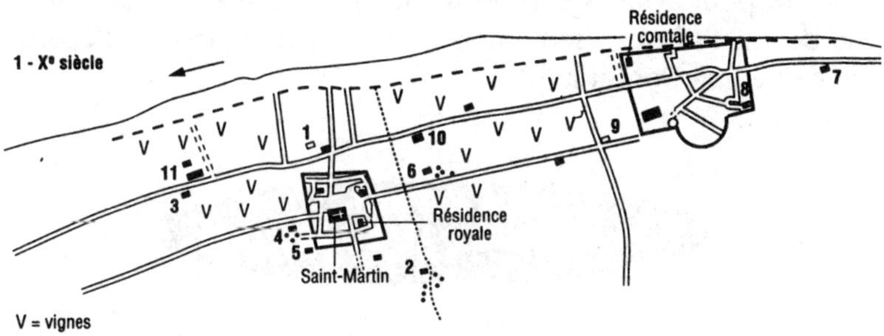

Édifices chrétiens

1. St-Pierre-le-Puellier ; 2. St-Pierre-du-Cimetière ; 3. St-Médard ; 4. St-Clément ; 5. St-Simple ; 6. St-Hilaire ; 7. St-Pierre ; 8. St-Martin-de-la-Bazoche ; 9. St-Etienne ? ; 10. St-Saturnin ; 11. Notre-Dame-la-Pauvre.

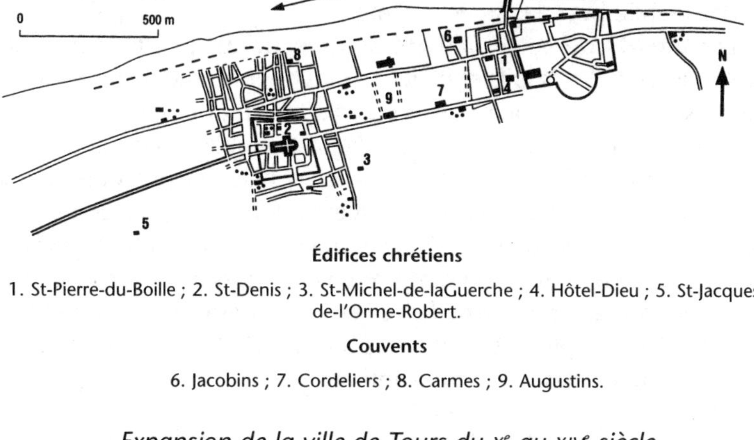

Édifices chrétiens

1. St-Pierre-du-Boille ; 2. St-Denis ; 3. St-Michel-de-laGuerche ; 4. Hôtel-Dieu ; 5. St-Jacques-de-l'Orme-Robert.

Couvents

6. Jacobins ; 7. Cordeliers ; 8. Carmes ; 9. Augustins.

Expansion de la ville de Tours du x*e au* xiv*e siècle*

diocèse regroupent des marchands et des artisans plus nombreux, mais aussi des agents du roi ou du prince et de l'évêque pour les cités épiscopales. Enfin, au sommet, **les grandes métropoles** proposent une gamme diversifiée d'activités commerciales, artisanales, industrielles et financières à une échelle internationale. Paris rivalise avec Venise et Milan, seules villes à dépasser les 100 000 habitants à la fin du XIIIe siècle (cf. Paris, capitale royale, chap. II). Quelle que soit la taille de la ville, les habitants ont le sentiment d'appartenir à **une communauté originale**, qui se traduit par **des institutions communales** (ayant leur sceau, beffroi, palais communal), une religion civique ancrée sur les mêmes fêtes et le culte collectif d'un saint patron (sainte Geneviève pour Paris). Les chefs-lieux de diocèse rivalisent pour avoir **la cathédrale** la plus haute et la plus belle, au prix de lourds investissements (cf. Du « blanc manteau d'églises » aux cathédrales gothiques).

LA REPRISE DU COMMERCE AU LONG COURS

Vers l'an mil, le grand commerce se limitait au **trafic de produits de luxe** réservés à une infime minorité de puissants ; en l'espace de trois siècles, il s'est ouvert à **des matières premières, des denrées alimentaires et des produits fabriqués** devenus indispensables à des groupes sociaux plus larges. Le terme de « **révolution commerciale** » n'est pas exagéré pour décrire cette évolution fondamentale pour la vie économique.

Les agents de cette activité se diversifient ; ce ne sont plus quelques spécialistes juifs et italiens, mais des intermédiaires chargés par les seigneurs d'écouler des surplus agricoles, des fils de paysans, des bateliers et des débardeurs prêts à toutes les aventures pour sortir de leur modeste condition. De plus, **l'Orient musulman** aux grandes villes luxueuses (Bagdad, Alexandrie, Damas) manque de matières premières : bois, fer, étain et main-d'œuvre. Cette demande incite l'Occident à exporter ces produits et ces esclaves. **Les Italiens** prennent la place d'intermédiaires entre l'Orient et l'Occident, en fondant des comptoirs sur tout le pourtour de la Méditerranéenne et au débouché des voies caravanières.

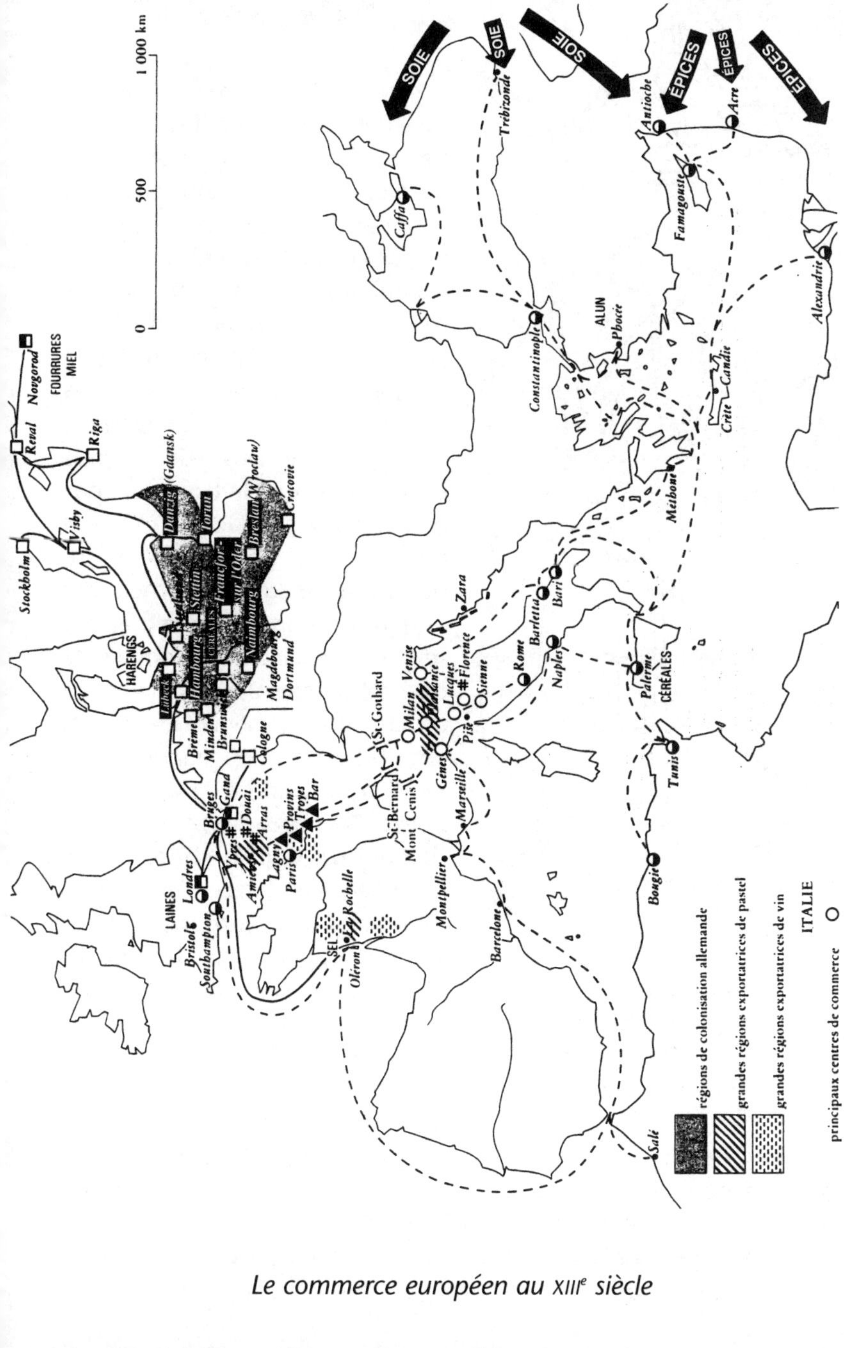

Le commerce européen au XIII*e siècle*

1. Navire à gouvernail d'étambot (sceau de Wismar, 1250). 2. Nef méditerranéenne (XIVᵉ siècle). 3. Kogge (sceau de La Rochelle)

LA NAVIGATION

En Occident, les mers nordiques s'animent et **les voies fluviales** sont parcourues par de nombreux bateaux de commerce. Les marchands au long cours s'organisent en groupements d'intérêt, les guildes ou **hanses**. À Paris, la hanse des marchands de l'eau réserve à ses seuls membres le monopole de la navigation sur la Seine (cf. Vivre à Paris). Le transport fluvial paraît plus sûr et plus économique que **le transport par terre**, en raison des routes mal entretenues, entrecoupées **de nombreux péages** et à la merci des brigands de grand chemin et des seigneurs pillards. Les convois de charrettes tirées par des mulets ou des chevaux transportent les produits de faible poids et de grande valeur. En 1237, l'ouverture de **la route du Saint-Gothard** (avec un pont suspendu), la plus courte entre l'Allemagne et l'Italie, simplifie les itinéraires transeuropéens. Pour les produits pondéreux, les barques à fond plat sont utilisées sur de nombreux fleuves (dont certains sont considérés aujourd'hui comme peu navigables) : la Loire, la Meuse, la Moselle, la Seine, le Rhin et leurs affluents. **Ces barques** et diverses sortes de barges sont mues par la gaffe, l'aviron, le halage ou la voile. Mais, là encore, **les péages** sont nombreux et grèvent le coût du transport.

Par mer, les conditions sont toutes différentes. La marine marchande **cabote le long des côtes** et évite les longs voyages l'hiver. Les cargaisons des navires sont réparties en parts vendables et transmissibles, créant entre leurs propriétaires **des associations** renforcées, à la fin du XIIIe siècle, par **des contrats d'assurance maritime**. En Méditerranée, **la galère à pont unique** servant à la guerre comme au commerce remplace peu à peu la nave à deux mâts. Sa capacité ne dépasse pas les six cents tonnes au XIIIe siècle, mais les techniques de navigation s'améliorent : **gouvernail d'étambot**, **boussole** (simple aiguille aimantée), **astrolabe** et premières cartes maritimes (**portulans**). Les effectifs des équipages augmentent. **De nouvelles formes de coques** sont conçues sur le modèle des caraques génoises, des *naus* barcelonaises ou des kogges, **munies de plusieurs mâts** souvent gréés de voiles carrées. Ces techniques ouvrent l'océan Atlantique et les mers du Nord aux marchands méditerranéens, qui découvrent les chantiers navals basques et hanséatiques, ainsi que de nouveaux horizons et itinéraires commerciaux (cf. Voyages, chap. X).

LES FOIRES INTERNATIONALES

Les escales nombreuses ne suffisent plus aux **marchands itinérants** (« les pieds poudreux ») ; il leur faut des rendez-vous réguliers où ils puissent traiter **d'affaires en gros volumes**. **Les foires** répondent à cette demande. On en trouve dans toutes les régions animées par le **grand commerce international** : **la Flandre** (Lille), **l'Île-de-France** (Saint-Denis et **les foires de Champagne**). Ces dernières dominent le commerce européen aux XIIe et XIIIe siècles (cf. carte).

Leur extraordinaire développement est dû au **dynamisme des comtes de Champagne** qui ont tout fait pour canaliser dans leur comté ces flux de marchands. Ils ont amélioré **les routes** et fixé des lieux de foires, dont **le calendrier** couvre presque toute l'année. Les villes de Lagny, Troyes, Provins et Bar-sur-Aube deviennent des lieux de rencontres commerciales recherchés. Les comtes

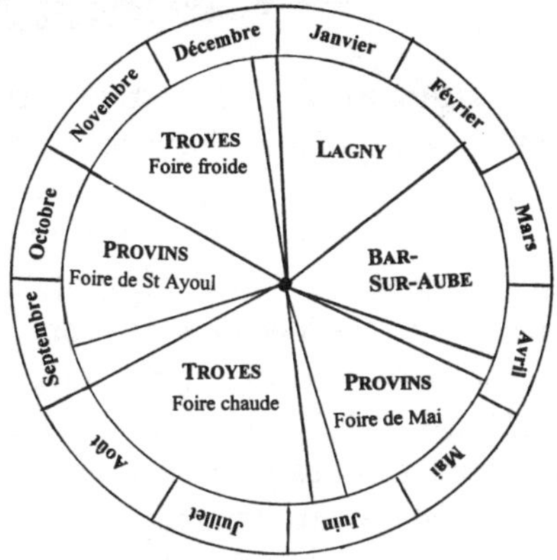

Calendrier des foires de Champagne

profitent de cette prospérité en prélevant **des taxes** sur le passage des marchandises ; en échange, ils accordent **leur protection** aux marchands (« le conduit des foires ») et assurent une organisation exemplaire des transactions. **Un maître des foires** est secondé par une chancellerie chargée de rédiger les contrats de vente marqués du sceau des foires (à partir de 1247) et par des sergents chargés de veiller à la régularité des accords. **Deux tribunaux**, l'un comtal et l'autre relevant du maître des foires, traitent les litiges commerciaux.

Les marchands étrangers venus de toute l'Europe sont logés par « nations ». **Les Anglais** vendent de la laine, **les Flamands** des draps et des toiles, **les Italiens** des soieries, des épices, de l'alun et des produits de luxe. Les marchands venus du Midi offrent des cuirs et les **Allemands** des fourrures et des cuirs. Les techniques commerciales les plus élaborées (sous l'influence des Italiens) facilitent les échanges (cf. Monnaies et crédit).

Mais, au début du XIVe siècle, **de nouveaux itinéraires commerciaux** délaissent la Champagne. Des Italiens s'établissent en Flandre et en Angleterre, où ils achètent directement les draps. **Le marchand sédentaire**, représenté dans plusieurs **succursales** par des facteurs, remplace le marchand itinérant. **Paris** devient alors, grâce aux Lombards, une grande place financière ; les foires de Champagne périclitent inexorablement, malgré les ordonnances des rois de France pour tenter de les soutenir.

L'ARTISANAT ET LES CORPORATIONS

L'artisanat urbain se distingue de l'artisanat rural par **une extrême division des tâches**. Pour prendre l'exemple du textile : les quelque vingt opérations différentes nécessaires à la confection des draps correspondent à vingt **métiers hiérarchisés** entre eux. Entre l'arrivée de **la laine brute** et la présentation d'**un drap** prêt pour la vente, des opérations mécaniques, manuelles et chimiques sont nécessaires : le triage de la laine, la battage, le dégraissage, le peignage ou le cardage, le filage et le dévidage. Vient ensuite le tissage sur des métiers sans cesse perfectionnés. Les dernières opérations sont le foulage, la teinture et les ultimes apprêts du drap. Dans cette chaîne de métiers, **les foulons** sont les ouvriers les moins qualifiés : ils foulent aux pieds, dans des cuves, les tissus pour les dégraisser. Ces activités très polluantes sont rejetées loin du centre-ville, près des cours d'eau.

Les teinturiers ont en permanence les mains en contact avec des produits corrosifs, d'où leur surnom péjoratif **« d'ongles bleus »**.

Les métiers de l'alimentation sont également très dynamiques dans les villes ; de la même manière, une hiérarchie existe entre chaque catégorie, selon des critères de spécialisation mais aussi de **pureté et d'impureté** : les bouchers qui font couler le sang sont tenus à l'écart. Toutes ces activités artisanales et commerciales sont peu à peu organisées au sein des corporations (cf. Vivre à Paris, chap. II).

Le terme de corporation n'existe pas au Moyen Âge, où l'on emploie indifféremment ceux d'art, **de guilde, de hanse ou de métier**, pour désigner des groupements de droit quasi public qui soumettent leurs membres à **une discipline collective** dans l'exercice de leur profession. Ces groupements accèdent rapidement à **la personnalité juridique**. Leurs statuts, approuvés et garantis par le souverain, leur confèrent **le monopole** dans leur secteur d'activité (tout travail « libre » est dès lors interdit), les chargent de réglementer la profession et leur attribuent une police. Le serment de respect **des statuts** et de s'assister mutuellement soude les membres du « **métier juré** », ou « jurande ». Ce type de groupement est très diffusé dans la France du Nord. Dans le Sud, les métiers reçoivent leurs statuts de la commune, et ce sont les gardes consulaires qui assurent la police de la profession, notamment en Languedoc. Ces métiers soumis aux ordonnances municipales sont appelés métiers réglés. **Des confréries** professionnelles viennent peu à peu doubler les métiers et assurer l'encadrement religieux des artisans réunis sous la bannière d'un saint patron (saint Éloi pour les orfèvres, par exemple). La structure des métiers est partout identique : elle distingue **les maîtres, les compagnons et les apprentis**. L'accès à la maîtrise tend à se fermer à la fin du Moyen Âge et à se transmettre au sein des mêmes familles. La vocation de la corporation s'affirme dans trois directions : défense des intérêts du groupe, lutte contre la concurrence et **entraide sociale** (secours-maladie et secours-vieillesse). À partir de la seconde moitié du XIIIe siècle, les métiers participent au **gouvernement des villes**, ce qui n'empêche pas le développement de tensions entre métiers majeurs et métiers mineurs et, à l'intérieur de ceux-ci, entre maîtres, compagnons et apprentis.

MESURES

Les sources médiévales regorgent de mentions de mesures qui ne manquent pas de déboussoler le néophyte (et parfois l'historien chevronné) en raison de **leurs variations dans l'espace et dans le temps**. En effet, ces mesures varient **selon la nature des produits pesés** (pour tenir compte des différences de masse) **ou des espaces mesurés** (en fonction de la qualité de la terre et du climat). Pour corser l'affaire, il est d'usage de **distinguer quatre degrés de remplissage des instruments de mesure** : comble, demi-comble, grain sur bord et rase. Les marchands ont à leur disposition **des manuels de calculs d'équivalence** entre toutes ces mesures, mais ils prennent le temps de peser eux-mêmes sur **leurs balances** leurs achats. Selon Jean Favier, « dresser un tableau simple des mesures utilisées au Moyen Âge et de leur équivalence actuelle est donc chose pratiquement impossible ».

Balance et pesée des pains (Vidal Mayor, Getty Mus., Ludwig XIV. 6, 83. M. Q. 165, f° 242v, XIII*e siècle)*

Mesures de capacité des solides

Muid, setier, mine, minot, boisseau, litron.

A **Paris** à la fin du Moyen Âge, on peut considérer les rapports suivants entre ces unités de mesure :

1 muid = 12 setiers = 24 mines = 48 minots = 144 boisseaux
1 setier = 2 mines = 4 minots = 12 boisseaux
1 mine = 2 minots

À **Paris le boisseau** est encore divisé en trois sous-mesures :

1 boisseau = 2 demi-boisseaux = 4 quartes = 16 litrons

Ces mesures sont très utilisées pour **les marchandises sèches**, tels le blé, l'avoine et le sel. C'est le minot que l'on utilise le plus fréquemment, à cause de sa maniabilité. On compte 3 boisseaux pour 1 minot de blé, 4 pour celui de sel et 5 pour le minot d'avoine. Ces variations **en fonction de la nature du produit pesé** permettent d'évaluer avec la même unité le chargement d'un âne ou d'une charrette pour le commerce.

Mesures en poids

Quintal, livre, marc, once, carat, grain.

Il est admis à la fin de la période que le marc pèse environ 230 à 255 grammes actuels.

Composition de la livre de Paris

(appelée aussi poids-du-roi ou poids-de-marc) :

1 livre = 2 marcs = 16 onces = 2303 carats = 9216 grains
1 marc = 8 onces = 1152 carats = 4608 grains
1 once = 144 carats = 576 grains
1 carat = 4 grains

L'étalon pondéral choisi à Paris est le froment ; à Venise, c'est le grain d'orge, plus petit et plus léger, d'où la nécessité de calculer des équivalences. La valeur de la livre oscille de 300 à 850 grammes actuels.

Mesure des liquides

Pipe, queue, baril, pinte.

La pinte est la mesure de Paris, qui devint le véritable étalon de capacité pour le vin. Son multiple est le muid (de Paris) de 288 pintes.

Unités de longueur

Perche, verge, toise, coudée, empan, pied, pouce.

Ces mesures en bonne partie **anthropométriques** (pied, pouce, empan, coudée) ont entre elles des rapports fixes : une coudée vaut deux empans (qui est la distance entre le pouce et un doigt), etc.

L'arpenteur
(Arnaud de Villeneuve, Traité d'arpentage, *Carpentras, Bibl. Inguebertine, xve siècle)*

À **Paris, à la fin du Moyen Âge**, on évalue ainsi les rapports entre ces différentes unités :

1 perche = 18 pieds = 216 pouces ;
1 verge = 16 pieds = 192 pouces ;
1 toise = 6 pieds = 72 pouces.

Unités de surface

Arpent, acre, bonnier, séterée, bicherée.

Les mesures de superficie prennent **deux formes** selon qu'elles sont pratiquées par des **arpenteurs professionnels** (qui calculent en jugère ou *actus*) ou par **des paysans** (qui calculent **en quantité de semailles nécessaires ou de récolte espérée**).

Ces mesures de surface **varient selon la qualité des terres**. Une bicherée de bonne terre, ensemencée d'un bichet de grains, occupe dans certaines régions une surface d'un cinquième inférieure à celle d'une terre médiocre. En Lorraine, le jour, ou **journal,** correspond à la surface que les dépendants peuvent travailler en une journée de corvée. Le dixième de cette surface est appelée **l'hommée,** soit la surface confiée à un corvéable pour une journée. On mesure donc la productivité d'une terre, **sa valeur économique**, plutôt que sa surface exacte d'un point de vue mathématique.

Il n'est pas toujours aisé ni utile de convertir ces mesures dans **le système métrique** ; il vaut mieux reconstituer les anciens systèmes de compte, fondés sur des diviseurs simples multiples de 2 ou de 3 ou sur une combinaison des deux. Certains historiens médiévistes utilisent avec précaution des tables de conversion établies par région au XIXe siècle. A titre d'exemple, il est à noter que, dans le seul département de l'Hérault, ces tables définissent trente-cinq valeurs possibles pour l'unité de mesure des surfaces appelée la séterée, seize pour le setier (mesure des solides) et trente-sept manières de peser l'huile contre quarante-sept de peser le vin !

Les chiffres arabes

Les chiffres arabes (appelés au Moyen Âge « indiens ») sont introduits à **la fin du Xe siècle**, d'abord en **Espagne.** Ils sont attestés pour la première fois en France sous la plume de Gerbert (le futur pape Sylvestre II), encore écolâtre à **Reims**, qui les adapte à son abaque. Au XIIe siècle, **l'abaque** est détrôné par **l'algorisme**, diffusé par les ouvrages d'**Alexandre de Villedieu** († 1240/50) et **Jean de Sacrobosco**.

MONNAIES ET CRÉDIT

Pour bien comprendre la monnaie médiévale, il est nécessaire de rappeler que, comme en anglais (*money* et *coins*), le terme monnaie recouvre alors **deux réalités** : les pièces de monnaie (ou **monnaie réelle**) et l'échelle de valeurs (**la monnaie de compte**), indispensable pour des **pièces dépourvues de mention de leur valeur.** Vers l'an mil coexistent donc deux monnaies : **une monnaie d'argent** et une monnaie de compte. La première repose sur **le denier**, douzième partie du sou. Cette unité monétaire a été définie depuis l'époque carolingienne. On taille 240 deniers dans une livre d'argent (soit 489 grammes environ). Jusqu'au XIIIe siècle, les seules pièces frappées, donc les seules monnaies réelles, sont le denier et ses sous-multiples : **l'obole** ou **la maille** (la moitié d'un denier) et **la picte** ou **la poge** (un quart de denier). Le denier est la base de tout le système monétaire occidental.

1 denier = 2 oboles ou mailles = 4 pictes ou poges.

LA VIE ÉCONOMIQUE

La monnaie de compte repose, elle, sur **la livre et le sou** (vingtième partie de la livre). C'est une **monnaie fictive** utilisée dans les comptes et en fonction de laquelle s'expriment les sommes d'argent indépendamment des espèces, qui peuvent servir au règlement des transactions.

Une livre vaut vingt sous ou 240 deniers, dans le **système tournois.** En effet, des **variations régionales** sont signalées par la mention « livre tournois », « mansois », « viennois » ou « parisis », selon que les pièces proviennent des ateliers de Tours, du Mans, de Vienne (Dauphiné) ou de Paris. Le rapport entre ces différentes pièces est connu : par exemple, 4 deniers parisis valent 5 deniers tournois.

Mais les deniers frappés dans **différents ateliers monétaires** (royaux mais aussi princiers, comtaux ou ducaux) s'étant avilis, ils comportent plus de cuivre que d'argent. En outre, un apport de métaux précieux envahit l'Occident au début du XIIIe siècle. Il provient de **l'or du Sénéga**l arrivé dans les ports de Berbérie (Algérie, Maroc) et des excédents du florissant **commerce italien**. Il paraît alors nécessaire de frapper de nouvelles espèces monétaires de valeur supérieure, plus adaptées aux transactions importantes. Venise lance **le gros d'argent** dès 1202, copié dans tout l'Occident. La France emboîte le pas en lançant **le gros tournois** dès 1266 (4,22 grammes d'argent, soit 12 deniers).

Le bimétallisme monétaire revient au goût du jour (monnaies en or et en argent). Des monnaies d'or apparaissent : le génois et le florin en 1252, puis **l'écu de Saint Louis en 1266**, mais ce dernier ne rencontre qu'un faible succès.

C'est **le ducat** vénitien, lancé en 1284, qui devient la monnaie des échanges internationaux, **le « dollar du Moyen Âge ».** La monnaie royale a tendance à s'imposer par rapport à celle des barons. En 1315, le roi Louis X donne la liste des trente seigneurs et églises habilités à frapper monnaie. Mais la Bretagne, la Flandre, la Guyenne, le Béarn continuent de battre leur monnaie jusqu'à leur intégration au royaume. Aux XIIIe et XIVe siècles, les souverains jouent sur les rapports des valeurs entre les deux métaux monnayables, l'or et l'argent, d'où **les « mutations monétaires » si impopulaires**. En effet, la valeur de la monnaie dépend de trois facteurs : **la taille** (quantité de pièces d'un certain type frappées dans un lingot d'un marc, soit 245 g), **l'aloi** (titre, proportion d'argent ou d'or entrant dans l'alliage dont on fait le lingot d'un marc) et **le cours** (exprimé en monnaie de compte, de chaque espèce en circulation). Les souverains recourent soit à **la dévaluation de la monnaie** (en

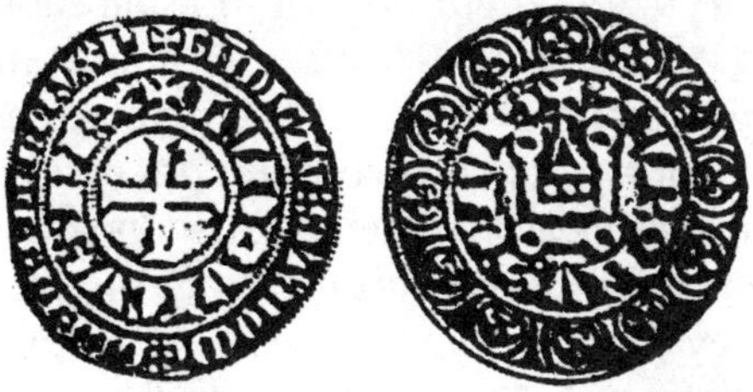

Gros tournoi d'argent (1266)

Écu d'or (1266)

Les monnaies de Saint Louis

diminuant le poids d'or ou d'argent fin contenu dans l'unité monétaire, ou bien en créant des pièces nouvelles du même aloi que les anciennes mais d'un poids diminué, ou bien en faisant varier le cours légal des pièces), soit au **renforcement de la monnaie** (en baissant le cours, en monnaie de compte, des pièces en circulation). En 1329, le roi Philippe VI émet **le gros**, qui reste pendant plus d'un siècle et demi la monnaie de référence.

Malgré ces nouvelles frappes, un décalage entre le volume des moyens de paiement et le volume des transactions subsiste, d'où la nécessité de recourir à **des monnaies scripturaires et au crédit**. Or, l'Église condamne le crédit, assimilé à l'usure, à l'avarice et à la prétention de vendre le temps qui n'appartient qu'à Dieu. Mais les financiers trouvent différents biais pour contourner cette interdiction assortie d'une menace de châtiment éternel.

Camouflant le crédit par un jeu d'écritures, ils inventent **les prêts *gratis et amore*,** les contrats de change et surtout **les lettres de change**, moyen le plus utilisé dès la fin du XIIIe siècle. Ces dernières sont en fait une convention par laquelle le donneur fournit une somme d'argent au preneur et reçoit en échange un engagement payable à terme dans un autre lieu et dans une autre monnaie (parfois par le biais d'un intermédiaire). Les spécialistes de ces opérations financières complexes sont **les Cahorsins** (terme générique qui ne désigne pas seulement les habitants de Cahors) et **les Lombards**.

Ils se retrouvent dans **les foires** qui jouent un rôle indispensable d'apurement des comptes à dates fixes (cf. Les foires internationales).

La Chambre des monnaies est officiellement mise en place en 1348 comme cour judiciaire pour examiner les comptes des maîtres des monnaies et juger les contentieux relatifs à l'exercice du monnayage royal. La répression contre **les faux-monnayeurs** est féroce : ils sont condamnés à mort avec crevaison des yeux au XIIIe siècle puis ébouillantés dans un chaudron rempli d'eau portée à ébullition, au XIVe siècle (cf. Les justices médiévales, chap. III).

L'impossible « panier de la ménagère »

Plusieurs historiens ont réussi à établir *grosso modo* un panier de la ménagère pour certaines périodes de la fin du Moyen Âge en **Angleterre et en Italie,** où l'on dispose de séries de prix assez fiables. En revanche, pour **la France,** cette estimation semble impossible. **Les lacunes de la documentation** ne sont pas seules en cause. Il faut également souligner la très grande **instabilité du pouvoir d'achat à court terme, l'importance des activités non salariées** (celles des apprentis en ville et des tenanciers à la campagne) **ou payées pour une part en nature** (celles des compagnons qui ont accès à la table du maître ou louent une partie de leurs outils). Comment imaginer les revenus et le pouvoir d'achat de ceux qui sont notés sur les registres d'impôts comme **des *nichils*** (ceux qui ne possèdent rien) ou comme des « mendiants quérant leur pain » ? Ceux qui travaillent en ville en dehors du cadre des métiers échappent à l'historien, qui ne peut repérer la limite entre travail licite et travail illicite. Même si, comme l'écrivait Fernand Braudel, **« en Europe, le blé c'est la moitié de la vie quotidienne des hommes »,** car il constitue la base de l'alimentation, il est nécessaire de prendre en compte **les habitudes alimentaires régionales, les stratégies individuelles de consommation** à la ville et à la campagne, et d'intégrer **le poids du « jardin-garde-manger »** dans ces évaluations. Enfin, l'extrême diversité des mesures et des monnaies rend impossible l'élaboration d'un « panier de la ménagère » pour cette période.

On peut cependant noter une évolution générale de **hausse des prix** : 50 % d'augmentation du prix de la terre de 1140 à 1260-80, et, pour la période 1180-1230, une hausse moyenne de 75 % du prix des grains, du bétail et de la laine. On sait que parallèlement **les salaires augmentent,** mais avec de fortes disparités entre métiers et régions. En Flandre, les compagnons peu spécialisés comme les menuisiers ou les foulons voient leur salaire tripler entre 1210 (12 deniers par jour) et 1300 (36 deniers par jour). Cependant, les crises du XIVe siècle rattrapent largement cette augmentation des salaires, comme l'attestent les vers français sur la famine de 1304, écrits par frère Guillaume Le Forestier, du couvent de Sainte-Catherine de Rouen :

« En l'an mil trois cent et quatre
ne fait pas très bon s'ébattre
aux gens qui n'ont pas de deniers,
car les blés sont si chers
que la mine de bon froment
valait quatre livres d'argent. [...]
l'orge valait quarante-six,
et l'avoine est à cher prix, [...]
Trois oies valaient 2 tournois,
Et un hareng en valait trois.
Le vin est cher, c'est merveille
Quand le vin français ou de Cormeille
Valait deux sols et un denier. [...]
Tout est en si grande cherté,
Tant qui dirait la vérité
On lui dirait qu'il a menti. »

Selon Robert Fossier, il est possible d'établir **un seuil de pauvret**é situé à la campagne sur des lopins inférieurs à 4-6 hectares et en ville pour des salaires inférieurs à deux sous par jour, ce qui est le cas de 70 % des ouvriers parisiens ! **Les ressources d'appoint se révèlent indispensables** : cueillette, braconnage, travail au noir appelé « chambrelage » et **endettement chronique** et généralisé pour se loger et s'équiper.

V
LA SOCIÉTÉ MÉDIÉVALE

Durant l'optimum économique du XIe au XIIIe siècle, la société médiévale, longtemps figée dans le cadre – bien théorique – des trois ordres (adonnés l'un à la prière, l'autre à la guerre et le troisième au labeur), connaît de profondes mutations. Des paysans quittent leur village pour conquérir de nouveaux terroirs ou pour s'installer en ville. Les notions de profit, d'ascension sociale et de liberté, propres à la ville, exercent une attraction certaine sur les paysans plus strictement encadrés dans les contraintes de la seigneurie. Celle-ci est liée à la présence d'un château, forteresse de plus en plus imposante mais également résidence de luxe, lieu de pouvoir et de prélèvement seigneurial.

En ville, les bourgeois se créent de nouveaux réseaux de solidarité : se superposent à la paroisse la confrérie et le métier, où se retrouvent des compagnons de la même profession. Une véritable culture urbaine voit le jour. La fierté citadine s'affiche au travers de la cathédrale et des symboles des institutions communales : le beffroi et le palais communal. Cependant, la ville intègre autant qu'elle exclut, refusant les fruits de la prospérité et les garanties des institutions communales aux serfs en fuite, aux ouvriers non intégrés aux métiers, aux mendiants et aux lépreux. Les effectifs de ces groupes se gonflent dangereusement à chaque flambée des prix liée à une crise frumentaire, comme celle de 1315.

LA FÉODALITÉ

À l'orée du XIe siècle, **les institutions féodo-vassaliques** sont bien en place : rituels, droits et devoirs des parties sont clairement définis. Issue de la vassalité, qui est un contrat conclu entre deux hommes libres par la cérémonie de l'hommage, **la féodalité** met en avant **le fief,** qui n'était autrefois que la contrepartie d'un service rendu. Désormais, c'est l'attrait du fief qui entraîne **le vassal à se mettre au service d'un seigneur**. Il l'affirme par le geste de placer ses mains entre celles du seigneur et par **le serment de fidélité** qu'il prononce sur la Bible ou sur des reliques. À partir de ce moment, il entre dans la vassalité du seigneur, et cette amitié est scellée par le baiser de paix. Le vassal doit à son suzerain le service, la fidélité et le conseil.

Concrètement, **le service militaire** consiste en chevauchées, escortes et gardes du château seigneurial. **L'aide** peut prendre la forme d'une assistance juridique : le vassal sert de garant à son seigneur et peut prêter serment pour lui ; mais, le plus souvent, il s'agit d'une aide matérielle pour payer la rançon du seigneur prisonnier, l'adoubement de son fils aîné, la dot de sa fille aînée ou le départ pour la croisade du seigneur. **Le conseil** consiste en un service de cour et de plaid (arbitrages et jugements). **Les devoirs du seigneur** sont moins précis : octroyer un fief (en général une terre), se porter garant de son vassal, le garantir contre ses ennemis et lui rendre bonne justice (cf. Les justices médiévales, chap. III).

Durant la période qui nous occupe, le lien féodo-vassalique évolue de manière à faire passer au premier plan **le fief, qui peut entrer dans le patrimoine héréditaire** et aliénable du vassal (à condition de payer certaines taxes au seigneur). Inversement, la relation de fidélité est distendue par **la pluralité des hommages** (qui touche aussi **les hommages liges**). L'aide matérielle est codifiée et limitée à quarante jours de chevauchée. Cette évolution ne manque pas de créer **des tensions** importantes dans l'aristocratie, dont sait habilement tirer parti la Couronne.

Le roi joue **des divisions de la noblesse**, attire ses plus hauts représentants dans la vassalité royale et dans les institutions monarchiques. Il use de **l'hommage en marche**, conclu à la limite de deux principautés, par lequel **deux très hauts personnages** se jurent une sûreté réciproque. C'est ainsi que le duc de Normandie et le comte de Champagne se reconnaissent vassaux du roi de France. Ce dernier rappelle en outre qu'il ne peut prêter hommage à personne et qu'il est « **empereur en son royaume** ». Cependant, le roi de France doit prendre en compte une nouvelle force montante aux XIIe et XIIIe siècles : le désir de s'affranchir des exactions seigneuriales (cf. Les franchises urbaines et villageoises).

LES FRANCHISES URBAINES ET VILLAGEOISES

De l'an mil à la Peste noire, un vent d'affranchissements court **des campagnes aux villes**, qui veulent **secouer le joug seigneurial**. À partir des années 1100-1150, les seigneurs commencent à octroyer aux communautés villageoises **des chartes de franchises** stipulant clairement leurs droits et leurs devoirs. Les plus célèbres et les plus imitées sont les chartes de franchise de Lorris-en-Gâtinais et de Beaumont-en-Argonne (XIIe siècle). **Elles codifient les usages, fixent par écrit les coutumes,** mettant ainsi les paysans à l'abri d'exactions arbitraires du seigneur, précisent les devoirs des dépendants et suppriment les plus dures obligations. Dans quelques cas, ces chartes concèdent des droits administratifs et judiciaires aux collectivités paysannes. **Les paysans sont prêts à payer cher ces chartes** : ils s'endettent pour les acheter. Ces libertés nouvelles sont souvent acquises au prix d'une plus grande **dépendance économique**. Les seigneurs laïcs ou ecclésiastiques trouvent là de nouveaux revenus en numéraire indispensables dans une économie de plus en plus marchande. Vers 1250, des monastères d'Île-de-France libèrent leurs serfs contre une somme d'argent destinée à financer de nouvelles constructions ou le versement des décimes pour la croisade (cf. L'essor de l'Église nationale, chap. VII).

Le mouvement touche également **les villes,** qui obtiennent, soit **par négociation** (Bourges en 1181), **soit par la violence** (Laon, 1111), des « libertés urbaines ». L'emprise des seigneurs sur les villes est limitée, et ces derniers reconnaissent **la montée en puissance** (économique et politique) **des bourgeoisies marchandes et artisanales**. Le plus souvent, contre **le paiement annuel d'un cens** au seigneur, les habitants de la ville échappent aux multiples redevances et services que ce dernier est en droit d'exiger d'eux. L'association jurée des habitants, qui aboutit à la **constitution d'une commune,** obtient la confirmation écrite de ses usages et coutumes, le droit de choisir en son sein **des magistrats,** chargés de défendre ses privilèges et d'exercer en son nom une juridiction plus ou moins étendue. Ces franchises urbaines permettent aux marchands, majoritaires dans le mouvement communal, d'échapper aux tracasseries féodales et d'exercer leur métier en toute sécurité. Dans ce sens, ce mouvement prolonge celui de la paix de Dieu, apparu dès la fin du Xe siècle (cf. Le refus de la guerre : le mouvement de la paix de Dieu, chap. III).

Dans un premier temps (au XIIe siècle), **les Capétiens** tolèrent ces franchises urbaines, puis, au cours du XIIIe siècle, ils reprennent en main les villes du royaume, exigeant **une aide militaire et financière** de ces « **bonnes villes** » placées sous leur protection (cf. Une grande bataille : Bouvines, chap. III).

DES TROIS ORDRES À LA BIGARRURE SOCIALE

Le schéma ternaire de la société médiévale élaboré par Gérard de Cambrai et Adalbéron de Laon, divisant la société entre **ceux qui combattent, ceux qui prient et ceux qui travaillent**, ne résiste guère aux **évolutions sociales** amorcées dès le XIe siècle. Dès cette époque, cette classification est rendue obsolète par les interférences entre le monde des combattants et celui des religieux unis dans le mouvement de la paix de Dieu et dans les croisades. De plus, les travailleurs sont seulement représentés, dans ces schémas simplistes, par les pauvres paysans. Ce cadre théorique ne résiste pas si l'on tient compte de **la stratification sociale dans les campagnes** (serfs, tenanciers, alleutiers, manouvriers, laboureurs, coqs de village, agents du seigneur) et de l'émergence de la **bourgeoisie urbaine**, fondée sur le dynamisme des artisans et des marchands. Il est cependant vrai que la distinction entre clercs et laïcs est réactivée **par la réforme grégorienne**. Quoi qu'il en soit, les clercs ne limitent pas leurs activités à la sphère sacrée de la prière : ils rendent la justice, assument des fonctions politiques et seigneuriales, enseignent dans les écoles et les universités, et investissent de plus en plus les offices royaux. La prière reste pour nombre d'entre eux une occupation somme toute secondaire (cf. L'Église : une hiérarchie double, chap. VII).

NOBLESSE DES VILLES, NOBLESSE DES CHAMPS

Les nobles ne restent pas tous confinés dans leurs châteaux ruraux ; **une noblesse proprement urbaine** fait son apparition : descendants des ministériaux épiscopaux et des officiers comtaux. Même si dans le nord de la France ces nobles sont en principe exclus du gouvernement urbain, ils possèdent **une partie du sol de la ville,** patronnent **des paroisses** et placent leurs cadets dans **les chapitres cathédraux**. Cependant, la majorité des nobles vit à **la campagne,** où les propriétés foncières et l'exploitation des paysans leur assurent de solides revenus.

Ils habitent leurs **châteaux**, qui demeurent le symbole de la puissance et de la richesse. En effet, le château n'est pas seulement un **lieu de défense efficace et d'habitation prestigieux**, il est au cœur **du système d'exploitation des hommes** dans le cadre de la seigneurie foncière et de la seigneurie banale. **La seigneurie foncière** est directement liée à la propriété du sol : le seigneur est un rentier qui profite du travail des paysans placés sur des tenures situées sur son domaine. **La seigneurie banale** dépend de la possession du droit de ban, qui donne au seigneur le droit d'exercer la justice, de faire payer sa protection aux paysans des environs et de les obliger à utiliser son four, son pressoir et son moulin en échange de taxes (**les banalités**). Le château est le lieu d'une **sociabilité** faite de réunions de vassaux, ponctuées de **festins** accompagnés de ménestrels, de **tournois** et de démonstrations de force et de prodigalité de la part du seigneur (cf. Les loisirs, chap. X). Entre le XIIe et le XIIIe siècle, **la chevalerie** intègre progressivement la noblesse. Désormais, les chevaliers ayant reçu un fief se font aussi appeler « **dominus** » et résident dans leur propre château, laissant des sergents assurer la plupart du temps la garde de celui de leur suzerain (mis à part les quarante jours dus pour le service féodal). **La famille noble** a en général des liens privilégiés avec **une abbaye voisine,** qu'un de ses ancêtres a fondée ou comblée de donations. Celle-ci devient une sorte de **nécropole familiale** où les donations permettent d'entretenir des chapelains chargés de prier pour tout le lignage : ses membres défunts et ses membres vivants.

Une catégorie retient l'attention des écrivains médiévaux : **les jeunes aristocrates**. Leur âge varie selon leur condition sociale. Un jeune est un homme ayant accompli toutes les étapes de l'éducation, **adoubement** compris pour les chevaliers. Mais il n'est pas encore établi : il dépend encore de son père et n'a pas encore **accès au patrimoine**. Pour les cadets, cette situation de dépendance peut durer toute leur vie. Pour les aînés, cette jeunesse s'achève à la mort du père. L'héritier devient à son tour le maître du patrimoine et de la famille. En attendant ce jour, les jeunes nobles sont des guerriers sans pouvoir qui dépensent leur énergie belliqueuse dans **les tournois, les croisades** et parfois dans **la rébellion** ouverte contre leur père (on pense aux fils d'Henri II Plantagenêt). Cet âge se démarque également par une **sexualité agressive** : viol ou conduites transgressives. **La dame** suscite le respect d'abord par le patrimoine qu'elle peut transmettre par le mariage. Lorsque celui-ci est impossible, **le rapt** (suivi du mariage) est le moyen pour un chevalier sans avoir de sortir de cet état de jeunesse, d'accéder à un patrimoine et de fonder une famille (cf. Famille, femme, enfant, chap. XI).

La classe nobiliaire intègre progressivement les chevaliers. Ces famille nobles tiennent à se donner une légitimité fondée sur l'ancienneté, légendaire ou avérée, de leur lignage.

Dans ce contexte fleurit **la littérature généalogique**, d'abord réservée aux souverains, puis étendue à toute l'aristocratie. Un clerc ou un moine est chargé de rédiger une brève histoire de la famille, orientée sur **la lignée masculine** qui se transmet le patrimoine, laissant dans l'ombre la descendance des cadets, citant les femmes surtout lorsqu'elles apportent de nouveaux domaines ou un sang plus noble. Le but de ces généalogies complétées par **des chroniques familiales** est de légitimer la possession d'un patrimoine et l'exercice d'un certain nombre de droits (justice, taxes, police, etc.). L'ancêtre premier **plus ou moins légendaire** est en général présenté comme un aventurier héroïque, modèle pour les jeunes nobles du XIIe siècle, comme on peut le constater dans l'*Histoire des comtes de Guines et des seigneurs d'Ardres* composée en 1194. Cette littérature se diffuse largement au XIIIe siècle (cf. De la chanson de geste au roman arthurien, chap. VIII). Le symbole de cette classe sociale en plein essor est le château.

LE MICROCOSME DU CHÂTEAU

Le château devient l'habitation usuelle des seigneurs châtelains qui s'arrogent le droit de ban et tous les avantages qui en découlent au moment de **l'éclipse de l'autorité centrale**. La **multiplication des châteaux** est sensible dès la fin du Xe siècle en bien des régions. La Charente ne comptait qu'une douzaine de châteaux avant l'an 1000, trente-six apparaissent entre 1050 et 1100, vingt-cinq encore entre 1100 et 1150, puis quinze nouveaux entre 1150 et 1200. **Ce droit régalien** de fortifier a été délégué par le roi affaibli aux comtes et ducs qui l'ont délégué à leurs vassaux (cf. La construction du pouvoir monarchique, chap. I). Mais certaines constructions ne reposent sur aucun droit, ce sont **les châteaux dits adultérins**, parfois détruits par

Chevalier prêt à l'attaque
(Paris, BnF, lat. 7330, f° 7 ; XIIIe siècle)

les princes, le plus souvent tolérés par manque d'autorité sur cette masse proliférante de petits châtelains entourés d'une garnison de chevaliers dévoués et belliqueux, les *milites castri*. D'abord essentiellement point de défense stratégique, le château est souvent érigé **sur une motte** (dite féodale) en terre rapportée d'une faible hauteur, entourée d'une palissade de bois renfermant la basse-cour dominée par un donjon de bois. Les paysans soumis au seigneur châtelain ont le droit de venir se réfugier dans **cette basse-cour**. **Le donjon**, divisé en plusieurs étages, constitue le repli ultime en cas de danger et le lieu de résidence du seigneur et de sa *familia*, c'est-à-dire sa famille charnelle et ses dépendants directs. Les paysans sont réquisitionnés pour entretenir la forteresse et faire le guet. Si ces constructions peu coûteuses et rapides peuvent être défendues avec de faibles effectifs, leur fragilité est grande en cas d'incendie ou de siège.

À partir du XIIe siècle se multiplient **les donjons en pierre**, d'abord quadrangulaires comme leurs ancêtres en bois (tel celui de Loches), puis de forme cylindrique (Coucy), plus aptes à éviter les angles morts.

Avec les progrès de **l'art du siège** liés aux croisades, l'architecture militaire devient de plus en plus sophistiquée et l'on fait appel à **des architectes spécialisés**. Ces constructions intègrent à partir du XIIIe siècle **des archères, un chemin de ronde, un pont-levis** et **des mâchicoulis de pierre** qui permettent de surveiller les pieds des murailles.

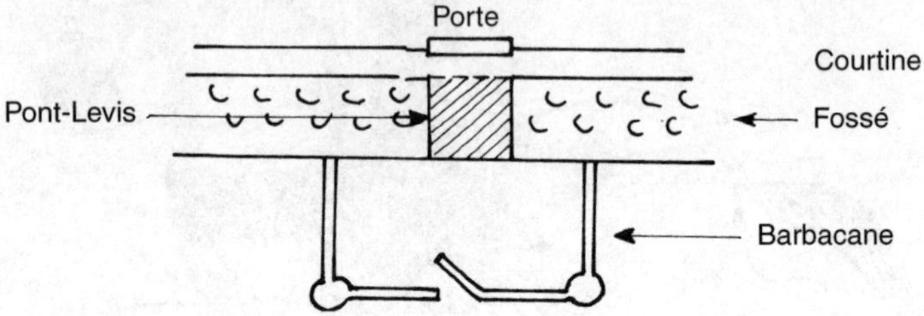

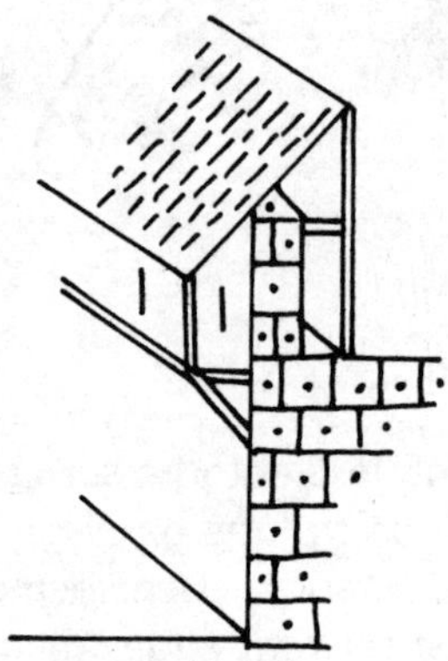

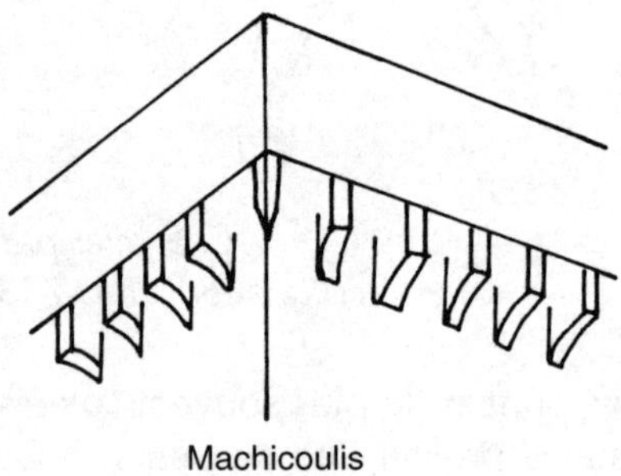

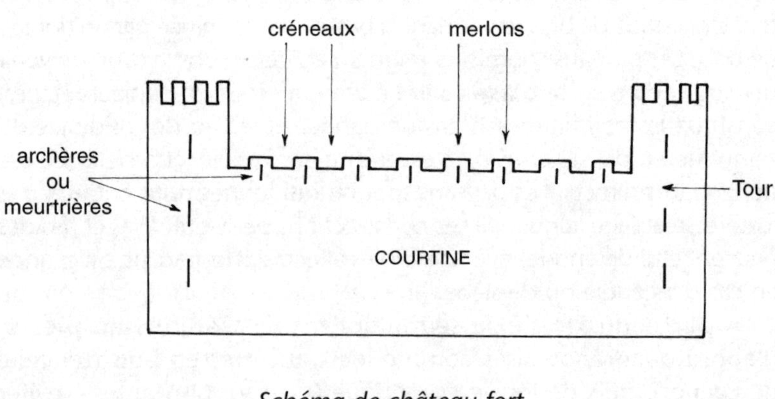

Schéma de château fort

Plan de Château-Gaillard

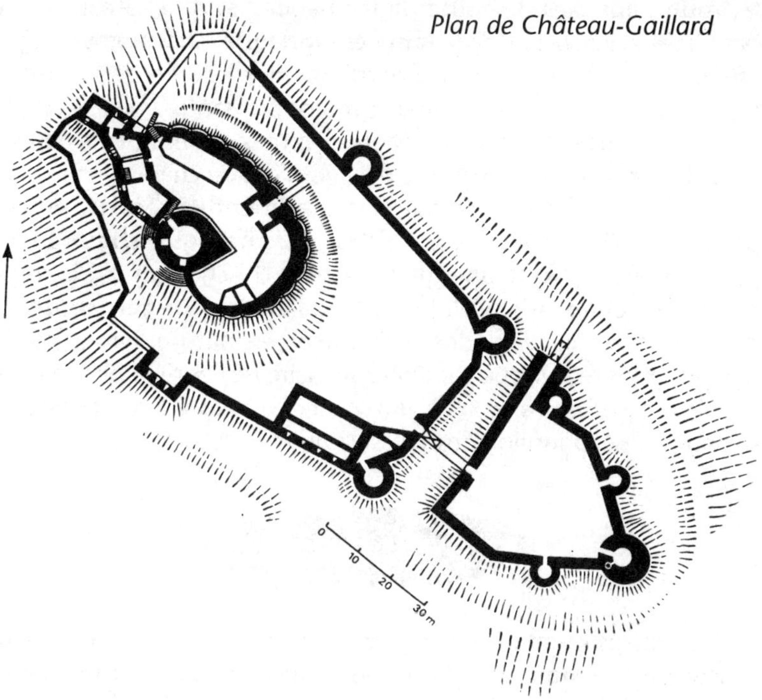

Parallèlement, des machines de siège et de projection de pierres et des tours mobiles font leur apparition. **Château-Gaillard**, construit par Richard Cœur de Lion dans la boucle de la Seine aux Andelys, est un des exemples les plus achevés de cette architecture militaire.

Mais il faudrait également citer Gisors, Verneuil, Dourdan, Falaise et bien d'autres encore. En effet, il reste actuellement en France **4 969 châteaux encore visibles** dans le paysage, datant du Moyen Âge, et les sources écrites et archéologiques permettent d'évaluer à 4 788 le nombre de châteaux médiévaux disparus.

Mais le château n'est pas seulement une architecture de guerre. **La résidence seigneuriale** ne cesse de s'améliorer au cours des siècles : **la grande salle d'apparat** (*aula*) est complétée par **la chambre du couple seigneurial, la bibliothèque** pour les plus riches, **des cuisines** et **des celliers, une chapelle** desservie par un chapelain entièrement dévoué au culte familial des châtelains et de leurs ancêtres (cf. Noblesse des villes, noblesse des champs). **Le donjon** est l'objet de tous les soins : il marque le paysage, comme une affirmation de puissance. Il est représenté sur **les armoiries,** reproduit aux clés de voûte de la chapelle et du château, sur les bannières et les sceaux de **la famille seigneuriale** (cf. Noms et signes identitaires, chap. XI). Cette dernière vit entourée de serviteurs, dépendants directs, fils de familles moins puissantes (vassales le plus souvent) venus se former au métier des armes, cadets qui ne peuvent s'établir par manque de patrimoine, chevaliers du château, intendants et officiers seigneuriaux. En outre, **le sentiment de sécurité** procuré par les murailles castrales entraîne **l'essor de bourgs castraux** animés par un marché, voire une foire, au pied du château (cf. Le réveil des villes, chap. IV). Celui-ci est également **un centre de vie économique** : il réunit les redevances en nature livrées par les paysans, il les redistribue par l'intermédiaire de ces multiples marchés en plein essor entre le XIe et le XIVe siècle. Mais à cette période le dynamisme économique est aussi situé en ville.

CITOYENS DES VILLES

Les classes montantes sont représentées en ville par **les grands marchands et hommes d'affaires** dont la richesse est fondée sur le commerce lointain, la grande industrie textile et la banque. Groupés en corporations, ils développent une culture et une éthique particulières, **valorisant le travail et la recherche du profit.** Les interdictions religieuses de l'usure sont contournées par des prêts apparemment *gratis et amore* ; l'usurier repenti fait **des donations** à la fin de sa vie **pour assurer son salut** (cf. Monnaies et crédit). On trouve aussi dans les classes montantes les maîtres des métiers et les compagnons les plus entreprenants qui accèdent à la maîtrise, mais peu à peu cette promotion devient impossible et la barrière entre maîtres et compagnons de plus en plus étanche. La bourgeoisie paye son entrée dans **ce groupe protégé par les lois de la ville** et conquiert de plus en plus souvent le **pouvoir communal** (échevins du Nord, capitouls de Toulouse, consuls du Midi).

Le peuple, lui, reste exclu du pouvoir. Il est constitué d'une masse hétérogène d'apprentis espérant devenir compagnons et de **travailleurs salariés**. Ces derniers sont souvent menacés par **le chômage**. À la fin du Moyen Âge, ces classes laborieuses montrent à plusieurs reprises qu'elles peuvent devenir **des classes dangereuses** : des commotions urbaines secouent le royaume de France quand **la crise du XIVe siècle** commence à faire sentir ses effets sur les plus démunis. **Les prostituées** font aussi partie de ce paysage urbain. Jusqu'au règne de Saint Louis, elles sont tolérées, voire intégrées à la ville. Mais Saint Louis, voulant imposer l'ordre moral à son royaume, édicte plusieurs ordonnances contre la prostitution, qui ne sont pas reprises par ses successeurs.

LES EXCLUS

Enfin, aux marges de la société urbaine vivent différentes sortes d'exclus. **Les reclus** (le plus souvent des femmes) se sont volontairement cloîtrés (pour toujours) **dans des reclusoirs**, minuscules cellules accolées aux églises, aux cimetières ou aux fortifications de la ville. Ces personnages, souvent des mystiques inspirés, deviennent **des conseillers spirituels** dont la conversation par la petite fenêtre est recherchée. La ville prend en charge l'entretien de ces religieux particuliers, que l'Église tente de soumettre à l'autorisation épiscopale et à une règle, comme celle qu'Aelred de Rielvaux († 1167) a écrite pour sa sœur.

Par ailleurs, **les Juifs** forment une communauté plus ou moins importante avec son quartier, ses rues, son cimetière. À partir du XIIe siècle, leur situation se dégrade. C'est de cette période que datent les accusations de meurtres rituels d'enfants chrétiens. Les communautés juives sont victimes **de pogroms** à l'occasion de la première croisade (1095-1099) et de la Grande Peste de 1348 (cf. Les crises du XIVe siècle, chap. I). Plus souvent, les Juifs sont en butte à **des confiscations, des législations discriminatoires** : cohabitation et repas communs avec les chrétiens sont interdits à partir du IVe concile de Latran (1215). Les Juifs sont même obligés de porter **un signe distinctif** (la rouelle) à partir de ce même concile, et particulièrement sous le règne de Louis IX, qui n'hésite pas, comme plusieurs rois capétiens, à les expulser du royaume, quitte à leur faire payer cher ensuite leur retour et leur protection (comme Philippe le Bel en 1306).

Enfin, **les lépreux,** nombreux durant tout le Moyen Âge (2 à 3 ‰ d'endémicité), se tiennent à l'écart des villes dans **des léproseries** (appelées maladreries). Un véritable **rituel** sépare les lépreux de la société dès que la maladie est déclarée (cf. Santé et médecine, chap. XI). Lors de leurs déplacements, les malades doivent se faire connaître en agitant **une crécelle**. Les lépreux sont massacrés en 1321, accusés d'empoisonner l'eau des puits. S'ils inspirent **la peur et la répulsion** (à cause de leur faciès léonin et de l'assimilation de la lèpre au péché), Humbert de Romans, maître général des dominicains († 1277), n'hésite pas à conseiller à des frères d'aller prêcher aussi aux lépreux. Saint Louis lave les pieds des lépreux, acte saint imité de François d'Assise.

Cette peur et cette répulsion sont aussi occasionnées par la présence des infirmes, des errants, des mendiants, « **gens sans foi ni loi** » dont la ville se méfie.

Mendiants recevant l'aumône de la Vierge Marie
(Meditationes Vitae Christi, *Paris, BnF, it. 115, f° 8v ; v. 1330-1340*)

L'HOMME DU MOYEN ÂGE

VI

LE TEMPS

Pour l'homme du Moyen Âge, il n'existe pas un temps unique, mais plusieurs rythmes temporels imbriqués les uns dans les autres. Le temps eschatologique projette l'homme vers les fins dernières de l'humanité (le Jugement dernier et la résurrection des morts) et le ramène à la pensée de sa propre fin (*Memento mori*). Le temps cyclique fait revenir périodiquement les saisons (marquées par les travaux agricoles et les rituels des Quatre Temps) et les fêtes inscrites dans le calendrier liturgique (fêtes des saints mais aussi étapes de la vie du Christ et de la Vierge). Plus proches de la vie quotidienne, le mois, la semaine et le jour sont des repères familiers, même si les dates mentionnent plus volontiers les grandes fêtes que le quantième des jours dans le mois. La vie de l'homme est également rythmée par des rites de passage que l'Église s'efforce de faire coïncider avec des sacrements (baptême, communion, confirmation, mariage et extrême-onction).

CALENDRIER

Dans la France médiévale se mettent en place et se diffusent **les repères temporels** qui nous sont aujourd'hui familiers. **Le calendrier** débute à la naissance du Christ, située le 25 décembre de l'an un par **Denys le Petit** en 532. Cette origine chrétienne du calendrier s'impose lentement dans la chrétienté : la France l'adopte au cours du VIIIe siècle, mais la papauté seulement au Xe siècle ! **La durée de l'année** a été fixée par Jules César à 365 jours et six heures et répartie sur douze mois. Tous les quatre ans, un jour intermédiaire est intercalé entre le 23 et le 24 février. Mais **le début de l'année varie** selon les régions et les milieux, mettant en concurrence **le style de la**

Nativité (départ de l'année au 25 décembre), **celui de l'Annonciation** (25 mars) et **celui de Pâques** (qui tombe à une date variable). Ce dernier style est le plus répandu dans la France du XIIe siècle. L'Église christianise la date du 1er janvier en y plaçant la circoncision de l'Enfant Jésus. Ce n'est qu'en 1564 que cette date est retenue dans tout le pays pour commencer l'année, grâce à un édit de Charles IX.

Le repérage des jours dans le mois s'effectue selon deux procédés : selon la tradition romaine, on signale **les calendes** (le premier jour), **les nones** (le 5e ou le 7e jour) et **les ides** (13e ou 15e jour), ou bien l'on donne le quantième du jour dans le mois. Selon la tradition héritée des Babyloniens, on nomme également les sept jours de la semaine. L'Église tente en vain de remplacer **les noms planétaires** (lundi, jour de la lune ; mardi, jour de mars, etc.) de ces jours par **une numérotation des féries** (dimanche : première férie, lundi : deuxième férie, etc.). Dans ce cadre hebdomadaire, **le dimanche est sanctifié**, voué au Seigneur depuis le premier concile de Nicée (325), mais de nombreux édits sont nécessaires pour faire appliquer **ce repos dominical**, qui s'impose lentement durant le Moyen Âge. L'assistance à la messe est obligatoire le dimanche, tandis que les œuvres de piété restent facultatives (visites aux malades, aumônes, etc.). **Ce système hebdomadaire encadre les activités professionnelles, sociales et religieuses**. Mais la semaine n'est pas homogène : autour du dimanche sacré, où l'on commémore la résurrection du Christ, se constitue un temps particulier marqué par **le samedi voué à la Vierge** et **un lundi progressivement dédié aux défunts ou aux anges**. Le vendredi, les messes votives sont particulièrement dédiées à la croix du Christ. Enfin, la croyance aux **jours égyptiens,** c'est-à-dire néfastes, reste très prégnante malgré leur dénonciation par maints statuts synodaux et sermons.

MESURE DU TEMPS

Le temps chrétien est compris entre la Genèse, qui présente la création du monde en six jours, **et la fin des temps**, décrite dans **l'Apocalypse de Jean**. Pour mieux se repérer dans ce flux historique, **saint Augustin** imagina de découper le temps en **six âges** en rapport avec les six étapes de l'histoire biblique et les six âges de la vie humaine. Ainsi, la première époque (**d'Adam à Noé**) correspond à la prime enfance ; la deuxième (**de Noé à Abraham**) à l'enfance ; la troisième

(d'Abraham à David) à l'adolescence ; la quatrième (**de David à la chute de Babylone**) à la jeunesse ; la cinquième (**de la captivité de Babylone à la naissance du Christ**) à la maturité et la sixième (**de la naissance du Christ à la fin des temps**) à la vieillesse.

Les hommes du Moyen Âge, essentiellement les moines cultivés, ont donc le sentiment de vivre **les prémices de la fin du monde**. Ce schéma augustinien est repris par de nombreux textes durant toute la période. Mais, à partir du XIIe siècle, cette vision pessimiste du temps est contrebalancée par l'idée de progrès et de croissance.

Les calendriers sont accompagnés de **tables pascales**, fruits de calculs complexes pour déterminer longtemps à l'avance la date de Pâques et des fêtes mobiles qui lui sont associées (Ascension et Pentecôte). **Les calendriers, essentiellement monastiques et paroissiaux,** indiquent les grandes fêtes en distinguant celles qui sont liées aux épisodes de la vie du Christ et de la Vierge (**le temporal**) et celles liées au culte des saints (**le sanctoral**). Le sommet du calendrier liturgique est constitué par la semaine sainte, qui précède Pâques, durant laquelle les chrétiens commémorent les étapes de la Passion du Christ.

Le calendrier liturgique

Cycles	temps	dimanches
Cycle de Noël	Temps de l'Avent du 1er dimanche de décembre au 24 décembre	4
	Temps de Noël Du 24 décembre à l'Épiphanie	2 à 3
	Après l'Épiphanie	1 à 6
Cycle de Pâques	Temps de Carême du mercredi des Cendres au Samedi saint	6
	Temps pascal de Pâques à la Pentecôte	8
Après Pentecôte	Temps ordinaire de la Trinité à l'Avent	24 à 27

Mais **les saisons** restent un repère fondamental pour une population à 90 % rurale. Le passage de ces **Quatre Temps est christianisé** par des jeûnes et des cérémonies spécifiques. L'importance du calendrier agricole explique l'instauration de la fête des Rogations, fête placée durant les trois jours précédant l'Ascension et destinée à assurer de bonnes récoltes.

Les moyens techniques de mesure du temps restent toutefois bien imparfaits. **Les cloches des églises** (depuis le VIIe siècle) marquent pour tous l'égrènement des heures canoniales. À la fin du Moyen Âge, elles sont concurrencées par **les cloches des beffrois**, symboles du pouvoir laïc et urbain des bourgeois, qui marquent le temps du travail (cf. Les franchises urbaines et villageoises, chap. V). A cette même époque, les instruments traditionnels de mesure du temps, **cadran solaire, sablier, chandelle et clepsydre** perdent du terrain face aux **premières horloges mécaniques** (1314), aux heures parfaitement égales.

RITES DE PASSAGE

L'individu considère sa vie sous la forme **de passages successifs d'un âge à l'autre**, chaque **âge étant caractérisé par ses vices et ses vertus et une répartition particulière des humeurs dans le corps**. Sont ainsi reconnues **la petite enfance** (de la naissance à 7 ans), âge d'innocence, de pureté et d'ignorance ; **l'enfance** (de 7 à 14 ans), âge du développement physique et de l'acquisition de la conscience religieuse ; **l'adolescence** (de 14 à 21 ans), période de trouble et d'éveil sexuel, âge des choix de vie ; **la jeunesse** (de 21 à 28-35 ans), période des premières responsabilités familiales et professionnelles ; **l'âge adulte** (de 28-35 à 50 ans), époque de maturité physique et affective, et la **vieillesse** (de 50 à 70 ans), époque marquée par la décrépitude, la désillusion et la peur de la mort. Presque chaque passage d'un âge à l'autre correspond à **un sacrement** conféré par l'Église, qui contrôle ainsi toute la vie des individus.

L'entrée dans la vie est sacralisée par **le baptême**, conféré de plus en plus jeune. **Le parrain et la marraine entrent dans la parenté spirituelle de l'enfant**, doublant la parenté charnelle considérée comme impure à cause de l'acte de procréation. Les parrains et marraines se substituent donc aux parents durant toute la cérémonie et ont un rôle religieux et social important durant toute la vie de leur filleul, qu'ils entourent à nouveau pour sa confirmation.

La confession et la communion marquent le passage à l'âge de raison, quand l'enfant sait distinguer le bien du mal.

Le mariage marque l'entrée dans l'âge adulte. Dans l'aristocratie, il est avant tout une affaire d'intérêt négociée par les parents. **Les adultères, concubinages, unions consanguines et répudiations** sont fréquents au gré des alliances familiales. L'Église tente d'imposer sa conception du **mariage chrétien : monogamique, indissoluble et fondé sur le libre consentement des deux époux** (à partir de 1180). Cette évolution est difficile et lente comme le montrent **les multiples excommunications** de souverains ayant décidé de répudier leur(s) épouse(s) (Philippe Auguste par exemple). En outre, l'institution ecclésiale interdit le mariage entre proches parents et définit des degrés de consanguinité de plus en plus contraignants, le maximum étant atteint aux XIe et XIIe siècles (avec une interdiction étendue jusqu'au septième degré de consanguinité). L'Église revient à une interdiction moins sévère (**quatrième degré de consanguinité**) au IVe concile de Latran (1215). Ces degrés prennent également en compte la parenté spirituelle, de sorte que parrain et marraine d'un même filleul ne peuvent s'épouser. **Seuls les enfants nés dans le cadre du mariage** sont déclarés **légitimes**, pratique qui a également mis du temps à entrer dans les mœurs. **Les gestes du mariage** sont codifiés et le prêtre préside à la cérémonie qui a souvent lieu dans une église, après **publication des bans** (depuis 1215).

À partir du XIVe siècle, **le prêtre** prononce la formule *ego conjugo vos* (« je vous marie »), alors que ce sont les époux qui se donnent le sacrement du mariage. Malgré cette contradiction théologique, la formule se répand à la fin du Moyen Âge, manifestant la puissance de l'Église. Une autre cérémonie marque le passage à l'âge adulte : **l'adoubement du chevalier.** Ce rituel à l'origine laïc est de plus en plus codifié par l'Église qui bénit les armes, exige de l'écuyer une veillée de prières, un serment sur l'Évangile et la communion. **Le seigneur** remet au chevalier le haubert, l'écu, le heaume, la lance, les éperons, et surtout **l'épée** (bénie par le prêtre). Ensuite, il lui donne **la colée**, coup vigoureux pour

Les gestes du mariage (d'après le Décret de Gratien Paris, BnF, lat. 3898, f° 293 ; XIIIe siècle)

éprouver la résistance physique du nouveau chevalier. **La liturgie de l'adoubement** s'inspire du sacre royal et des rites d'investiture des défenseurs de l'Église. À partir du XIIIe siècle, cette cérémonie, de plus en plus fastueuse, est réservée aux fils de l'aristocratie, qui peu à peu entrent seuls en chevalerie. Au XIVe siècle, l'adoubement devient **une sorte de « décoration » nobiliaire** au caractère plus honorifique que militaire (cf. Noblesse des villes, noblesse des champs, chap. V).

L'adoubement de Roland (Londres, BL, Lansdowne 782, f° 23v ; XIIIe siècle)

À la fin de sa vie, le fidèle reçoit **le sacrement de l'extrême-onction**. L'agonie est extrêmement ritualisée : on place un cierge dans la main du mourant tandis qu'un prêtre récite les prières appropriées (les sept psaumes pénitentiels), oint son corps du saint chrême et lui donne la communion. L'Église lutte contre **les veillées de prières** dans la maison du défunt, car elle n'en contrôle pas tous les rituels. Si la religion imprègne donc les **faits et gestes** des hommes du Moyen Âge, le contrôle ecclésiastique s'arrête aux portes des demeures privées, derrière lesquelles **une religion domestique** a pu élaborer ses propres rituels, difficlement accessibles à l'historien.

VII

LA RELIGION

On a longtemps qualifié le Moyen Âge de très chrétien et la France de « fille aînée de l'Église ». En effet, il est convenu de reconnaître qu'au XIe siècle la France est christianisée, même si dans des régions reculées, la vigueur des « superstitions » laisse supposer l'existence d'une religion « autre ». De plus, l'Église, en tant qu'institution, s'épanouit et s'affirme entre le XIe et le XIVe siècle. À sa tête, le pape de Rome, détaché de tout lien avec Constantinople depuis 1054, est amené à intervenir de façon de plus en plus autoritaire dans les affaires politiques et religieuses de l'Occident (par l'organisation des croisades et l'excommunication des souverains aux mœurs conjugales jugées condamnables). Dans chaque pays, une véritable Église nationale se développe selon les deux options possibles de la vie religieuse : dans le siècle (Église séculière) ou dans les cloîtres (Église régulière). Les représentants de cette hiérarchie ecclésiastique imposent à chaque chrétien la croyance en un catéchisme de base (le *Credo*), la participation à la messe et aux sacrements, dont la confession de plus en plus individualisée. Ils s'attachent également à débusquer et corriger toutes les attitudes jugées déviantes, du rituel superstitieux à l'hérésie passible des foudres de l'Inquisition.

L'ÉGLISE : UNE HIÉRARCHIE DOUBLE

Le chroniqueur **Raoul Glaber** observe que vers l'an mil la France se couvre d'un **« blanc manteau d'églises ».** En effet, le XIe siècle marque un redéploiement de l'Église dont la manifestation la plus visible est **la reprise des constructions d'églises**, chapelles, prieurés et monastères (cf. Du blanc manteau d'églises aux cathédrales gothiques, chap. IX). Cette Église a une structure double : régulière et séculière.

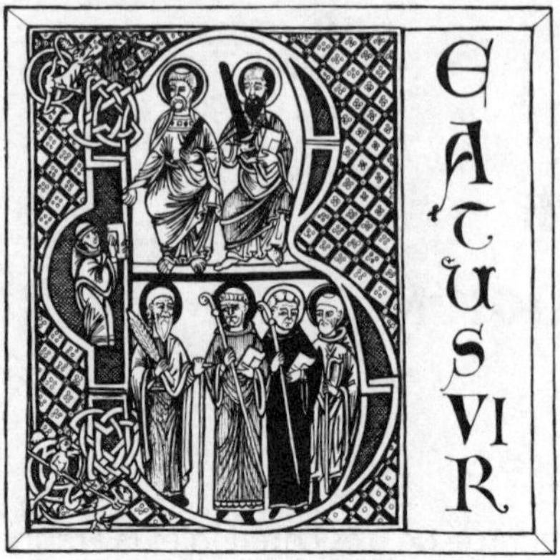

Moines et abbés (manuscrit de Corbie, Paris, BnF, lat. 12004, f° 1v ; XIIe siècle)

L'Église régulière rassemble les religieux qui ont fait vœu de vivre selon les préceptes d'**une règle**, séparés du monde par une clôture et sous l'autorité d'un abbé. Les moines suivent massivement **la règle de saint Benoît**, écrite par Benoît de Nursie entre 529 et 537 et réaménagée par Benoît d'Aniane († 821) pour l'imposer dans l'ensemble de l'empire carolingien en 817. L'emploi du temps fait alterner huit moments de prière (en italique dans l'encadré), les repas, le travail manuel et deux messes quotidiennes.

La journée du moine d'après la Règle de saint Benoît

Vers 0 h 30	*Vigiles*
Vers 2 h 30	Le moine se recouche
Vers 4 h	*Matines* (une demi-heure)
Vers 5 h 45	Lever définitif
Vers 6 h	*Prime*
Vers 6 h 30	Chapitre (réunion de la communauté autour de l'abbé)
Vers 7 h 30	Messe du matin
8 h 15 – 9 h	Travail ou célébration de messes privées
9 h – 10 h 30	Tierce, suivie de la messe conventuelle
10 h 45 – 11 h 30	Travail
Vers 11 h 30	Sexte
Vers 12 h	Repas de midi
12 h 45 – 13 h 45	Sieste
14 h – 14 h 30	None
14 h 30 – 16 h 15	Travail manuel (jardin ou copie de manuscrits)
16 h 30 – 17 h 15	Vêpres
17 h 30 – 18 h	Souper
Vers 18 h	Complies
Vers 18 h 45	Coucher

Religieuses auprès de leur abbesse appuyée sur sa crosse (Londres, B. L. Yates Thompson 11, f° 6v ; vers 1300)

Les monastères bénédictins, très nombreux en France, se laissent entraîner dans **des alliances avec les puissants**, par le biais des abbayes royales et du patronage laïque de grandes abbayes.

La richesse de cette Église la déconsidère aux yeux des pauvres fidèles qui payent la dîme et aux yeux des partisans d'un retour à l'idéal évangélique apostolique. C'est dans ce contexte que le duc d'Aquitaine fonde **Cluny en 910** et la place **sous l'autorité directe du pape** pour échapper à l'évêque local. L'ordre clunisien connaît **un essor remarquable**. Sa liturgie suit les heures canoniales instituées par saint Benoît (cf. La journée d'un moine) et se spécialise dans **le culte des défunts** assez riches pour avoir fondé de leur vivant une chapellenie dans une des nombreuses dépendances de Cluny.

Pour les défunts ordinaires, parfois tombés dans l'oubli, Odilon, abbé de Cluny (994-1049), institue une célébration annuelle **le 2 novembre** (le lendemain de la Toussaint), qui devient rapidement universelle.

Au XIe siècle, **des vocations érémitiques** se multiplient en Occident et des ordres issus de cet idéal voient le jour en France. **La Grande-Chartreuse** est fondée par saint Bruno en 1084, à la même période que d'autres établissements tels que **Grandmont** (1074), **la Sauve-Majeure** (1079), **Fontevraud** (1101) pour s'en tenir à la France. Ce siècle est également riche en héros de l'érémitisme tels Anthénor de Scher (1085), Garin des Alpes (1090), Raoul de la Frestage (1094) et Bernard de Tiron († 1117).

L'idéal communautaire reprend le dessus au siècle suivant avec la fondation de **Cîteaux** par Robert de Molesmes en 1098, dont **Bernard de Clairvaux** fera l'ordre cistercien, le plus dynamique au XIIe siècle avec **530 maisons** dispersées dans toute l'Europe.

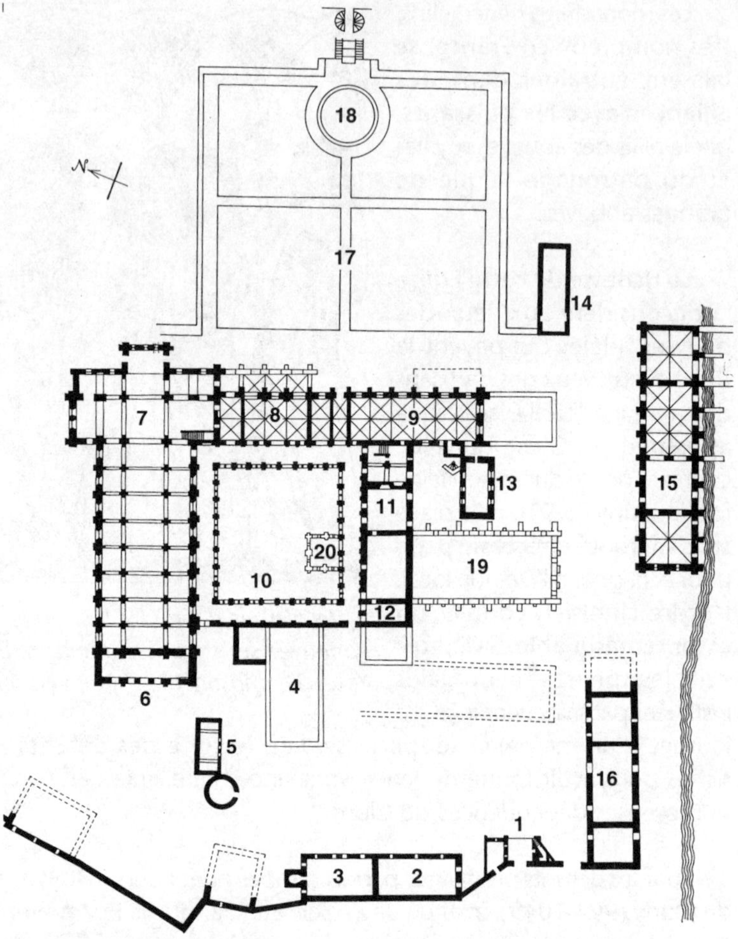

Plan de l'abbaye cistercienne de Fontenay (1187)

1. La porterie ; 2. L'hôtellerie des hôtes de marque ; 3. La boulangerie ; 4. Le logis des abbés commendataires ; 5. L'habitat du maître-chien et le colombier ; 6. Le porche de l'église (détruit) ; 7. L'église ; 8. La salle capitulaire et au-dessus le dortoir ; 9. La salle des moines et au-dessus le dortoir ; 10. Le cloître ; 11. Le chauffoir ; 12. Les cuisines (détruites) ; 13. Chapelle Saint-Paul et l'enfermerie ; 14. L'infirmerie du XVIIe siècle ; 15. Le bâtiment dit « La Forge » ; 16. L'hôtellerie ; 17. Le jardin des simples ; 18. Le réfectoire du XIIe siècle (détruit) - bâtiment Séguin ; 19. Le réfectoire du XIIIe siècle (en partie détruit) ; 20. Le lavabo (détruit) ; 21. Emplacement du bâtiment des convers (détruit)

Le plan des abbayes cisterciennes répond aux exigences de **la prière et de la vie collectives. À l'abbaye de Fontenay** (Côte- d'Or), fille de Clairvaux, consacrée en 1187 par le pape Eugène III, l'architecture se conforme à l'idéal cistercien. En effet, elle offre le **modèle d'une architecture romane** très dépouillée sur le modèle de Clairvaux qui a disparu. Elle met en valeur l'église comme bâtiment principal avec son cloître au sud. Sur la galerie nord du cloître s'ouvrent la salle capitulaire, le noviciat et le réfectoire. La nef aveugle est couverte d'un **large berceau brisé** renforcé par des arcs doubleaux qui renvoient sur les collatéraux. Le chœur plat s'ouvre modestement au jour. **La façade massive** est divisée par deux contreforts et percée par deux baies discrètes. Le décor sculpté est d'une grande sobriété : quelques feuillages sur les chapiteaux. Un escalier permet d'accéder au dortoir. Une porte donne sur **le cloître,** qui est rythmé par de grandes arcades en plein cintre appuyées sur des colonnades assez lourdes. La salle capitulaire de la fin du XIIe siècle est voûtée sur des croisées d'ogives (cf. Du blanc manteau d'églises aux cathédrales gothiques, chap. IX).

L'exigence de travail manuel y est souvent remplacée par **la copie de manuscrits** dans le *scriptorium* (cf. L'écriture et le livre manuscrit, chap. VIII), tandis que les rudes travaux agricoles sont confiés aux frères convers. Mais toutes ces institutions religieuses ont choisi **un cadre rural** pour s'épanouir loin des villes, lieu de perdition adonné à l'esprit de profit, selon saint Bernard. Or, à l'orée du XIIIe siècle, une partie de l'Église prend conscience de la nécessité de s'installer **dans les villes,** qui sont devenues au XIIIe siècle le cœur de la société, lieu de rassemblement des hommes, d'échanges des produits et des idées, lieux d'enseignement et de contestation (cf. Le réveil des villes, chap. IV). **De nouveaux ordres**, adaptés à ce nouveau cadre, sont mis en place par la papauté : **les ordres mendiants**, qui, refusant la richesse des ordres antérieurs, se placent au plus près des populations urbaines pour leur délivrer **la bonne parole** au moyen de sermons rendus accessibles par leur langue vernaculaire et leurs anecdotes exemplaires (*exempla*).

Les prédicateurs franciscains n'hésitent pas à jouer les jongleurs pour attirer les badauds dans les foires et leur enseigner la bonne doctrine, afin de les éloigner **des « superstitions »** et **des hérésies** cathares et vaudoises qui fleurissent alors.

L'autre partie de l'Église est appelée séculière, car immergée dans le siècle (*saeculum*), c'est-à-dire dans la société. Elle a **une structure pyramidale** qui place tous ses représentants, du plus puissant évêque au dernier curé de campagne, sous l'autorité du pape de Rome.

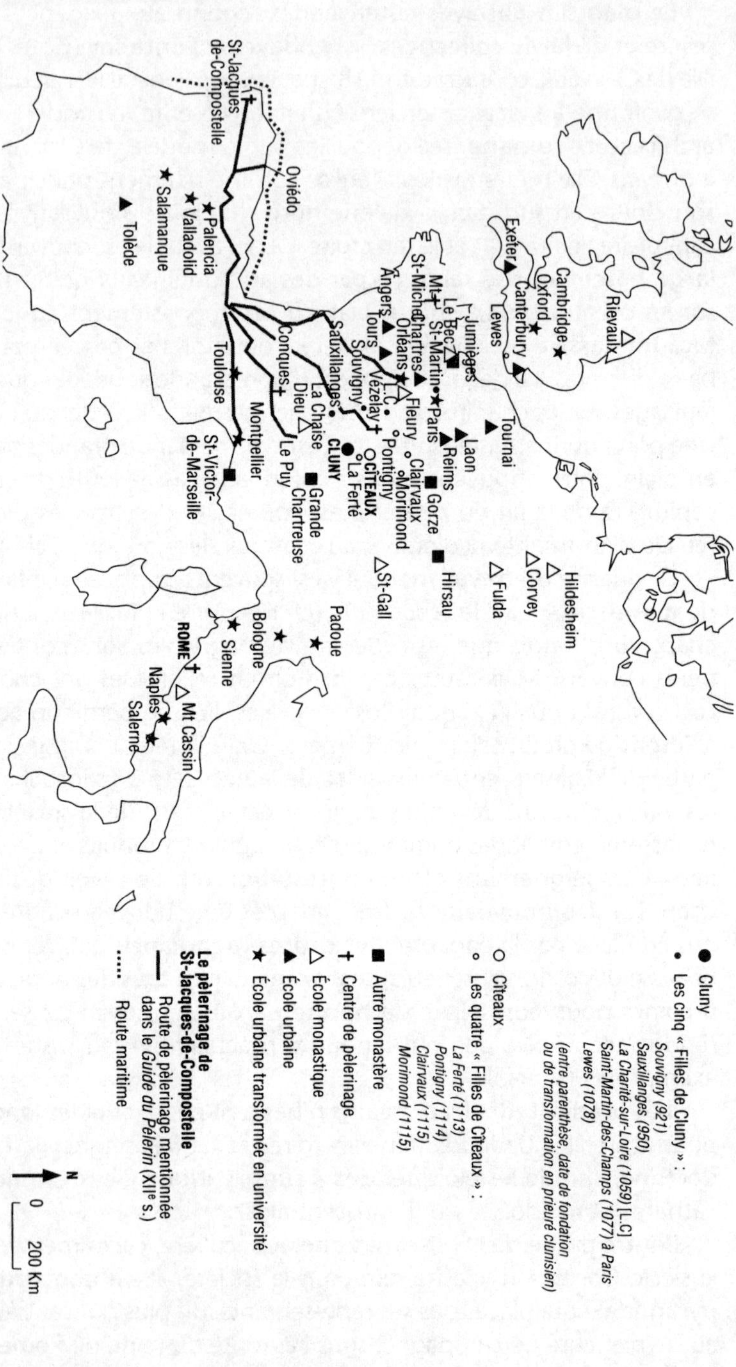

Les grands centres monastiques et culturels, XIe-XIIIe siècle

Organigramme de l'Église séculière

Pape
⇓
Cardinaux romains
⇓
Archevêques métropolitains
⇓
Évêques diocésains
⇓
Curés de paroisse
⇓
Diacres et sous-diacres
⇓
Portiers, acolytes, lecteurs, exorcistes

Le pape (évêque de Rome) est élu par **les cardinaux** réunis **en conclave** (à partir de 1059), mais les empereurs romains germaniques ou les factions romaines interviennent souvent dans ces élections, sources de vives tensions. **À partir de 1309**, les papes résident **en Avignon,** à l'abri des troubles romains ; ils y resteront jusqu'en 1377. Ils font connaître leurs décisions par **des bulles et par les canons des conciles,** qui sont ensuite diffusés dans les diocèses par les statuts synodaux. **Les archevêques métropolitains** sont à la tête d'une **province** qui compte plusieurs diocèses, dirigés chacun par un évêque suffragant. **L'évêque** a des attributions essentiellement religieuses à partir du XIe siècle, mais conserve un tribunal particulier (**l'officialité** à la fin du XIIe siècle) chargé de juger des faits relevant de sa juridiction (hérésies, blasphèmes, problèmes matrimoniaux, contentieux sur les bénéfices ecclésiastiques, etc.). L'évêque célèbre le culte dans **la cathédrale** (où se trouve la cathèdre, siège épiscopal), **entouré de chanoines** qui forment le chapitre cathédral. Il a la responsabilité de la vie religieuse de son diocèse. **Le curé** a en charge **la paroisse, qui devient le cadre religieux le plus familier des fidèles**, qui reçoivent les sacrements dans l'église paroissiale (qui en a le monopole). Ils y naissent, y vivent, y sont mariés et y reçoivent la sépulture dans le cimetière paroissial. En échange, le curé peut percevoir **certaines redevances** liées à l'administration des sacrements (le casuel). L'évêque doit en principe **visiter une fois par an** (à partir du XIIIe siècle) toutes les paroisses de son diocèse pour vérifier le niveau d'instruction des curés, l'état de l'église et la régularité du culte. Inversement, chaque curé doit se rendre une fois par an (en théorie) au **synode organisé par l'évêque**, qui rappelle à son clergé les bases de la *cura animarum* (le soin des âmes) et les derniers canons promulgués par les conciles. **Quelques paroisses sont desservies par des monastères.** Le patronage laïque des églises paroissiales tend peu à peu à disparaître, au profit du pouvoir de l'évêque de choisir un desservant digne de cette fonction. Les paroissiens se groupent au sein d'**une fabrique** dirigée par des procureurs pour prendre en charge l'entretien partiel des bâtiments du culte. Le curé de paroisse subit la concurrence des **oratoires privés** des nobles, puis à partir du XIIIe siècle, des frères mendiants autorisés à prêcher et à confesser dans toute la chrétienté.

L'AFFIRMATION DE LA PAPAUTÉ

L'élection des évêques a longtemps été soumise au bon vouloir des princes et souverains, jusqu'à la remise en cause de ce système par le pape **Grégoire VII** dans son *Dictatus papae* (1075). Ce n'est qu'au terme de la longue lutte du sacerdoce et de l'empire que **le concordat de Worms** (1122) trouve un compromis, qui est imité dans de nombreux pays. Cet accord distingue dans la fonction épiscopale l'aspect temporel et l'aspect spirituel. Les élections épiscopales sont libres (l'évêque est élu par les chanoines de la cathédrale), mais se déroulent en présence d'un délégué de l'empereur. L'archevêque métropolitain accorde l'investiture ecclésiastique au nouvel élu (**investiture par la crosse et l'anneau**), tandis que l'empereur fait remettre au nouvel évêque les biens et les fonctions politiques attachés à sa charge (**investiture par le sceptre**).

Ce compromis met fin aux querelles liées aux élections épiscopales (et abbatiales), mais ne résout pas le problème de l'équilibre entre le pouvoir impérial et le pouvoir pontifical (lequel pouvait dominer le monde ?), qui s'affrontent directement en Italie et indirectement par un jeu complexe d'alliances avec les différents souverains européens (cf. Une grande bataille : Bouvines, chap. III). Le *Dictatus papae* de Grégoire VII affirme haut et clair **la prééminence du pape** (infaillible en tant que vicaire du Christ), qui peut déposer un roi ou un empereur et délier ses sujets de leur serment de fidélité, si ce dernier manque à ses devoirs de chrétien ou à l'obéissance envers le souverain pontife. Ce texte est la première manifestation de **la théocratie pontificale,** qui fonde le programme d'action des papes tout au long de la période (notamment Innocent III (1198-1216) et Grégoire IX (1227-1241). **La curie pontificale** se développe pour gérer une administration grandissante, une fiscalité en plein essor et une chancellerie immense. **Les légats** sont envoyés dans toute la chrétienté pour représenter le pape. La papauté prouve sa puissance en organisant **les croisades** (huit de 1095 à 1270) et la lutte contre les hérésies par **l'Inquisition**, d'abord épiscopale, puis confiée aux ordres mendiants. **Les dominicains et les franciscains** dépendent directement de Rome et échappent (au moins à leurs débuts) aux réseaux d'influence locaux. Le pape dicte ses ordres à l'ensemble des chrétiens par les canons, qui sont émis dans des conciles œcuméniques, puis compilés dans des recueils de droit canonique, dont les plus célèbres sont **le *Décret* de Gratien** (1140) et **les *Décrétales* de Grégoire IX** (1234). Deux grands conciles ont lieu en France, à Lyon, ville à la frontière entre le Royaume capétien et l'Empire romain germanique, ce sont les conciles de 1245 et 1274. **Au Ier concile de Lyon**, le pape dépose l'empereur Frédéric II. **Au IIe concile de Lyon en 1274**, la papauté croit pouvoir rétablir l'union des Églises grecque et latine, mais l'Église grecque fait défection quelques années après.

À partir de 1309, les papes s'établissent en Avignon jusqu'en 1377. Ils y installent peu à peu leur curie et tous les services annexes. Le palais des Papes rassemble à la fois l'habitation du souverain pontife et tous

Déposition de l'empereur Frédéric II au Ier concile de Lyon en 1245 (Londres, B. L., Royal 14 C VII, f° 138v)

L'HOMME DU MOYEN ÂGE

ses services, accompagnés d'une bibliothèque et d'archives importantes. Le pouvoir effectif de la papauté décline à partir de la seconde moitié du XIIIe siècle, notamment devant l'essor des Églises nationales.

L'ESSOR DE L'ÉGLISE NATIONALE

Les souverains, de plus en plus puissants en Occident, n'entendent plus se laisser guider par les **injonctions pontificales**. Saint Louis, malgré tout le respect qu'il a envers la personne sacrée du souverain pontife, émet des réserves au **Ier concile de Lyon** (1245), qui dépose Frédéric II, et ne s'associe pas aux initiatives des deux parties, tentant plutôt de les rapprocher, avant d'opter pour une prudente neutralité.

C'est avec **Philippe le Bel** que le conflit avec la papauté prend un tour violent, voire dramatique (cf. La construction du pouvoir monarchique, chap. I). Le conflit entre le roi de France et le pape est né de **la levée de décimes en France** sans l'accord du roi. À la bulle *Clericis laicos* (1296) qui rappelle à Philippe le Bel et à Édouard III d'Angleterre l'exemption fiscale des clercs, le Capétien répond en interdisant les transferts de fonds vers Rome. Le pape cède. Mais il réprimande une nouvelle fois le roi de France en 1301 (bulle *Ausculta fili*) pour avoir ordonné l'arrestation de l'évêque de Pamiers. Philippe le Bel répond en faisant proclamer **l'indépendance de la monarchie française** au temporel par l'assemblée des États. La bulle *Unam sanctam* (1302) rappelle la nécessaire soumission des souverains à l'autorité du pape, qui a le droit de les juger et de les punir. **Devant cet ultime sursaut de la théocratie pontificale, le roi et ses conseillers font déclarer schismatique et hérétique le pape** et en appellent au concile général. En 1303, à **Anagni**, les conseillers et les hommes de Philippe le Bel tentent de s'emparer du pape Boniface VIII près de Rome pour le faire juger en France. Le pape meurt un mois après cet attentat, qui a déconsidéré la papauté et montré à toute la chrétienté que la souveraineté nationale d'un roi ne pouvait plus souffrir **les intrusions du pouvoir pontifical**.

LES SEPT SACREMENTS ET LA RÉVOLUTION DE LA CONFESSION PRIVÉE

C'est Pierre Lombard († 1160) qui, dans ses célèbres *Sentences*, diffuse **le septénaire des sacrements**. Avant lui, les listes variaient ; à partir de ses écrits, on retient sept sacrements : baptême, confirmation, eucharistie, pénitence, extrême-onction, ordre et mariage.

Rappelons que **le baptême** fait entrer les jeunes enfants dans la communauté des fidèles. Le nom du baptisé est inscrit sur les registres paroissiaux, qui tiennent lieu de registre d'état civil. À l'adolescence, le jeune chrétien reçoit **la confirmation** des mains de l'évêque, qui lui confère ainsi le Saint-Esprit. À chaque messe, le chrétien peut recevoir **l'eucharistie**. Le IVe concile de Latran affirme solennellement le principe de **la transsubstantiation** : le corps du Christ est réellement présent dans l'hostie consacrée. De nombreux récits de **miracles eucharistiques** contribuent à ancrer cette croyance. Le même concile ordonne à tous les fidèles de communier au moins une fois par an, à **Pâques**, sommet du calendrier liturgique (cf. Calendrier, chap. VI). Le sacrement de l'ordre est conféré par l'évêque aux futurs prêtres, il leur donne le pouvoir d'exercer leur sacerdoce. L'Église a réglementé les conditions et les gestes du **mariage** (cf. Illustration p. 121). Enfin, à l'approche de la mort, tout chrétien émet le vœu de recevoir **l'extrême-onction**, au cours de laquelle le prêtre touche ses membres avec de l'huile consacrée afin de lui donner la force de subir l'agonie et le passage dans l'au-delà. Les hommes du Moyen Âge considèrent donc la mort inattendue comme une « **male mort** » ; ils préfèrent l'affronter en toute conscience afin de s'y préparer avec tous **les rituels traditionnels, gages de salut** (cf. Rites de passage, chap. VI).

La grande nouveauté du XIIIe siècle revient encore à une injonction du IVe concile de Latran, fondateur du christianisme occidental : le canon 21 exige de tout chrétien qu'il se confesse individuellement et secrètement (**confession auriculaire**) **au prêtre de sa paroisse** au moins un fois l'an (avant la communion pascale). Cette nouvelle exigence de l'aveu du péché conduit les fidèles à ouvrir à leur pasteur la vérité de leur vie. Les confesseurs reçoivent des manuels pour les aider à interroger les fidèles timorés ou récalcitrants. Par cette relation individuelle, **la christianisation des masses** franchit une nouvelle étape et conduit à **une intériorisation de la doctrine chrétienne.** De nombreuses anecdotes exemplaires émaillent les sermons des prédicateurs (souvent des prédicateurs itinérants dominicains ou franciscains), visant à encourager les fidèles à recevoir ce sacrement, qui prend la suite de la pénitence publique du Haut Moyen Âge. Le roi Saint Louis donne l'exemple d'un fidèle particulièrement assidu à se confesser et à accomplir des actes de piété.

Les « terreurs de l'an mil »

Le thème des terreurs de l'an mil a ressurgi au moment du passage à l'an 2000. Les historiens convaincus de **leur existence** se sont opposés à ceux qui mettent en doute leur réalité. Ces derniers rappellent que les textes médiévaux évoquant ces terreurs collectives aux approches de l'an mil sont tardifs : la chronique de **Sigebert de Gembloux** (qui a vécu de 1030 à 1112) et celle de **Guillaume Godel**, qui affirme vers 1170-1175 : « L'année 1010, en de nombreux endroits de la terre, on entendit **cette rumeur et la peur et la crainte.** » Ces mentions deviennent plus nombreuses à **la Renaissance**, qui invente le sombre Moyen Âge, notion largement reprise par les romantiques à la suite de Michelet. L'historien Georges Duby évoque plutôt une atmosphère de crainte, qui doit être mise en relation avec la tension eschatologique à laquelle sont soumis tous les chrétiens connaissant le livre de **l'Apocalypse** selon saint Jean et les spéculations des théologiens affirmant que le monde est dans le sixième et dernier âge depuis l'Incarnation du Christ (cf. Mesure du temps, chap. VI). **Ils vivent dans l'attente du Jugement dernier** et certains d'entre eux **en guettent les signes précurseurs : la venue de l'Antéchrist**, précédée de catastrophes et de prodiges et suivie d'un règne de mille ans appelé le **Millénium**. Or **l'éclipse de 1033,** décrite dans les chroniques, n'est jamais mise en relation avec la fin du monde ou le millénaire de la Passion du Christ. Les divers fléaux (famines, problèmes météorologiques, guerres) qui touchent l'Occident autour de l'an mil ne déclenchent aucune panique collective notable. Ils font, hélas, partie du quotidien des hommes de cette époque. Tout au plus sont-ils interprétés par certains prédicateurs comme des signes de **la colère de Dieu**, et servent-ils à appeler les hommes à **la pénitence**.

Saint Louis se confessant et recevant la discipline de son confesseur (Grandes Chroniques de France, Londres, B.L., Royal 16 G VI, f° 423)

L'HOMME DU MOYEN ÂGE

Scènes de l'Apocalypse
(Lambert de Saint-Omer, Liber floridus*,*
Paris, BnF, lat. 8865, f° 39 ; v. 1260)

LA TRAQUE DES HÉRÉTIQUES

L'un des défis majeurs qu'eut à relever l'Église du XIIIe siècle est **la montée en puissance des hérésies**. Les plus connues sont en France **le valdéisme et le catharisme**, qui se répandent dans des régions entières, alors que les hérésies de l'an mil (les clercs d'Orléans, le paysan Leutard en Champagne) restèrent limitées dans l'espace et dans le temps. Le valdéisme dérive du nom de **Pierre Valdo**, riche marchand lyonnais, qui décide, vers 1170, de se convertir et de vivre selon l'idéal évangélique de pauvreté. Il se met à prêcher ainsi que ses disciples laïcs. Dans un premier temps, en 1179, il reçoit l'autorisation (orale) de prêcher du pape Alexandre III, qui la lui retire ensuite. Il refuse de se soumettre et se trouve déclaré hérétique au **concile de Vérone (1184)** ainsi que ses disciples (les vaudois). La communauté des « pauvres de Lyon » se disperse et se divise en plusieurs tendances : les « **Pauvres catholiques** » rentrent dans le sein de l'Église, tandis que les autres essaiment en Languedoc, en Provence, en Dauphiné et en Lombardie, où ils sont poursuivis par l'Inquisition. En 1532, nombre de vaudois se rallient à la Réforme.

L'Inquisition se montre plus féroce envers **les cathares**, qui présentent une dissidence très répandue autour d'Albi, d'où leur nom d'**albigeois**. Ils sont également parfois dénommés **manichéens**, car leur doctrine oppose deux principes fondamentaux : le bien et le mal, qui correspondent à deux mondes : celui de la matière et celui de l'esprit. Les cathares refusent l'ensemble des sacrements, car non fondés, selon eux, sur l'Écriture. Ils réfutent le dogme de l'Incarnation du Christ. L'ensemble des adeptes n'est soumis à aucune obligation particulière, si ce n'est de bien accueillir **les parfaits**, l'élite qui mène une vie collective très austère. Ils se déplacent afin de répandre leur doctrine et réconcilier les pécheurs à l'agonie par la cérémonie du ***consolamentum***, qui est en fait leur unique sacrement : il enlève les péchés, réalise l'union mystique avec l'Esprit Saint et donne l'équivalent de l'ordre (le droit de prêcher et de conférer à son tour le *consolamentum*). Ces parfaits revendiquent la véritable **filiation apostolique** contre une Église romaine jugée usurpatrice et corrompue (cf. L'affirmation de la papauté). Le succès de cette hérésie dans le midi de la France tient sans doute à l'action des parfaits répandant l'instruction et vivant d'aumônes, mais aussi à la

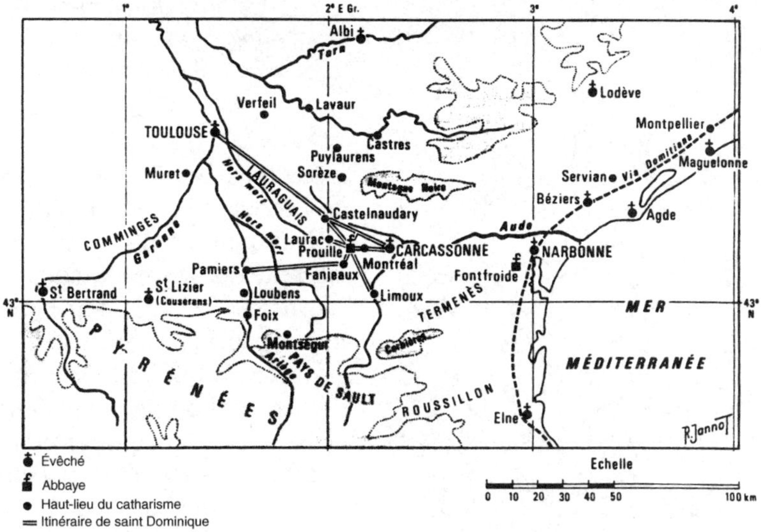

Les foyers cathares en Languedoc (XIIIe siècle).

tolérance des seigneurs (notamment du **comte de Toulouse**, Raymond VI). Les cathares organisent une véritable Église dans le **Lauragais**, autour de Fanjeaux, Montréal et Laurac.

Le pape Innocent III fait d'abord appel aux **cisterciens** pour rétablir par la prédication l'unité de foi dans ces régions. Les cisterciens et **les légats pontificaux**, accompagnés d'une riche suite, ne remportent aucun succès. En revanche, la prédication simple (par la parole et l'exemple) de **Dominique** à partir de 1206 obtient des résultats plus satisfaisants, mais qui n'empêchent pas l'organisation de **la croisade des albigeois (1209-1229).** Cette guerre, menée par les barons du Nord contre les seigneurs du Midi, se conclut par la défaite de ces derniers (massacre de Béziers en 1209 et victoire de Muret 1213). **Le Traité de Paris** fait passer les biens de Raymond VI dans la couronne de France. Dans ce contexte guerrier, **Dominique** poursuit son œuvre pacifique de persuasion. Il s'installe à **Prouille** (en Lauragais), puis à **Toulouse** en 1215, où le noyau des prédicateurs forme **l'ordre des Frères prêcheurs** (les dominicains), officialisé par le IVe concile de Latran. Ce concile met également au point la procédure de l'Inquisition afin de rechercher et poursuivre les hérétiques. En 1229, la procédure est précisée au **concile de Toulouse** : l'évêque prononce la sentence et le bras séculier l'exécute (confiscation des biens de l'hérétique, **pénitence**

Cathare au bûcher (croquis d'un greffier sur le procès-verbal de l'interrogatoire d'un hérétique)

en cas de conversion, **bûcher** pour les « endurcis »). Cette **inquisition épiscopale** est d'une si faible efficacité que le pape Grégoire IX la confie en 1231 aux dominicains puis y associe les franciscains. En 1244, **le bûcher de Montségur,** dernier bastion de la résistance cathare, met fin au mouvement voué à l'exil et à la dispersion, malgré l'ultime sursaut de l'Église des frères Authié en 1300 et 1310.

LES CROISADES

En Espagne, la ***Reconquista***, commencée depuis le VIIIe siècle, est assimilée à une croisade à partir du XIe siècle. Elle remporte une grande victoire, à **Tortosa**, en 1212. La croisade est lancée par la papauté pour venir à l'aide de l'Église, le plus souvent en **Terre sainte**, mais également en France contre les cathares, contre les pays Baltes, etc. (cf. L'affirmation de la papauté). Dès que le pape a lancé une croisade, ceux qui y répondent prennent la croix et prononcent **le vœu de croisade**, qui constitue un engagement ferme et définitif, auquel nul ne peut se dérober sous peine de parjure. En échange, le croisé reçoit **la protection de l'Église** : nul ne peut attenter à ses biens ou exiger le remboursement de ses dettes durant son absence sous peine d'encourir les foudres de l'Église (l'excommunication par exemple). De plus, **l'indulgence de croisade** assure au croisé le pardon de ses péchés et donc l'accès au paradis. Au moment de partir, le croisé reçoit la bénédiction du pèlerin. **Les troupes de croisés** sont accompagnées de légats pontificaux et **de prédicateurs** chargés de veiller au caractère pénitentiel de la croisade et de recevoir la confession des combattants.

La France participe activement aux croisades. La première est prêchée par le **pape Urbain II au concile de Clermont en 1095,**

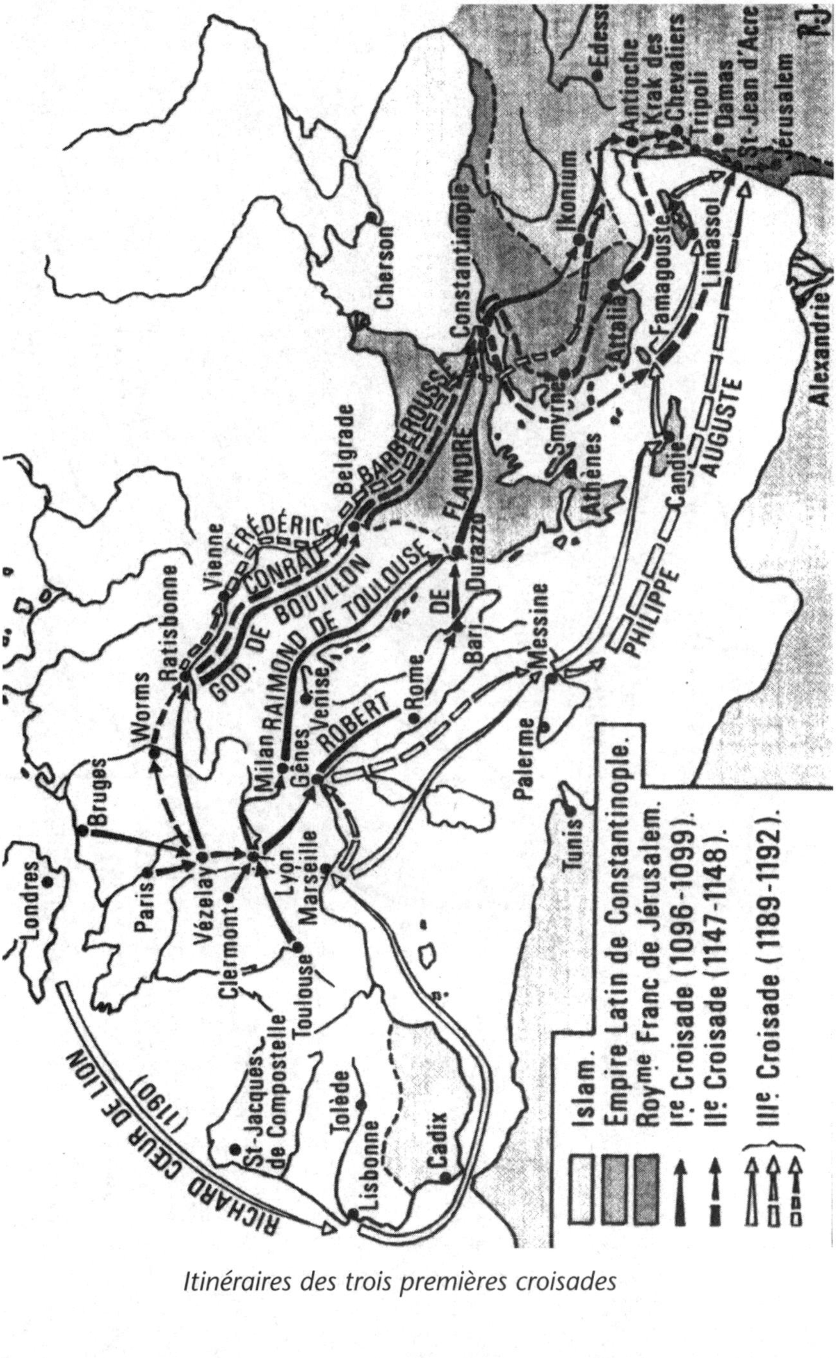

Itinéraires des trois premières croisades

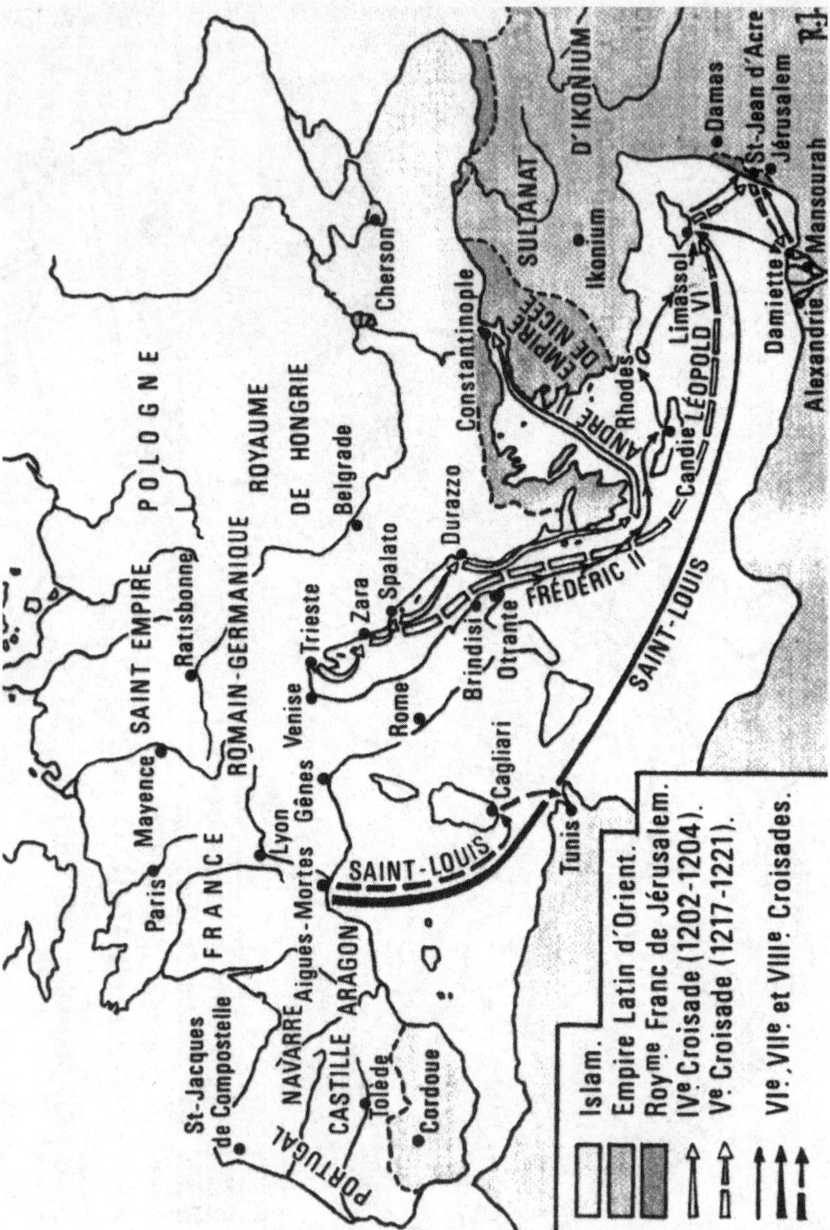

Itinéraires des cinq dernières croisades

mais aucun souverain n'y participe, car ils sont tous sous le coup d'une excommunication à cause de leurs pratiques matrimoniales dénoncées par l'Église. **Pierre l'Ermite** mène la croisade des gueux, qui se signale par des pogroms sur son chemin vers la Terre sainte. Les derniers survivants arrivés à **Constantinople** sont ensuite massacrés par les Turcs. Ce sont les simples chevaliers et les seigneurs qui forment donc le gros des troupes qui reprennent **Jérusalem**. Cette victoire se concrétise par la création des deux premières **principautés latines d'Orient** : le comté d'Édesse et la principauté d'Antioche en 1098. Le comté d'Édesse disparait en 1144, tandis que la principauté d'Antioche résiste jusqu'en 1268. En 1099 est fondé le royaume de Jérusalem par Godefroy de Bouillon, et en 1102, le comté de Tripoli par le comte de Toulouse ; ce dernier se maintient jusqu'en 1289. Après la prise de la ville sainte en 1244, le royaume de Jérusalem subsiste sous la forme du petit royaume d'Acre, ultime bastion chrétien, jusqu'en 1291 (cf. carte des États latins d'Orient, p. 30). Les barons français participent à la mise en place et au gouvernement des États latins d'Orient et y acclimatent le système féodal.

La 2e croisade est prêchée à Vézelay par saint Bernard. Les souverains y participent largement : Louis VII y côtoie l'empereur Conrad III. Lors de la 3e croisade (consécutive à la prise de Jérusalem en 1187), la papauté mobilise encore une fois les souverains : Philippe Auguste, Richard Cœur de Lion et Frédéric Barberousse s'embarquent pour ce périlleux pèlerinage armé, au cours duquel l'empereur germanique trouve la mort et Richard Cœur de Lion est fait prisonnier. La quatrième croisade est détournée de sa destination et se dirige vers Constantinople pour mettre sur le trône le père d'Alexis IV, Isaac. Mais, la situation devenant fort confuse, les croisés en viennent à piller la ville (12-13 avril 1204), puis fondent l'éphémère Empire latin d'Orient (1204-1261).

Les tensions à l'intérieur des États latins d'Orient et la pression des divers sultanats (notamment celui d'Égypte au XIIIe siècle) aboutissent à la chute définitive de Jérusalem en 1244. Saint Louis prend la tête de la septième et de la huitième croisade. Mais ces deux expéditions sont de sanglants échecs : défaite de Mansourah en 1250, puis mort du roi devant Tunis en 1270. La chute d'Acre en 1291 donne un coup d'arrêt aux croisades.

VIII
LA VIE INTELLECTUELLE

Durant le Haut Moyen Âge, la vie intellectuelle est restée confinée dans les monastères et dans les cours impériales et royales. Or le développement des villes apporte un souffle nouveau à cette vie intellectuelle dont les acteurs se diversifient. Ce ne sont plus seulement des moines savants, mais aussi des clercs curieux de tout, des Goliards, des troubadours itinérants, des étudiants suivant leurs maîtres (dans les écoles épiscopales puis dans les universités). Le latin demeure la langue des sciences, organisées dans le cursus des arts libéraux. Mais la littérature s'ouvre aux langues vernaculaires et en recueille un renouvellement et un enrichissement considérables. Elle atteint dès lors un nouveau public : la bourgeoisie urbaine, avide de s'approprier les goûts de l'aristocratie tout en les adaptant à l'idéologie urbaine.

DES ÉCOLES AUX UNIVERSITÉS

Le christianisme étant **religion du livre**, l'enseignement est recommandé, au moins pour ceux qui se destinent à la vie religieuse. **La règle de saint Benoît**, répandue dans tout l'Occident, prévoit l'utilisation de livres par tous les moines et moniales (cf. L'Église : une hiérarchie double, chap. VII). **Les premières écoles sont monastiques**, mais également **presbytérales et épiscopales**. On y apprend à lire à l'aide du psautier, des distiques attribués à Caton, tous deux traduits en langue vulgaire dès le XIIe siècle. Les fables d'Ésope et d'Avianus permettaient d'assimiler, en même temps que la technique de la lecture, **un enseignement moral** facile à comprendre. Pendant longtemps on a **appris à lire** sans apprendre à écrire. À partir du XIe siècle, l'acte écrit prenant de plus en plus d'importance, **la technique de l'écriture** est plus largement enseignée. L'essor du commerce rend également nécessaire **un apprentissage du calcul** qui se fait sur les doigts, et sur l'abaque, sorte d'échiquier dont les compartiments ont une valeur conventionnelle : unité, dizaine, centaine (cf. Les chiffres arabes, p. 97). Les enfants de **l'aristocratie** sont initiés à ces sciences à partir du XIe siècle, ceux de **la bourgeoisie** à partir des XIIe-XIIIe siècles. On ne connaît pas la proportion de filles admises à cet enseignement élémentaire. Vincent de Beauvais, célèbre encyclopédiste du XIIIe siècle, préconise que les femmes sachent lire et écrire. Dès le XIe siècle, **l'école cathédrale de Paris** a une réputation qui dépasse largement le cadre parisien. Après 1100, les écoles se multiplient dans la capitale du royaume : école d'Abélard (1079-1142), écoles des chanoines de Saint-Victor et de Sainte-Geneviève, essentiellement adonnées à l'étude de la théologie et à la dialectique. C'est le chancelier de Notre-Dame qui délivre les autorisations d'enseigner.

Mais cette tutelle devient insupportable aux maîtres et aux étudiants de ces écoles dynamiques et réputées. **La création de l'Université** permet de sortir de cette crise.

Les maîtres et les étudiants de Paris se groupent vers 1207-1208 en une communauté jurée, destinée d'abord à l'entraide de ses membres face à l'hostilité de la population et des autorités locales. Puis, grâce à **l'appui du pape**, manifesté dans les statuts et privilèges de 1215 élargis en 1231, **l'université acquiert de nombreuses exemptions fiscales et judiciaires et une large autonomie** dans l'organisation des disciplines et le choix des programmes. Un jury de maîtres décide de la remise de l'autorisation d'enseigner, toujours octroyée par le chancelier de Notre-Dame. Entre 1220 et 1260, les institutions universitaires se spécialisent : **les étudiants sont répartis par nations d'origine** ; le recteur issu de ces nations dirige **l'université divisée en quatre facultés** : faculté préparatoire des arts, facultés supérieures de théologie, de décret et de médecine dirigées par un doyen. Ce système est imité dans toute l'Europe septentrionale. Pour contrôler le contenu des enseignements, le pape impose d'intégrer à l'université **les *studia* des ordres mendiants** (dominicains et franciscains), malgré l'opposition de certains maîtres séculiers, comme Guillaume de Saint-Amour (1252-1256).

La faculté des arts enseigne surtout la dialectique et la philosophie, essentiellement fondées sur les textes d'Aristote. **Cette intégration de la philosophie aristotélicienne ne se fait pas sans mal** : son œuvre est redécouverte à partir de 1130 grâce à des traductions du grec en latin, qui se poursuivent et s'améliorent encore au XIIIe siècle (Michel Scot, Robert Grosseteste et Guillaume de Moerbeke). En 1210, **le synode**

de Paris censure ces textes et interdit de les enseigner sous peine d'excommunication, interdits partiellement levés par le légat pontifical Robert de Courçon en 1215, puis adoucis par Grégoire IX en 1231. Ces résistances n'empêchent pas l'université des arts d'adopter en 1255 la quasi-totalité des écrits d'Aristote comme livres à étudier avec les grands commentaires arabes (Averroès). Mais **le courant averroïste**, partisan d'une entière autonomie intellectuelle et institutionnelle de la faculté des arts, est condamné par l'évêque Étienne Tempier en 1277.

La faculté de théologie est la faculté majeure. Son enseignement reposait sur le livre des ***Sentences* de Pierre Lombard** († 1160) et la Bible. Les premiers maîtres issus de Notre-Dame privilégiaient la théologie morale, tandis que les générations suivantes, issues des ordres mendiants (après 1245), sont proches d'**une théologie rationnelle**, défendue par les dominicains, ou d'un augustinisme plus traditionnel, revendiqué par les franciscains. À la fin du XIIIe siècle, la faculté de théologie de Paris est pour le pape le *Studium generale* par excellence, ses titres sont reconnus dans toute la chrétienté et jouissent d'un prestige inégalé. Philippe le Bel n'hésitera pas à consulter ses maîtres sur différentes affaires religieuses et politiques d'importance (cf. Paris, capitale intellectuelle de la chrétienté, chap. II).

LE LATIN SAVANT

Le latin est pour les hommes du Moyen Âge d'abord **le langage sacré** : celui de la Bible, des Pères et de la messe, mais il est aussi le langage de la science (jusqu'au XVIIIe siècle) et celui de la création littéraire jusqu'en 1100. **Ce latin n'est pas une langue fossilisée.** S'il a conservé (en la simplifiant) la syntaxe et les figures de rhétorique classiques, **son lexique s'enrichit sans cesse pour s'adapter aux réalités de la période médiévale.** Les premiers auteurs chrétiens, ignorant souvent l'exigence de purisme linguistique de l'*urbanitas* de l'Empire, s'attachent à utiliser un latin facilement accessible à tous dans le but de convertir les masses. Que l'on pense au *sermo humilis* d'Augustin ou au *sermo rusticus* d'un Césaire d'Arles, qui offrent un langage précis et simple adapté à la pédagogie de masse. À l'époque carolingienne, **Charlemagne fit unifier et corriger le latin** dans l'Empire, mais il prit également acte de la coupure entre le latin savant et le latin des illettrés (*romana lingua rustica*), dans lequel il conseillait de prononcer les sermons (capitulaire de 813).

Après les troubles du Xe siècle (raids hongrois, sarrasins et normands), **la création littéraire en latin** s'épanouit aux XIIe et XIIIe siècles. À la faveur de la renaissance du XIIe siècle, **des œuvres grecques et arabes sont traduites en latin** (entre 1120 et 1180). Ces traductions s'attachent essentiellement à **la philosophie et aux sciences du *quadrivium* (arithmétique, géométrie, musique, astronomie)**, complétées par **l'astrologie** et **la médecine**. La péninsule Ibérique est le grand foyer de traductions, parfois commandées par des intellectuels français et anglais. Les ouvrages traduits circulent largement dans toute la chrétienté. Au cours de la renaissance du XIIe siècle, **l'imitation des modèles antiques** porte ses fruits et offre des œuvres de grande qualité comme l'*Alexandréide* de **Gautier de Châtillon** (vers 1176) ou le *Policraticus* de son ami **Jean de Salisbury.** Mais l'empreinte médiévale s'affirme dans **la verve romanesque d'un Gautier Map** (Fables de courtisans - *De nugis curialium*) et dans **l'exubérance lyrique et satirique des Goliards** (*Estuans intresecus, Dives eram*). Les excès de leurs critiques et de leur mode de vie jugé dissolu leur font encourir plusieurs condamnations. Le concile de Trèves de 1227 leur défend de chanter des chansons parodiant le *Sanctus* ou l'*Agnus Dei.* Le concile de Rouen en 1241 leur interdit de garder la tonsure, signe extérieur des clercs.

Au XIIIe siècle, le latin s'épanouit dans **les spéculations théologiques, les compilations juridiques** et **les traités scientifiques**. En théologie et en philosophie, **le latin scolastique** permet, par sa syntaxe rigoureuse et le jeu des suffixes et des préfixes, **la création de néologismes abstraits** et se prête aux raisonnements logiques. Ce latin scolastique sera ridiculisé par les Humanistes, qui prônent un retour à l'imitation fidèle des sources antiques (cf. La théologie, reine des sciences).

Durant tout le Moyen Âge est déclaré ***litteratus*** celui qui sait le latin, mais il faut reconnaître qu'il n'y eut pas un latin médiéval mais **des latins, variant au gré du niveau d'instruction du litteratus et selon les substrats linguistiques des différentes régions**. La richesse du latin réside sans doute dans **sa force d'intertextualité.** Selon J.-Y. Tilliette, chaque mot latin « entre en résonance avec un vers de Virgile, une maxime de Sénèque ou une prière d'Augustin », ce qui explique certainement sa vitalité durant le millénaire médiéval et sa prétention à l'universalité.

Cependant, force est de reconnaître que la fiction et le lyrisme sont largement pris en charge par la langue vulgaire ou vernaculaire.

L'ESSOR DES LANGUES VERNACULAIRES

Les langues vernaculaires s'épanouissent dans toute l'Europe avec des rythmes différenciés. **Les langues d'oc naissent dans le sud de la France dès le XIe siècle** avec les poèmes de Guillaume IX (1071-1126), le premier troubadour, chantre de l'amour courtois. **La langue d'oïl s'affirme au XIIe siècle** dans la première chanson de geste, dite *Chanson de Roland,* qui narre la bataille de Roncevaux. Cette littérature en langue vernaculaire a son public : les chevaliers désireux de marquer leur autonomie culturelle par rapport aux anciennes aristocraties et à l'écrasante présence ecclésiale (cf. Noblesse des villes, noblesse des champs, chap. V).

Les traductions du latin en langue vernaculaire se multiplient à partir du XIIe siècle, d'abord à l'initiative des moines, puis au XIIIe siècle à l'initiative des frères mendiants et, enfin, au XIVe siècle à l'initiative des princes et rois cultivés. Les traductions monastiques s'attachent essentiellement aux **textes liturgiques et théologiques** : les œuvres de Grégoire le Grand et saint Bernard sont traduites au XIIe siècle. **Les premiers romans sont des transpositions en langue vernaculaire d'un modèle latin** : *Thèbes* adapte la *Thébaïde* de Stace, *Brut* (1155) l'*Historia regum Britanniae* de Geoffroy de Monmouth (avant 1139). Dès la génération suivante, les romans en vers octosyllabes ne sont plus redevables d'un modèle latin (Chrétien de Troyes, Béroul et Thomas). Au siècle suivant, les traducteurs font connaître aux non-latinistes des sommes, **des encyclopédies et des miroirs**. Jean de Meun (le continuateur du *Roman de la Rose*) traduit non seulement l'œuvre d'un grand auteur de l'Antiquité finissante, Boèce († 524), *De la Consolation de philosophie*, qu'il dédie à Philippe le Bel († 1314), mais également des œuvres médiévales : la *Topographia hibernica* de Giraud le Cambrien et *De l'amitié spirituelle* d'Aelred de Rielvaux.

À partir du XIIe siècle, les langues vernaculaires, en l'occurrence le roman, **envahissent les domaines jusqu'alors réservés au latin : coutumes, testaments, chroniques, grammaire** ; seuls les arts libéraux majeurs (théologie et philosophie) échappent à cette intrusion des langues vernaculaires. Au XIIIe siècle, cette langue s'épanouit dans d'immenses romans en prose : *Roman de Graal* de Robert de Boron, le *Lancelot-Graal,* le *Tristan* en prose. Dante (1265-1321) théorise ce transfert culturel dans son *De vulgari eloquentia.*

L'ÉCRITURE ET LE LIVRE MANUSCRIT

L'écriture médiévale est **l'héritière de l'écriture latine antique** en usage dans tout l'Empire romain, notamment en ce qui concerne la distinction entre deux écritures : l'écriture capitale calligraphiée et l'écriture commune cursive et spontanée. Au cours du haut Moyen

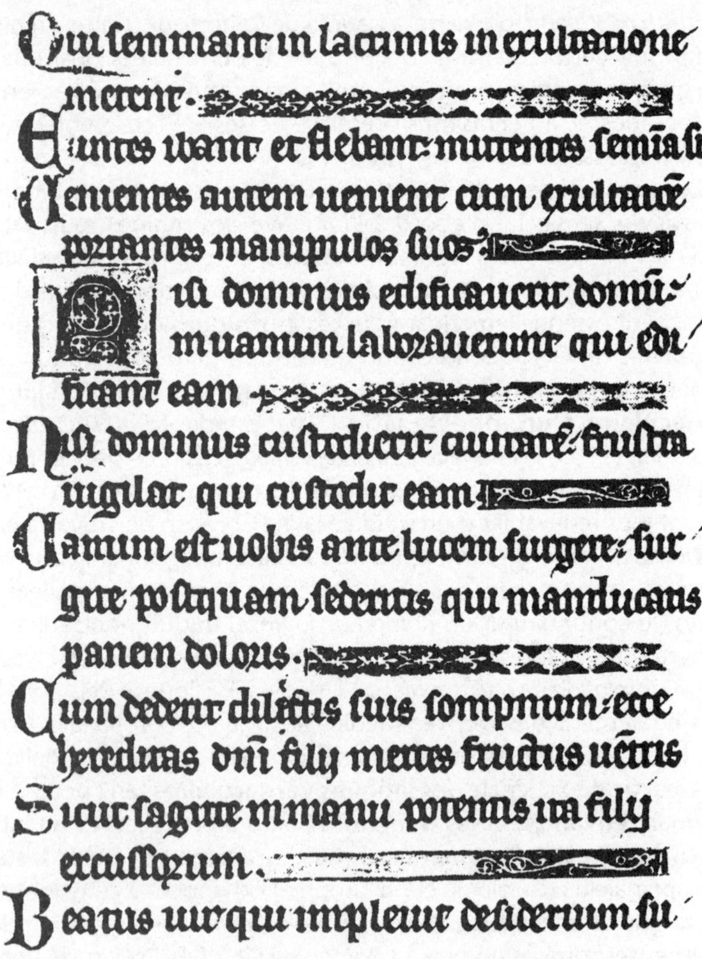
Qui seminant in lacrimis in exultatione
metent.
Euntes ibant et flebant mittentes semina sua.
Venientes autem venient cum exultatione
portantes manipulos suos.
Nisi dominus edificaverit domum
in vanum laboraverunt qui edi
ficant eam.
Nisi dominus custodierit civitatem frustra
vigilat qui custodit eam.
Vanum est vobis ante lucem surgere: sur
gite postquam sederitis qui manducatis
panem doloris.
Cum dederit dilectis suis sompnum: ecce
hereditas domini filii mercedes fructus ventris
Sicut sagitte in manu potentis ita filii
excussorum.
Beatus vir qui implevit desiderium su

Psautier de Saint Louis vers 1250-1270
(Paris, BnF, lat. 10525, fol. 228v)

Âge, **l'écriture capitale devient l'écriture onciale d'apparat réservée aux livres de luxe**. Elle se maintient jusqu'à la fin du Moyen Âge dans les initiales, les titres et les rubriques des manuscrits. **L'écriture commune devient progressivement minuscule**, elle se coule du VIe au IXe siècle dans **des traditions régionales diverses** : on distingue les écritures mérovingiennes, wisigothiques et anglo-saxonnes, mais également les écritures propres à quelques grands monastères (Luxeuil et Corbie notamment). **Charlemagne** impose, en même temps que l'unification liturgique et administrative de son empire, l'unification graphique grâce à un alphabet unifié, clair et lisible pour tous, car fondé sur **la minuscule caroline**. Cette écriture ne reste pourtant pas figée : elle continue d'évoluer pour aboutir, au XIIe siècle, à **l'écriture gothique,** marquée par les brisures des panses et des courbes des lettres, comme on peut l'observer dans le psautier de Saint Louis.

Cependant, l'essor des écoles puis des universités aux XIIe et XIIIe siècles provoque un **besoin accru de livres scolaires**, écrits rapidement et avec économie. **Des graphies simplifiées** font alors leur apparition, combinant **des tracés rapides et de nombreuses abréviations** : **l'écriture dite universitaire** est née. Elle s'oppose à **l'écriture dite bâtarde, calligraphiée avec un certain maniérisme**, conduisant à allonger les lettres F et S en forme de fuseaux et à boucler les hastes. Cette graphie soignée s'impose dans les textes romans et dans les ouvrages de luxe richement enluminés.

Les supports de l'écriture ont varié durant le Moyen Âge. **La pierre** a continué, comme dans l'Antiquité, de recevoir des inscriptions, mais de façon beaucoup plus rare et spécifique : pour les pierres tombales, les clefs de voûtes et les monuments civils et religieux. Le Moyen Âge a préféré les supports souples : le **papyrus,** inadapté à l'humidité du climat occidental, a été abandonné au cours du VIIe siècle : le dernier papyrus mérovingien date de 672. Le **parchemin** a pris massivement le relais, fabriqué à partir de **peaux** d'animaux jeunes : **le mouton** pour les manuscrits communs et **le veau** (vélin) pour les manuscrits de luxe. Le parchemin est apprécié pour sa robustesse. Les peaux calibrées sont pliées et reliées en forme de ***codex*** (manuscrit, cartulaire, registres). Parfois, les peaux sont cousues bout à bout pour constituer **des rouleaux** qui atteignent plusieurs dizaines de mètres de long. Le prix élevé des peaux a conduit à utiliser les moindres languettes et à réutiliser certains manuscrits après grattage et lavage. Ces manuscrits sont appelés des **palimpsestes,** le plus ancien texte gratté est parfois visible grâce à un traitement chimique ou optique. **Le papier fait son apparition à la fin du Moyen Âge : les premiers moulins à papier** sont signalés en

L'abbé Richer écrit sous la dictée de Sulpice Sévère (B.M. ; Épinal 73, f° 1 ; XIIe siècle)

Languedoc au XIIIe siècle, utilisant les bourres de coton et les sciures de chêne et de hêtre. Devenu plus solide, le papier remplacera les parchemins au XVe siècle.

La pratique de l'écriture est restée longtemps **un monopole monastique** : chaque grand monastère est doté d'un atelier de copie appelé ***scriptorium***, en général lié à une bibliothèque (cf. L'Église : une hiérarchie double, chap. VII).

Ce travail est lent et fastidieux : copier la Bible prend une année entière. Pour se divertir, les copistes n'hésitent pas à ajouter quelques croquis amusants **dans les marges**, qui sont également ornées de mains avec un doigt pointé vers les parties du texte jugées les plus importantes. La croissance **des chancelleries épiscopales, princières et royales** a mis en avant de nouveaux copistes, encore souvent clercs, mais attachés à la rédaction d'actes profanes (chartes, donations, ordonnances, etc.). À partir du XIIIe siècle, **le notariat prend une grande importance,** d'abord dans le midi de la France, puis **dans tout le royaume, qui a ainsi basculé d'une civilisation orale à une culture de l'écrit**. Ces notaires ont eu recours à une écriture rapide, cursive, pleine d'abréviations pour rédiger les testaments, les inventaires après décès et les contrats commerciaux. Les marchands au long cours pratiquent l'écriture pour tenir à jour leurs comptabilités auxquelles ils n'hésitent pas à ajouter des mémoires familiaux dans leurs « livres de raison ».

LA THÉOLOGIE, REINE DES SCIENCES

La théologie médiévale est dans un premier temps dominée par **l'héritage de saint Augustin** (354-430), puis, à partir du XIIIe siècle, par l'affrontement des augustiniens et des tenants d'une synthèse entre foi et **aristotélisme**. Au XIe siècle s'ouvre une nouvelle phase dans la réflexion théologique pour tenter d'appliquer à la doctrine chrétienne les découvertes de la grammaire et de la dialectique. **Béranger de Tours** (v. 1000-1088) établit une distinction entre la réalité du sacrement de l'Eucharistie (le corps et le sang du Christ) et sa forme physique, le pain et le vin. Il prétend démontrer que le corps et le sang du Christ ne sont présents qu'en signe et non pas effectivement. En 1059, il est obligé de se rétracter. **Lanfranc du Bec** (1005-1089) lui oppose le fait que le Christ est physiquement présent dans le pain et le vin consacrés. **Saint Anselme** (1033-1109), successeur de Lanfranc, s'efforce de mettre en **harmonie** les définitions traditionnelles de **la foi avec les principes rationnels**, concernant la nature de Dieu, de la Trinité, la nature de la vérité, du libre-arbitre, de la chute du démon et de l'Incarnation du Christ nécessaire à la rédemption. Anselme s'appuie sur les arguments tirés de la seule raison et non pas sur les autorités traditionnelles : la Bible et les Pères de l'Église.

Pierre Abélard, maître parisien réputé, introduit le terme peu usité de théologie au sens de discussion sur toutes les questions relatives à la doctrine sacrée, le dissociant par là même de la notion de connaissance expérimentale de Dieu. Il présente sa ***Theologia*** comme une introduction à l'étude des Écritures. Dans le ***Sic et non,*** il expose les points de vue opposés des Pères sur un ensemble de questions, encourageant ses étudiants à dépasser ces apparentes contradictions par le recours à la raison. Abélard est en butte aux critiques : on lui reproche de réduire l'omnipotence divine et d'exalter exagérément la puissance de la raison humaine.

Le défi qui consiste à harmoniser foi et raison est à l'origine des réflexions fécondes du XIIe siècle, développées par **Hugues de Saint-Victor** († 1141) et **Pierre Lombard** († 1160), dont le *Livre des sentences* devient le fondement de l'enseignement de la théologie jusqu'au XVe siècle. **Gilbert de la Porrée** († 1154) fonde ses réflexions sur l'analyse des termes utilisés pour désigner Dieu. **Bernard de Clairvaux** († 1153) lui reproche de trop s'attacher, comme Abélard, aux questions linguistiques, aux dépens des problèmes psychologiques concernant la façon dont l'âme accède à la connaissance de Dieu.

Au XIIIe siècle, **la découverte des écrits d'Aristote et de ses commentateurs arabes** — Avicenne, Averroès et Moïse Maimonide — **bouleverse le paysage intellectuel** (cf. Des écoles aux universités). Le franciscain **Alexandre de Halès** († 1245) et le dominicain **Albert le Grand** († 1280) sont les premiers à se réclamer ouvertement de cet héritage philosophique. C'est **Thomas d'Aquin qui réalise la synthèse la plus complète entre l'aristotélisme et la foi chrétienne.** Mais la diversité des opinions suscitées par la diffusion de l'aristotélisme et **les rivalités entre Mendiants et Séculiers** dans l'université parisienne poussent l'évêque de Paris, Étienne Tempier, à condamner treize propositions de philosophie et de théologie en 1270 et deux cent dix-neuf en 1277, qu'il croit propagées par certains maîtres de la faculté des arts. Après ces condamnations, les débats philosophiques et théologiques tendent à rester cantonnés au sein de l'université. Au début du XIVe siècle, **ils portent sur le statut de la théologie** : est-elle une science, comme le soutenait Thomas d'Aquin, ou une discipline qui traite des vérités de la foi, comme l'avançait Pierre d'Auriole († 1322) ? Puis **Guillaume d'Ockham** introduit des idées nouvelles sur la logique et la nature du langage, qui suscitent des interrogations sur la capacité humaine à concevoir Dieu et son pouvoir absolu. **Le nominalisme** de Guillaume d'Ockham est condamné comme hérétique par le pape Jean XXII. En 1326, ce franciscain anglais se réfugie à la cour de l'empereur Louis V de Bavière.

Jusqu'au XIe siècle, l'enseignement de la philosophie repose sur la lecture d'un texte faisant autorité, essentiellement **la Bible et ses commentaires**. Puis se répand l'usage de développer plus particulièrement les points difficiles sous forme de **questions**. Vers la fin du XIIe siècle, ces questions se détachent peu à peu de la lecture, pour devenir un procédé d'enseignement sous l'influence de maîtres tels que **Pierre le Chantre, Simon de Tournai et Étienne Langton.** **La question disputée** devient l'une des tâches principales des maîtres en théologie. Elle comporte l'exposé du problème par le maître, les arguments pour ou contre présentés par les bacheliers, la détermination du maître et la solution par celui-ci des arguments contraires. Ce plan domine la rédaction **des grandes sommes théologiques** du XIIIe siècle. Dans la **dispute *De quodlibet*,** la discussion ne porte plus sur un point de doctrine précis, car le maître répond alors aux questions les plus diverses que lui posent ses auditeurs. Ce genre, qui se développe à **Paris** au début du XIIIe siècle, est particulièrement illustré par Thomas d'Aquin, Gérard d'Abbeville et Gilles de Rome (cf. Paris, capitale intellectuelle de la chrétienté, chap. II).

LES ARTS LIBÉRAUX

Les pédagogues antiques opposaient les **arts libéraux** (de l'homme libre) aux **arts mécaniques** de l'esclave. Les premiers sont des disciplines préparatoires à l'étude de la philosophie, porte d'accès à la sagesse suprême. La liste canonique des arts libéraux est donnée par **Martianus Capella** dans ses *Noces de Mercure et de Philologie* vers 420. Il distingue les arts du trivium ou **arts de la parole** (grammaire, rhétorique, logique ou dialectique) des arts du quadrivium ou **arts du nombre** (arithmétique, musique, astronomie et géométrie). A la même époque, **Augustin,** dans son *De doctrina christiana,* dresse le programme de l'éducation chrétienne, fondée sur les arts libéraux expurgés et conçus comme voie d'accès à l'Écriture sainte.

Du VIe au XIe siècle, ce cadre de pensée est respecté et repose sur **le savoir antique** transmis par des traductions et par les traités de **Boèce** (v. 480-524). L'apport de nouvelles traductions au XIIe siècle, fondées sur les textes grecs ou des intermédiaires arabes, renouvelle certaines branches du trivium. La logique est bouleversée par la découverte de l'*Organon* complet d'**Aristote**, et le quadrivium par les écrits de **Ptolémée**. On voit alors se multiplier les écoles dédiées à cet enseignement. À Paris, **Pierre Abélard** et ses successeurs privilégient **la dialectique**, discipline désormais indispensable pour accéder aux sciences supérieures : médecine, droit et théologie. Mais grammairiens et rhéteurs gardent longtemps leur importance. Lorsque l'Université prend forme vers 1200, on désigne par facultés des arts la réunion des écoles où s'enseignent ces disciplines (cf. Des écoles aux universités). Mais, sous couvert de cette appellation, les maîtres des facultés d'art entendent désormais enseigner les « **trois philosophies** », c'est-à-dire : la philosophie rationnelle (**la dialectique**), **la philosophie morale** et **la philosophie naturelle**. La philosophie tente d'échapper à la tutelle de la théologie, mais est remise à sa place par **les condamnations d'Étienne Tempier** (1270 et 1277). La classification des arts libéraux est quelque peu bousculée par la nouvelle conception des sciences inspirée des auteurs arabes, par la condescendance à l'égard des arts du trivium et par la nouvelle définition de la vérité scientifique développée de Roger Bacon à Guillaume d'Ockham.

LES MYSTÈRES DE L'ALCHIMIE

L'alchimie, science médiévale par excellence, **n'arrive en Occident qu'au XIIe siècle, par les traductions de textes arabes en latin**, notamment le *Morienus* traduit par Robert de Chester en 1144, le *Liber secretorum*, le *De congelatione et conglutitione lapidum* **d'Avicenne**. Le fondement théorique de cette science fait du soufre et du mercure les constituants des métaux. **Vincent de Beauvais**, dominicain et encyclopédiste du XIIIe siècle, place cette nouvelle science parmi celles qui relèvent de **la philosophie naturelle**, alors que **Roger Bacon** († 1292/1294) la considère comme **une science expérimentale** capable de lutter contre la magie frauduleuse de l'Antéchrist. **Albert le Grand** († 1280), dans son *De mineralibus* (*Des minerais*), reconnaît que les alchimistes sont incapables de transmuter les métaux : ils aboutissent seulement à des modifications des propriétés accidentelles. Pour Roger Bacon, le but de l'alchimie n'est pas de **transmuter les métaux en or**, mais de fabriquer **un élixir qui prolonge la vie.**

Au cours du XIIIe siècle, l'alchimie occidentale prend de la distance par rapport à ses modèles antérieurs. Le Franciscain **Paul de Tarente** (Pseudo-Geber) rédige entre 1260 et le début du XIVe siècle la *Summa perfectionis* dans laquelle il affirme **la théorie du mercure** seul constitutant des métaux. L'Italien **Petrus Bonus,** dans sa *Pretiosa Margarita Novella* (1330), ajoute que la transmutation des métaux n'est possible que si l'alchimiste bénéficie d'**une illumination divine**, d'où la nécessité de réserver aux seuls initiés les secrets de cette science.

L'alchimie est l'objet **de violentes critiques**. Dans les années 1270-1280, les autorités des ordres mendiants interdisent à leurs membres de s'y adonner. **Le pape Jean XXII,** par la décrétale *Spondent* *quas non exhibent* de 1317, met en garde contre toutes les falsifications possibles grâce à l'art alchimique. Elle a un effet assez limité, comme le prouve **le dynamisme des recherches** dans ce domaine après 1317. De nouveaux ouvrages paraissent sous l'autorité apocryphe de Raymond Lulle, d'Albert le Grand, de Roger Bacon ou de Thomas d'Aquin. Un franciscain, **Jean de Roquetaillade**, publie en 1351-1352 un livre sur les cinq éléments (*Liber de consideratione quintae essentiae*), dans lequel il montre comment donner aux Frères (voués à la pauvreté volontaire) non pas de l'or, mais une substance capable de protéger leurs corps de la corruption, à défaut de les rendre immortels, ce que Dieu n'a pas souhaité (cf. Santé et médecine, chap. XI).

DE LA CHANSON DE GESTE AU ROMAN ARTHURIEN

La chanson de geste est destinée à être **chantée devant une assemblée** invitée à applaudir les exploits des héros et des rois en lutte contre leurs ennemis et contre les Sarrasins. **Les chants en l'honneur des anciens rois sont connus dès l'époque de Charlemagne,** qui voulut les faire transcrire pour éviter qu'ils sombrent dans l'oubli. Les premiers témoins conservés datent de 1030 environ. Les chansons de geste qui nous sont parvenues constituent une sorte de mise en scène de **l'idéal féodal** : nécessaire loyauté au seigneur et défense de l'Église (cf. La féodalité, chap. V). Le premier texte conservé est ***La Chanson de Roland,*** datée des quarante dernières années du XIe siècle. Le style élaboré fait alterner les strophes versifiées d'inégale longueur (**laisses**) et les **passages narratifs,** tandis que des refrains retiennent l'attention des auditeurs. *La Chanson de Roland* rapporte (en déformant allègrement un événement historique) le massacre de l'arrière-garde de Charlemagne, commandée par Roland, à **Roncevaux**. Ganelon, le traître, a livré Roland et ses compagnons aux Sarrasins. Averti par l'appel du cor de Roland, Charlemagne revient pour pleurer son neveu (les anges viennent emporter son âme) et le venger dans **un affrontement titanesque avec les Sarrasins**. La belle Aude meurt de chagrin en apprenant la mort de son fiancé. Ganelon est découvert et cruellement puni. **Ce chant est exécuté par un jongleur accompagné d'une sobre musique** (cf. La musique, chap. IX).

Extrait de la *Chanson de Roland*

LXXXIII - *Olivier dit : « Les païens sont en force ; et nos Français, ce me semble, sont bien peu ! Compagnon Roland, sonnez de votre cor ; Charles l'entendra et l'armée reviendra. » Roland répond : « J'agirais comme un fou ! En douce France j'en perdrais mon renom. Je vais frapper, de Durandal, de grands coups ; sanglante en sera la lame jusqu'à l'or du pommeau. Pour leur malheur les félons païens sont venus à ces ports : je vous le jure, tous seront frappés de mort. »*

[...]

LXXXVIII - *Quand Roland voit qu'il y aura bataille, il se fait plus fier que lion ou léopard. Il s'adresse aux Français, il appelle Olivier : « Sire, compagnon, ami, n'en parlez plus ! L'empereur, qui nous laissa les Français, a mis à part ces vingt mille hommes, sachant qu'il n'y a pas un couard. Pour son seigneur on doit souffrir de grands maux et endurer le grand froid, le grand chaud ; on doit perdre du sang et de la chair. Frappe de ta lance et moi de Durandal, ma bonne épée que le roi me donna. Si je meurs, il pourra dire, celui qui l'aura, qu'elle est à un noble vassal. »*

[...]

CXXXIII – *Roland a mis l'olifant à sa bouche ; il l'enfonce bien, sonne avec grande force. Hauts sont les monts et la voix porte loin : à trente grandes lieues on l'entendit se répercuter. Charles l'entend, et tous ses compagnons. Le roi dit : « Nos hommes livrent bataille ! » Ganelon lui répliqua : « Si un autre l'eût dit, cela paraîtrait grand mensonge ! »*

[...]

CLXXVI – *Le comte Roland se couche sous un pin : vers l'Espagne il a tourné son visage. De bien des choses lui vient le souvenir : de tant de terres qu'il a conquises, le baron, de douce France, des hommes de son lignage, de Charlemagne, son seigneur, qui l'a nourri ; il ne peut s'empêcher d'en pleurer et d'en soupirer. Mais il ne veut pas s'oublier lui-même ; il bat sa coulpe et demande à Dieu merci [pardon] (...) Il a offert à Dieu son gant droit. Saint Gabriel l'a pris de sa main. Dieu lui envoie son ange chérubin et saint Michel du Péril ; avec eux y vint saint Gabriel. Ils portent l'âme du comte en paradis. »*

Cette production épique se développe aux XIIe et XIIIe siècles, nous laissant une centaine de poèmes. Certains s'inspirent de **l'idéal de croisade** (*Chanson de Guillaume*), de **révoltes de vassaux ou de lignages rivaux** (*Raoul de Cambrai, Les Lorrains*), de chansons d'aventures (*Huon de Bordeaux*) ou de l'histoire d'un lignage précis (Charlemagne, Guillaume d'Orange). Le souvenir de la bataille de Roncevaux, évoqué dans *La Chanson de Roland*, réapparaît dans des chansons ultérieures.

Le roman, lui, est un écrit mais destiné à **la lecture à voix haute**, susceptible d'inclure le mime et une interprétation dramatisée par **un troubadour**. En faisant de **l'amour de la dame** le mobile et la récompense du héros romanesque, les écrivains des XIIe et XIIIe siècles ont défini, au profit de la chevalerie, **un idéal suffisamment fort pour concurrencer l'amour de Dieu prôné par l'Église**. Les premiers romans sont **en vers octosyllabes** (*Thèbes*, *Brut*), puis adoptent au XIIIe siècle **la prose**, qui permet des développements beaucoup plus longs. *Le Roman de Merlin* de Robert de Boron (actif vers 1190-1210) christianise définitivement **le Graal** et fait connaître la figure du roi légendaire **Arthur**. S'inspirant d'écrits apocryphes, **Robert de Boron évoque le passage du Graal de Jérusalem en Angleterre**. Joseph d'Arimathie, emprisonné par les Juifs, se voit confier par Jésus lui-même la garde du *Veissel*, dans lequel il institua **l'Eucharistie** et qui servit ensuite à **recueillir son sang lors de la descente de croix**. Vespasien, l'empereur converti, libère Joseph, qui fonde, par l'intermédiaire de son beau-frère Bron, **la lignée des gardiens du Graal**. Sur l'ordre du Christ, Bron et ses descendants se rendent dans les vaux d'Avallon en Occident, pour y garder, en Rois-Pêcheurs, le Graal.

Cette littérature romanesque nous amène à **l'énigmatique roi Arthur**. Il a été présenté par **Geoffroy de Monmouth** dans son *Historia regum Britanniae*. Robert de Boron compose en langue vernaculaire sa vie légendaire. Confié à un tuteur, le jeune Arthur remporte à quatre reprises l'épreuve (**arracher l'épée fichée dans une enclume**) qui le désigne comme futur roi. Sacré à la Pentecôte, il affronte la rébellion des rois qui lui doivent obéissance. Après les avoir soumis, il engage **la lutte contre les Saxons**. Il épouse **la reine Guenièvre** avant de se lancer dans **la guerre contre les Romains**. Après la conquête de l'Angleterre par Guillaume le Conquérant, ces traditions sont remises à l'honneur dans le but de rallier au nouveau pouvoir les populations celtiques. La croyance en **la survie d'Arthur** et en son retour triomphal est diffusée par des jongleurs dans les cours seigneuriales. **Chrétien de Troyes place plusieurs de ses romans dans le cadre de la cour du roi Arthur, mais en se focalisant sur la figure d'un chevalier** : Lancelot dans *Le Chevalier à la charrette*, Perceval dans *Le Conte du Graal* ou Yvain dans *Le Chevalier au lion*. Le grand roman en prose du ***Lancelot-Graal*** s'est attaché, lui, à donner du roi Arthur une image complexe, puissante et fragile, grandiose et tragique. Chrétien de Troyes ne revendique plus la vérité des faits racontés, mais celle du sens.

Enfin, il n'est guère possible de clore cet aperçu du roman médiéval sans évoquer la figure de **Tristan**. Béroul et Thomas en ont fait l'objet d'un roman en vers qui sombra rapidement dans l'oubli. C'est le ***Tristan en prose***, réécriture du mythe de Tristan à la lumière du *Lancelot* en prose, qui connut le succès le plus durable. La première rédaction se situe vers 1230-1235, mais trois autres versions se succèdent jusqu'au XIVe siècle. Merlin intervient dans la naissance de Tristan, qui, en tant qu'**élu du Graal**, appartient au lignage de Bron. **Le couple Tristan/Iseut est modelé sur le couple Lancelot/Guenièvre.** Tristan devient **un chevalier de la Table ronde** et prend part à la quête du Graal. L'histoire fascinante des deux amants, incompatible avec **l'idéal courtois**, hante la poésie lyrique et le roman.

Extrait du *Tristan* en prose
(La mort d'Iseut sur le corps sans vie de Tristan) :

« Ami, ami ! de votre mort, jamais rien ne me consolera, ni joie, ni liesse, ni plaisir. Maudit soit cet orage qui m'a tant retenue en mer, ami, que je n'ai pu venir ici ! Si j'étais arrivée à temps, ami, je vous aurais rendu la vie ; je vous aurais parlé doucement de l'amour qui est entre nous ; j'aurais pleuré notre aventure, notre joie, notre bonheur, la peine et la grande douleur qui ont été en notre amour : j'aurais rappelé tout cela, je vous aurais embrassé, enlacé. Si je n'ai pu vous guérir, ensemble puissions-nous mourir ! Puisque je n'ai pu venir à temps, que je n'ai pu savoir votre aventure et que je suis venue pour votre mort, le même breuvage me consolera. Pour moi, vous avez perdu la vie, et j'agirai en vraie amie : pour vous je veux mourir également ». Elle l'embrasse ; elle s'étend, lui baise la bouche et la face ; elle l'embrasse étroitement, corps contre corps, bouche contre bouche. Aussitôt elle rend l'âme et meurt ainsi, tout contre lui, pour la douleur de son ami.

Dès ses débuts, le roman « **qui conte d'armes et d'amour** » offre une forme assez plastique pour accueillir des matériaux narratifs extrêmement variés : **récits hagiographiques** (*Éracle*), **contes populaires** (le conte de la fille sans main dans *La Manekine* et dans *Le Comte d'Anjou*), **la matière de Bretagne** (autour de la figure du roi Arthur). Cette forme romanesque adopte **un point de vue résolument profane**, même si des motifs religieux (la quête du Graal) apparaissent dans nombre d'entre eux. **Le succès des chansons de geste et des romans français est attesté par leurs traductions et adaptations** en allemand dès la fin du XIIe siècle et en prose norroise dans les années 1220 (sur l'ordre de Haakon, roi de Norvège).

Les formes narratives brèves (fabliau, conte pieux, anecdote exemplaire), apparues au XIIe siècle, tournent le dos à ce passé mythique pour **narrer le présent**, qui devient également l'objet de la nouvelle en prose et du *Roman de Renart*.

Extrait du *Roman de Renart*, Renard et les anguilles

Voici venir à grande allure des marchands qui transportaient du poisson et qui venaient de la mer. Ils ont des harengs frais en quantité, car la bise favorable a soufflé toute la semaine. Ils ont aussi d'autres bons poissons, à profusion, grands et petits, dont leurs paniers sont bien remplis. Leur charrette est chargée de lamproies et d'anguilles qu'ils ont achetées dans les villages. Renard, l'universel trompeur, est à une portée d'arc. Quand il voit la charrette chargée d'anguilles et de lamproies, il s'enfuit au-devant, sur la route, pour les tromper sans qu'ils s'en doutent. Alors il se couche au milieu du chemin.

Écoutez maintenant comme il les trompe ! Il se vautre sur le gazon et fait le mort.

[...]

Ils [les marchands] trouvent le goupil étendu sur le dos, le tournent et le retournent, sans crainte d'être mordus : ils lui pincent le dos, puis la gorge. L'un dit : « Il vaut trois sols » et l'autre : « Dieu me garde, il en vaut bien quatre, et c'est pour rien ! Nous ne sommes pas trop chargés : jetons-le dans notre charrette. Vois comme sa gorge est blanche et nette ! »

Renard caché dans la charrette se saisit de toutes les anguilles avant de fausser compagnie aux marchands.

Maintenant, il peut s'en aller. Mais il faut trouver une ruse pour sauter à terre : il n'y a ni planche ni échelle. Il s'agenouille pour voir comment sauter sans dommage. Puis, il s'est un peu avancé, et, des pieds de devant, se lance hors de la charrette au milieu du chemin. Autour de son cou, il porte sa proie. Puis, quand il a fait son saut, il crie aux marchands : « Dieu vous garde ! Toutes ces anguilles sont à moi ; ... et le reste est pour vous ! »

VIVACITÉ DE LA POÉSIE

La poésie médiévale s'exprima d'abord **en latin**. Confinée à **des vies de saints**, à quelques vers dans **les sermons** et à **des drames liturgiques**, cette poésie s'affirma à partir de 1050. **Les hymnes religieux** de Réginald, **les poèmes profanes** d'Abélard « chantés dans toutes les maisons et dans toutes les rues », **les chansons**

d'amour de Baudri de Bourgueil, illustrent l'essor de cette poésie latine. Elle s'épanouit au XIIe siècle, dans **les élégies d'Hildebert de Lavardin, dans l'épopée de Gautier de Châtillon** (*Alexandréide*), **dans les allégories d'Alain de Lille et la composition de Jean de Hanville** (*Architrenius*).

Les premiers monuments de la poésie **en langue romane** relèvent de **la chanson épique**, et notamment de *La Chanson de Roland* en vers décasyllabiques assonancés. Cette poésie, volontiers répétitive, ne laisse aucune part à la psychologie des personnages ni au réalisme des événements. À partir du XIIe siècle, elle se laisse contaminer par **le romanesque et le fantastique**, et se tourne vers des compositions écrites. **A la fin du Moyen Âge, ces chansons épiques sont transposées en prose.**

La poésie lyrique des troubadours qui apparaît au XIIe siècle et celle des trouvères à partir de 1150 appartiennent à la tradition écrite, même si leur représentation est orale, accompagnée de musique. Le genre dominant est celui de **la « chanson » qui exprime la relation amoureuse entre l'amant-poète et la dame souveraine. Bernart de Ventadour** (actif vers 1147-1170) prévient : « Chanter ne peut guère valoir si le chant ne part point du cœur », ce qu'il fait admirablement dans ses *canso* consacrés à l'amour sur un ton mélancolique et nostalgique.

Mais la poésie courtoise abstraite, raffinée et conventionnelle est peu soucieuse d'originalité. D'autres genres fleurissent : **le « tenson » et le « jeu-parti »**, dialogues sur une question amoureuse, littéraire ou politique ; **le « planh »**, chanson de lamentation sur la mort du prince ; **le « sirventès »**, poème satirique ou polémique sur un sujet d'actualité, et **l'*alba*** (aube en français), chant de séparation des amants après une rencontre secrète et nocturne. De véritables **confréries de poètes** s'organisent dans plusieurs villes du nord de la France. **Une nouvelle génération de poètes propose des formes inédites** empruntées aux jongleurs et à la culture

Ménestrel jouant de la vièle accompagné d'un singe jouant de la cornemuse (Londres, B.L., Add. 24686 ; vers 1284)

folklorique : Jean Bodel († 1210), Colin Muset (2e tiers du XIIIe siècle) et Rutebeuf († v. 1285) illustrent **ce courant qui se démarque de la lyrique courtoise par son ton satirique, moral ou religieux et par la mise en scène de l'auteur.**

Extrait du *Mariage Rutebeuf*

Je ne suis pas travailleur manuel ;
L'on ne saura jamais où je demeure
A cause de ma pauvreté.
Jamais n'y sera ma porte ouverte,
Car ma maison est trop vide
Et pauvre et abîmée.
Souvent il n'y a ni pain ni pâte.
Ne me blâmez pas si je ne suis pas pressé
De retourner [chez moi],
Car on ne m'y fera point bon visage :
L'on ne se réjouit pas de mon retour
Si je n'apporte rien ;
C'est ce qui m'afflige le plus,
Que je n'ose rentrer chez moi
La main vide.
Savez-vous comment je m'arrange ?
L'espérance du lendemain,
Voilà mes réjouissances.

À la même époque apparaît **une poésie anonyme, archaïque et populaire**, chantée, multiforme et de très large diffusion. Ses thèmes sont convenus : **les « chansons de femmes »** expriment sous diverses formes les déceptions du mariage et les affres de l'amour ; **la « pastourelle »** est une chanson dialoguée dans laquelle un chevalier tente de séduire une bergère ; **la « reverdie »**, le chant joyeux d'une rencontre amoureuse au printemps. D'autres poèmes accompagnent **des danses** : le rondet pour la carole, la balette, le virelai et l'estampie. Enfin, **une poésie burlesque, parodique, voire obscène** se fait entendre, allant parfois jusqu'à l'absurde (« resveries, fatrasies »).

Extrait d'une *Pastourelle* de Jean de Brienne († 1237)

I – *Sous l'ombre d'un bois trouvai pastoure à mon goût ; contre l'hiver est bien protégée la fillette aux blonds cheveux. La voyant sans compagnie, je laisse mon chemin et vais vers elle. Aé !*

II – *La fille n'a compagnon, hormis son chien et son bâton. A cause du froid, serrée dans sa cape, elle est blottie contre un buisson. Aux accents de sa flûte elle évoque Garinet et Robichon. Aé !*

III – *Quand je la vis, aussitôt je me dirige vers elle, mettant pied à terre, et lui dis : « Pastourelle, mon amie, de bon cœur je me rends à vous : faisons tonnelle de feuillage, gentiment nous nous aimerons. » Aé !*

Des arts poétiques donnent aux écrivains les techniques stylistiques du genre. **En latin**, le poète en mal d'inspiration dispose de l'*Ars versificatoria* de Matthieu de Vendôme (1175), de la *Poetria nova* de Geoffroi de Vinsauf (1210) et de la *Parisiana poetria* de Jean de Garlande (1235). **En langue vulgaire,** il peut recourir aux *Razos del trobar* (vers 1200), au *Trésor* de Brunetto Latini (v. 1260-1264) et aux *Leys d'amors* (1355).

QUELQUES AUTEURS

(ordre chronologique de naissance)

Raoul Glaber (v. 990-1047)

D'origine bourguignonne, Raoul Glaber (le chauve) entre tout jeune au monastère de Saint-Germain d'Auxerre. Son caractère instable et ses talents littéraires le conduisent à passer d'une abbaye à l'autre. Il s'attache à Guillaume de Volpiano, proche de l'idéal clunisien, dont il écrit la vie. À Cluny, dirigé par l'abbé Maïeul, il commence la rédaction d'une *Histoire universelle*, qu'il achève peu avant sa mort à Saint-Germain d'Auxerre vers 1047. Longtemps méprisé par les historiens, cet ouvrage est une source précieuse sur la société autour de l'an mil (de 900 à 1044) et sur les conceptions de l'ordre du monde chez un moine de cette période.

Sigebert de Gembloux (v. 1030-1112)

Enseignant à Metz puis à Gembloux, Sigebert est surtout connu pour sa chronique universelle (*Chronographia sive Chronica*) qui retrace l'histoire du monde de 381 à 1111, en accordant une grande attention à la chronologie. Son succès est attesté par les continuations et le grand nombre de mentions dans d'autres ouvrages. Sigebert s'est également essayé à la biographie littéraire et historique et à l'histoire du monastère de Gembloux. Dans la querelle des Investitures (1075-1122), il prend parti pour l'empereur par ses pamphlets. Il ne nous reste que des fragments de son commentaire sur l'*Ecclésiaste.*

Hildebert de Lavardin ou du Mans (1056-1133/34)

Né à Lavardin près de Montoire, Hildebert devient évêque du Mans en 1096 et archevêque de Tours en 1125. Il est l'un des poètes latins les plus renommés du Moyen Âge, pour son style très élaboré mis au service d'une poésie qui s'attache à des sujets bibliques, théologiques, liturgiques ou hagiographiques. Il laisse, entre autres, une *Vie de Marie l'Égyptienne* très célèbre. Nous gardons de lui sa correspondance (qui deviendra un modèle), des sermons, des traités théologiques et des vies de saints.

Fulcher de Chartres (v. 1059-1127)

Chapelain à Chartres, Fulcher participe à la Ire croisade (1095-1099). Il devient le chapelain de Baudouin Ier, roi de Jérusalem. Il compose une *Histoire de Jérusalem*, fondée sur son expérience personnelle et des sources plus anciennes, qui constitue le meilleur récit de la Ire croisade et des premiers temps du royaume de Jérusalem jusqu'en 1127.

Ordéric Vital (1075-1142 ?)

Originaire d'Angleterre, Ordéric Vital passe toute sa vie en France. Il entre à onze ans au monastère de Saint-Evrout, en Normandie. Il y commence la rédaction d'une *Histoire ecclésiastique* qui s'inspire de Jean de Worcester et de Sigebert de Gembloux, mais aussi d'autres sources qu'il compile en allant de monastère en monastère. Il compose cette histoire en prose rimée, forme en vogue au XIIe siècle, destinée à la lecture au réfectoire ou à la collation du soir dans le cadre monastique. Mais ce public de moines n'apprécie guère cette histoire trop chargée de remarques personnelles peu orientées vers l'édification. Elle ne connaît le succès qu'au XVe siècle en raison, précisément, des caractéristiques qui la font ignorer au XIIe siècle.

Pierre Abélard (1079-1142)

Né près de Nantes, Pierre Abélard se forme auprès de maîtres réputés (Anselme de Laon, Guillaume de Champeaux), avant de devenir maître de logique et de théologie à Paris. Après son aventure avec Héloïse, il se fait moine à Saint-Denis. Critiqué pour sa *Théologie du souverain bien,* il se retire à Nogent dans la solitude, où ses élèves lui construisent un ermitage, le Paraclet. Il transmet cet édifice à Héloïse, devenue elle aussi religieuse. Il reprend son enseignement à Paris en 1136, mais doit fuir à Cluny (auprès de Pierre le Vénérable) après la condamnation de ses écrits par un concile convoqué à l'instigation de saint Bernard. Il écrit alors une *Apologie contre Bernard,* une autobiographie (*Historia calamitatum*) et surtout son traité majeur, le *Sic et non*, qui jette les bases de la dialectique et de la scolastique. Beaucoup d'autres ouvrages seraient encore à citer dans les domaines relevant de la théologie, de la poésie et de la pédagogie (pour son fils Astralabius).

Guillaume de Conches (v. 1085-ap. 1154)

Guillaume de Conches est un représentant de l'esprit chartrain. Il est formé par Bernard de Chartres et enseigne dans cette ville. Sa pensée est imprégnée par la littérature latine (Boèce, Macrobe), les textes platoniciens et les œuvres médicales récemment traduites de l'arabe. Il compose une *Philosophie du monde* et des *Gloses sur le « Timée »*. Le point le plus remarquable de sa doctrine est de définir la nature comme « instrument de l'opération divine » et de la concevoir d'un point de vue médical et atomiste. Cette nouveauté radicale est dénoncée par Guillaume de Saint-Thierry.

Gilbert de la Porrée (ap. 1085-1154)

Appelé parfois Gilbert de Poitiers, Gilbert naît dans cette ville, où il étudie d'abord les arts libéraux, avant de se rendre à Laon pour y étudier l'Écriture sainte et ses gloses. Vers 1140, il enseigne à son tour à l'école cathédrale de Paris. Son enseignement est interrompu deux ans plus tard par sa nomination à l'évêché de Poitiers. Accusé par saint Bernard d'avoir, dans son commentaire de Boèce, soutenu des thèses hérétiques sur la Trinité, il n'est cependant pas condamné. Il commente en outre des textes bibliques : Psaumes, Epîtres de saint Paul et l'Apocalypse. En métaphysique, en logique comme en théologie, Gilbert donne naissance à l'école des « porrétains », dont les deux options principales sont le sens rigoureux de l'individualité et une doctrine platonisante de l'efficacité de la forme. Sa conception de la Trinité a été l'objet de critiques, notamment de Bernard de Clairvaux, qui ne réussit toutefois pas à le faire condamner.

Bernard de Clairvaux, saint (1090-1153)

Né à Fontaine-lès-Dijon d'une famille noble, Bernard entre dès vingt ans avec des frères et des compagnons à Cîteaux, monastère récent réputé pour la rigueur de son ascèse. Il fonde ensuite Clairvaux en Champagne et reste toute sa vie abbé de ce monastère, refusant toute autre dignité ecclésiastique. Pendant quinze années, il se dévoue au développement de Clairvaux et de l'ordre cistercien, luttant pour s'opposer à l'emprise des princes laïques sur l'Église. Dans le schisme d'Anaclet (1130-1138), il soutient le pape Innocent II, et parvient à l'imposer en 1138. Il intervient dans les élections épiscopales pour privilégier le candidat au meilleur niveau moral et donne des conseils aux prélats. Il s'inquiète de l'essor des écoles urbaines où les vérités révélées sont soumises au jugement de la raison. Il fait ainsi condamner Pierre Abélard et ses disciples et entraîne de nombreux étudiants dans l'ordre cistercien. Il prêche la 3e croisade à Vézelay et réussit à arrêter les pogroms qui accompagnent le passage des croisés dans la vallée du Rhin. L'échec de cette croisade l'affecte beaucoup et il se retire à Clairvaux pour écrire. Il laisse de nombreuses lettres, parfois sous forme de traités, des sermons sur le *Cantique des cantiques* et une œuvre empreinte de théologie mystique. À sa mort, l'ordre cistercien compte 345 couvents. Il est canonisé dès 1174.

Pierre le Vénérable (v. 1092-1156)

Issu d'une noble famille d'Auvergne, Pierre le Vénérable devient en 1122 abbé de Cluny. Sa volumineuse correspondance montre qu'il est en relation avec les plus grands de ce monde. Il fait traduire le Coran en latin pour mieux réfuter la religion musulmane dans sa *Somme de l'hérésie des Sarrasins* et son *Livre contre la secte ou l'hérésie des Sarrasins*. Il s'attaque également à l'hérésie pétrobrusienne (partisans de Pierre de Bruys) et aux Juifs. Dans son *De Miraculis,* il décrit des miracles contemporains souvent liés à Cluny. Il laisse aussi des sermons et des hymnes liturgiques.

Hugues de Saint-Victor (v. 1096–1141)

Sans doute d'origine saxonne, Hugues étudie d'abord à Hamersleben (Saxe), avant de venir à Paris vers 1118. Il enseigne à Saint-Victor à partir de 1127, faisant de cette abbaye un haut lieu du renouveau culturel du XIIe siècle. Ce théologien mystique est également reconnu pour son enthousiasme scientifique. Il a composé un *Didascalicon*, un art de « lire », c'est-à-dire d'apprendre et d'enseigner, véritable programme scolaire (les sept arts libéraux) et directoire spirituel. Son souci pédagogique s'est aussi porté sur les novices, auxquels il consacre un manuel de savoir-vivre dans le cloître (*De institutione noviciorum*). Il a laissé des copies de ses cours, une abondante correspondance, notamment avec saint Bernard, et des traités de spiritualité.

Pierre le Mangeur (v. 1100-1179)

Né à Troyes, Pierre le Mangeur (*Comestor*), réputé pour son « appétit » de livres, devient maître puis chancelier de Paris et enfin chanoine régulier de Saint-Victor. Il suit les enseignements de Pierre Lombard à Paris. Il est surtout connu pour son *Histoire scolastique*, histoire continue de la Bible, qui est devenue un des instruments de travail des étudiants en théologie et des prédicateurs. Il a également composé des sermons, des commentaires divers et une *Somme sur les sacrements*.

Pierre Lombard (v. 1100-1160)

Né en Lombardie, Pierre Lombard accomplit toute sa carrière en France, à Paris. Après avoir fréquenté l'école cathédrale de Reims, il est reçu à Saint-Victor à Paris (sur recommandation de saint Bernard), pour suivre les cours d'Hugues de Saint-Victor. Il enseigne à l'école Notre-Dame jusqu'à son élection comme évêque de Paris en 1159. Il laisse des *Gloses sur l'Écriture* et surtout les *Quatre livres des sentences*. Cette somme réunit les sentences des Pères de l'Église mais aussi le *Décret* de Gratien, tout récent (1140), sur des sujets théologiques variés (Trinité, Création, Incarnation et Rédemption, sacrements et fins dernières), afin de faciliter le travail des maîtres et des étudiants. Ces *Sentences* resteront jusqu'au XVIe siècle le fondement de l'enseignement initial de la théologie.

Héloïse (v. 1100-1164)

Jeune fille noble confiée aux soins d'un précepteur de renom, Pierre Abélard, à l'âge de seize ans, Héloïse est devenue le symbole du « féminisme du XIIe siècle ». Une passion durable s'établit entre le maître et son élève, dont naquit un fils. L'oncle d'Héloïse, furieux, ne se contente pas d'un mariage secret mais fait émasculer Abélard. Après ce drame, Abélard fait entrer Héloïse au couvent d'Argenteuil puis entre lui-même à Saint-Denis (1118). Une dizaine d'années plus tard, Héloïse prend la tête d'une communauté de moniales au Paraclet, ermitage champenois donné par Abélard. Dans les années 1130-1135, les relations entre Héloïse et Abélard reprennent. Il reste trois lettres d'Héloïse dans lesquelles elle assume son amour pour Abélard, mais se rend à ses conseils de se consacrer à sa fonction d'abbesse. À la mort d'Abélard, elle fait inhumer son corps au Paraclet.

Jean de Salisbury (v. 1115-1180)

Cet écrivain d'origine anglo-saxonne étudie en France auprès des plus grands maîtres de l'école parisienne : Abélard, Guillaume de Conches, Gilbert de la Porrée. Il se met au service des archevêques de Cantorbéry : Théobald puis Thomas Becket, avant de devenir lui-même évêque de Chartres en 1176. Son ouvrage le plus connu, le *Policraticus*, dédié à Thomas Becket, traite des principes moraux du gouvernement. Dans son *Metalogicus*, il se fait le défenseur de la logique et de la métaphysique, en s'appuyant sur tous les écrits de l'*Organon* d'Aristote, ce qui est radicalement nouveau en Occident. Son poème intitulé *Entheticus* constitue une introduction à la philosophie. Cet infatigable maître laisse également une histoire des papes (*Historia pontificalis*), de nombreuses lettres et une vie des archevêques de Cantorbéry : Anselme et Thomas Becket.

Pierre le Chantre (1120/30-1197)

Pierre le Chantre est d'abord chanoine à Reims, puis à Paris, où il exerce les fonctions de chantre et de maître en théologie. Il compose des ouvrages de théologie morale : le *Verbum abbreviatum* et une *Sommes des sacrements et des conseils pour l'âme*, fruit de ses cours. Il compile également un ouvrage au plan radicalement nouveau (d'après le classement alphabétique), la *Somme appelée Abel* (*Summa quae dicitur Abel*), ainsi dénommée en référence à sa première entrée, « Abel ». Chacun des 1250 mots de la Bible sélectionnés est expliqué en fonction des trois sens traditionnels : littéral, allégorique, tropologique. Il participe activement à l'école parisienne de théologie qui fait de la prédication la priorité pour l'Église. Ses idées influencent les maîtres Robert de Courçon et Étienne Langton, et les prédicateurs Foulques de Neuilly et Jacques de Vitry.

Chrétien de Troyes (v. 1130-v. 1190)

Sans doute originaire de Champagne, Chrétien de Troyes fréquente la cour du comte de Champagne, puis celle du comte de Flandre. Il semble avoir une bonne connaissance des poètes latins classiques

(Virgile, Ovide). Il a laissé des romans célèbres : *Érec*, *Le Chevalier à la charrette* (vers 1168), *Cligès*, le *Perceval ou le Conte du Graal* (apr. 1182). Il s'inspire largement de la matière de Bretagne mise à la mode par Geoffroy de Monmouth et du *Roman de Brut* de Robert Wace, qu'il transpose dans la société courtoise de son temps. Ses romans expriment les rêves de la classe chevaleresque et de l'idéologie courtoise.

Marcabru (1135-1150)

L'un des plus célèbres troubadours du Moyen Âge est d'origine modeste, mais son talent lui permet d'obtenir de puissants parrainages : Guillaume VIII de Poitiers puis Alphonse VII de Castille dans les années 1130-1148. Il est l'un des initiateurs du *trobar clus*, style hermétique et savant particulièrement apprécié dans les cours du Midi. Marcabru critique avec rudesse l'amour courtois qui, selon lui, est faux et mensonger et corrompt les familles. Son vocabulaire est empreint d'un réalisme cru et violent qui tranche avec celui des autres troubadours. Il a laissé quarante-deux textes, qui ont exercé une grande influence sur l'art des troubadours.

Gautier de Châtillon (v. 1135-v. 1179)

Clerc, il exerce des fonctions à la chancellerie royale d'Henri Ier, et se consacre à l'enseignement à Laon et à Châtillon. Il est ensuite signalé pour ses étroites relations avec l'archevêque Guillaume de Reims. Il compose un poème latin élaboré, l'*Alexandreis*, très utilisé comme livre de lecture scolaire et qui a contribué à faire largement connaître Alexandre le Grand. Dans ses poèmes lyriques et satiriques, il n'hésite pas à critiquer l'inconduite morale du clergé. Il publie également un *Traité contre les Juifs*, emblématique de l'antisémitisme de l'époque. On lui attribue, avec un peu moins de certitude, des *Georgica* sur le modèle de Virgile.

Bernart de Ventadour (actif vers 1147-1170)

Originaire de Corrèze, il serait né au château du vicomte de Ventadour, Eble II (1106-1147), à une date inconnue. Ses premiers poèmes d'amour, vers 1147, sont dédiés à la comtesse de Ventadour. Obligé de quitter le château, il aurait suivi Aliénor d'Aquitaine en Angleterre après sa séparation d'avec le roi de France en 1152. Il est ensuite signalé à la cour de Toulouse auprès de Raymond V. Il aurait fini ses jours au monastère cistercien de Dalon, où se retire aussi Bertran de Born. On conserve de lui une quarantaine de poésies (*cansos*) d'attribution certaine, dont la moitié avec musique, toutes destinées à chanter l'amour sur un ton mélancolique et nostalgique. Il insiste sur la sincérité de ses sentiments, seul gage de l'authenticité de sa poésie.

Peire Vidal (actif vers 1180-1210)

Réputé dès les années 1180, ce troubadour est originaire de Toulouse ; fils d'un fourreur, il aime à se faire passer pour chevalier. Durant une première période, ses *cansos* célèbrent une dame du nom de Na Vierna et Raymond V de Toulouse. Après une rupture avec son protecteur, Peire Vidal se tourne vers son ennemi : Alphonse II d'Aragon. C'est à sa cour qu'il compose son fameux *Drogoman senher*, avant de revenir à Toulouse. Vers 1187, il accomplit le pèlerinage en Terre sainte puis se réconcilie avec Raymond V. Ses poèmes célèbrent une nouvelle dame tandis que le troubadour fréquente les cours d'Italie du Nord, où son esprit et son style brillants sont appréciés.

Robert de Courçon (?- 1219)

D'origine anglaise, Robert de Courçon est à Paris l'élève de Pierre le Chantre vers 1190-1195. Il y enseigne à partir de 1204. Nommé cardinal par le pape Innocent III, il est chargé de promouvoir une nouvelle croisade. Il préside plusieurs conciles en France (Paris, 1213 ; Bordeaux et Rouen en 1214) et confirme les conquêtes de Simon de Montfort dans le Midi. Il contribue à la réorganisation des études à Paris : interdiction d'expliquer la *Métaphysique* d'Aristote, mais autorisation de lire l'*Éthique*. Il participe au IVe concile de Latran (1215) et meurt en 1219 devant Damiette lors de la cinquième croisade. Il a laissé un traité sur l'usure et une somme théologique, mais son commentaire des *Sentences* de Pierre Lombard est perdu.

Jean Bodel (v. 1165-1210)

Ce trouvère d'Arras fait représenter en 1200 le *Miracle de saint Nicolas*, qui est le premier du genre à opérer la synthèse entre théâtre religieux et théâtre profane, n'hésitant pas à intégrer l'épique et le burlesque pour mieux mettre en scène la gloire du saint. Ce trouvère, qui se fait aussi ménestrel, a laissé une épopée, la *Chanson des Saisnes*, des fabliaux et des pastourelles. Atteint de la lèpre vers 1205, il est obligé de se retirer du monde. Il écrit son *Congé*, émouvant adieu à ses amis. Ce genre de poème s'inspire des *Vers de la mort* d'Hélinand de Froidmont et sera repris par d'autres trouvères de la même ville d'Arras : Baude Festoul et Adam de la Halle.

Robert de Boron (actif vers 1190-1210)

Originaire du village de Boron, près de Montbéliard, Robert écrit son *Roman de l'histoire du saint Graal*, sous la protection de Gautier de Montbéliard, qu'il suit sans doute à la 4e croisade. Ce roman, qui se démarque volontairement du *Conte du Graal* de Chrétien de Troyes, christianise totalement le mythe du Graal. En s'inspirant d'écrits apocryphes, dont l'*Évangile de Nicodème*, il fait passer le Graal de Jérusalem à l'Angleterre par le biais de la lignée de Bron, envoyé sur ordre du Christ en Avalon (Glastonbury).

Hélinand de Froidmont (1160/1170- ap. 1229)

Hélinand fait ses études à Beauvais auprès du grammairien Raoul, disciple de Pierre Abélard. Il devient un trouvère renommé à la cour de Philippe Auguste, mais à l'âge de vingt ans, il entre dans l'ordre cistercien, à l'abbaye de Froidmont dans le Beauvaisis. Il se déplace à Toulouse en 1229 pour prêcher contre les hérétiques cathares. De son œuvre essentiellement latine, on retient une lettre à un frère qui a quitté l'abbaye pour se marier (*Liber de reparatione lapsi*), des poèmes latins et surtout sa *Chronique* universelle, en partie perdue aujourd'hui, mais connue par les nombreux emprunts de Vincent de Beauvais dans son *Miroir historial* (*Speculum historiale*). Hélinand a laissé un magnifique poème en français : *Les vers de la mort*, dans lequel il fustige la légèreté des damoiseaux entièrement voués à l'épicurisme, au point d'oublier même leur vœu de croisade.

Marie de France (active vers 1154-1189)

L'identité et la vie de cette auteure du XIIe siècle restent mystérieuses. Seul son prénom est donné dans ses œuvres mêmes : « Marie ai nom, et suis de France », écrit-elle dans l'épilogue de ses fables. Bien qu'originaire de France, il semble qu'elle ait vécu en Angleterre à la cour d'Henri II Plantagenêt. Dans les années 1160, elle compose des lais : *Guigemar, Equitan,* le *Freisne, Bisclavret, Lanval,* les *Deux amants*… qui la rendent célèbre. Il s'agit de contes en vers inspirés des anciens lais des harpeurs bretons, auxquels Marie a conféré une profondeur psychologique et une poésie nouvelle, tout en les adaptant au monde courtois de son époque. Marie s'est également inspirée d'Ovide et des romans médiévaux (*Éneas, Brut* de Wace, *Tristan*). Elle a aussi composé un recueil de fables, l'*Isopet*, vers 1167-1189, mêlant matière antique et contes folkloriques contemporains, dont la morale est adaptée aux réalités de la société féodale.

Dominique, saint (apr. 1170-1221)

Né à Caleruega en Espagne, Dominique est le fondateur de l'ordre des Frères prêcheurs ou dominicains. En 1203-1205 il accompagne son évêque Diègue d'Osma en Scandinavie avec l'espoir de convertir les païens, mais le pape les décourage dans ce projet. Il les envoie avec les légats cisterciens prêcher contre les cathares dans le midi de la France ; tâche qu'il poursuit malgré la croisade des albigeois, à partir de Prouille puis de Toulouse avec l'évêque Foulque (1209-1211). Son groupe de prédicateurs devient peu à peu un ordre reconnu par le pape (confirmations de 1216, 1217, 1219). Il fonde un couvent à Paris et un autre à Bologne, où les frères sont formés avant d'aller prêcher dans la pauvreté évangélique. Cette pratique le rapproche des franciscains, également mendiants. La spécificité de l'ordre dominicain est de s'implanter dans les villes et de réserver une place plus large aux études dans la formation des frères. Dominique préside les deux premiers chapitres généraux de l'ordre (1220 et 1221), avant de mourir en 1221. Il est canonisé dès 1234.

Guillaume d'Auvergne (v. 1180-1249)

Né à Aurillac, Guillaume fait ses études à Paris, où il devient maître en théologie vers 1225. Il est sacré évêque de Paris par le pape lui-même en 1228. Il doit affronter deux épreuves majeures : la grève universitaire de 1229-1231 et le brûlement du Talmud à Paris (1244). Les papes successifs et le roi Saint Louis lui confient de nombreuses missions. Il réforme les monastères, favorise les ordres nouveaux et développe l'organisation paroissiale. Il a beaucoup écrit dans de nombreux domaines : sermons, traités de spiritualité et de pastorale, œuvres philosophiques et théologiques. Son ouvrage consacré à *La Rhétorique divine* a exercé une profonde influence sur ses contemporains.

Guillaume d'Auxerre (? -1231)

Guillaume est un maître en théologie de l'université de Paris. Son nom est attaché à la bulle *Parens scientiarum* (1231), qui confère à l'université parisienne son statut et à ses maîtres et étudiants des privilèges judiciaires. Il participe en outre à la commission chargée d'examiner les livres d'Aristote dont l'enseignement a été interdit par le concile de Paris (1210).

Il a laissé une *Somme des offices ecclésiastiques* et une *Summa aurea*, dont les 120 manuscrits conservés attestent l'immense diffusion. À partir des articles de foi considérés comme des axiomes premiers, il établit des démonstrations rationnelles.

Alexandre de Halès (v. 1185-1245)

Né dans une famille de paysans à Hales en Angleterre, Alexandre de Halès étudie à l'université de Paris dont il devient l'un des plus brillants maîtres. Il entre dans l'ordre franciscain en 1231. Sa *Somme théologique* (inachevée) fait pour la première fois appel à l'ensemble de la philosophie aristotélicienne. Il est le premier maître parisien à fonder son enseignement sur les *Sentences* de Pierre Lombard. Il a laissé des ouvrages typiques des maîtres en théologie : des questions disputées, des questions quodlibétiques et une glose des quatre *Livres des sentences* de Pierre Lombard. Il collabore enfin à un commentaire de la règle franciscaine.

Vincent de Beauvais (v. 1190-1264)

Vincent de Beauvais, en tant que membre de l'ordre des dominicains, voué à la prédication et à l'étude, a été chargé par ses supérieurs de rassembler l'essentiel du savoir disponible au milieu du XIIIe siècle. C'est à ce titre qu'il est considéré comme le plus grand encyclopédiste du Moyen Âge. En effet, son *Speculum majus,* écrit dans les années 1240-1250, rassemble dans trois volumes une masse considérable de connaissances puisées à des sources très variées. Le *Speculum naturale* décrit suivant les six jours de la Création la nature des choses et de l'homme ; le *Speculum historiale* déroule les événements de l'humanité en marche vers le Jugement dernier et le *Speculum doctrinale* fait la synthèse de la théologie d'inspiration augustinienne. Plus de deux cent cinquante manuscrits attestent le succès de cet ouvrage.

Albert le Grand (v. 1193-1280)

Né en Souabe dans une famille de chevaliers, Albert le Grand est devenu l'un des plus fameux docteurs en théologie de l'époque médiévale. Après avoir enseigné dans plusieurs écoles de son ordre, ce dominicain devient maître en théologie de l'université de Paris vers 1243-1247. L'essentiel de sa carrière se déroule en Allemagne, notamment à Cologne, où il fonde un *Studium generale.* Dans son œuvre, il s'attache à commenter tous les ouvrages d'Aristote, fondant ainsi la botanique, la zoologie, et renouvelant profondément la théologie (voir sa *Somme des créatures* et sa *Somme de théologie*). On a également retrouvé ses sermons prononcés à Paris et à Cologne.

Robert de Sorbon (1201-1274)

Robert de Sorbon a laissé son nom à la Sorbonne, dont il est le fondateur. Ami de Saint Louis et maître en théologie à Paris, il représente le courant favorable à la théologie pratique qui s'oppose à la théologie spéculative, majoritaire à l'université de Paris. Il ambitionne d'engager les clercs étudiant la théologie dans l'action pastorale. Il a laissé des sermons et des traités portant sur les vices, les vertus et les sacrements. Son style pédagogique a assuré le succès durable de son œuvre, partiellement diffusée en langue vulgaire.

Thomas d'Aquin, saint (1224/1225-1274)

Issu d'une noble famille lombarde, ce dominicain est formé par Albert le Grand. Devenu maître en théologie, il enseigne à Paris, Rome et Naples, imposant la rigueur de sa méthode scolastique pour opérer la synthèse de la foi chrétienne et de l'aristotélisme (c'est-à-dire des écrits d'Aristote et de ses commentateurs). Sa *Somme théologique* jouit d'une autorité immense dans l'Église catholique, malgré des critiques vite étouffées par la réputation de sainteté de Thomas d'Aquin. Il a également publié une *Somme contre les Gentils* (les philosophes arabes), des questions disputées, des questions quodlibétiques et de nombreux commentaires d'ouvrages variés, de Boèce à Pierre Lombard. Il a été canonisé en 1323.

Guillaume de Saint-Amour (actif vers 1252-1272)

Ce maître ès arts et en décret à Paris (avant 1238), devenu maître régent de la faculté de théologie peu après 1250, prend la tête des séculiers dans leur opposition à l'arrivée massive des maîtres issus des ordres mendiants à l'université de Paris. Il obtient d'Innocent IV en 1254 la confirmation des statuts défavorables aux mendiants jusqu'à l'abolition de leurs privilèges. Ces dispositions ayant été annulées par le nouveau pape Alexandre IV, il organise la résistance des maîtres séculiers (1255-56), mais est vaincu. Condamné à Rome en 1256, il est banni par le pape Alexandre IV et le roi Saint Louis dans son village natal, en terre d'empire (Saint-Amour, Jura). Il y compile des *Collectiones* et y meurt, oublié, en 1272.

Siger de Brabant (v. 1235-1281/84)

Siger de Brabant est formé à l'université de Paris avant de devenir à son tour maître entre 1260 et 1265. Il est le représentant d'un aristotélisme radical (averroïsme) à l'université de Paris (dans ses *Questiones in tertium de anima*), qu'il adoucit après la condamnation de ces thèses en 1270, avant de se rapprocher des positions de Thomas d'Aquin. Il s'intéresse à la psychologie, à la logique, à la métaphysique, à la philosophie naturelle et aux problèmes éthiques et politiques. Il se fait le défenseur d'une conception de la philosophie comme savoir démontré mais seulement probable, indépendant de la théologie. Cette manière de poser les relations entre la raison et la foi lui vaut de violentes critiques de la part des théologiens en 1276 et 1277. Dante le réhabilite en le plaçant parmi les douze sages du *Paradis*.

Adam de la Halle (v. 1237/1240-v. 1288 ou après 1306)

Adam de la Halle fait partie des cent quatre-vingts trouvères soutenus par la bourgeoisie d'Arras. Il se distingue par son œuvre prolifique : trente-six chansons courtoises, dont huit couronnées au « Puy » d'Arras, dix-huit jeux-parties, des lais aujourd'hui perdus. Il ouvre l'*Ars nova* polyphonique à l'art profane, et inaugure un théâtre non religieux satirique ou féerique selon son inspiration. Sa pièce de théâtre la plus célèbre est *Le Jeu de la feuillée*. Dans son *Congé*, il annonce son départ d'Arras. Entré au service du comte Robert II d'Artois, il le suit auprès de Charles d'Anjou, roi des Deux-Siciles, après les Vêpres siciliennes (1282). Il met en scène à Naples *Le Jeu de Robin et Marion*, qui est repris en 1289 à Arras, après la mort de son auteur.

Marsile de Padoue (1275/80-1342/43)

Né à Padoue, Marsile étudie la médecine, la philosophie et la théologie essentiellement à Paris, où il devient maître puis recteur de l'université. En 1324, il dédie à l'empereur Louis IV de Bavière un traité politique, le *Defensor pacis*, qui sépare nettement le pouvoir politique du pouvoir religieux et distingue pour la première fois le pouvoir législatif du pouvoir exécutif. En appliquant sa théorie à la hiérarchie ecclésiastique, Marsile de Padoue va même jusqu'à remettre en cause l'autorité du pape. Il est alors attaqué par la curie pontificale d'Avignon et s'enfuit à la cour de Louis de Bavière, où il remplit la fonction de conseiller. Il y rédige d'autres traités politiques plaidant pour un renforcement du pouvoir impérial devenu indépendant de celui du pape. Son *Defensor pacis* devient un modèle pour les souverains notamment français.

IX

LES ARTS

Le Moyen Âge est souvent assimilé au « temps des cathédrales ». Effectivement, ces immenses chantiers ont mobilisé les efforts des architectes et des artistes en tout genre (tailleurs de pierre, sculpteurs, peintres, maîtres verriers) pour produire des chefs-d'œuvre inspirés par l'art roman d'abord puis par l'art gothique.

Mais se limiter à l'architecture religieuse donnerait une idée partielle et partiale de l'art médiéval. L'architecture civile de cette période nous a légué des châteaux forts et des palais d'une grande richesse artistique. Tous les arts du décor ont été mis à contribution pour embellir ces demeures monumentales. Les artistes du Moyen Âge ont également exercé leur talent dans des arts appelés à tort « mineurs » : enluminure des manuscrits, travail de l'ivoire, des émaux, des pierres et métaux précieux. Enfin, la musique dans tous ses états nous donne à entendre une palette sonore extrêmement riche, du chant grégorien aux polyphonies de l'*Ars nova*.

ARCHITECTURE CIVILE

L'architecture civile concerne **les édifices publics** et **les demeures privées** à l'exclusion des constructions militaires et des demeures rurales. Les constructions publiques regroupent **les palais royaux et princiers, les palais épiscopaux et les palais communaux**. Le terme palais dérive du mont Palatin à Rome, sur lequel l'empereur Auguste et ses successeurs édifièrent leurs palais.

Le palais royal est à la fois **résidence du souverain et siège du gouvernement**. Il dispose d'un monumental et prestigieux bâtiment représentatif de la puissance publique, **l'*aula***. Un ensemble de bâtiments ecclésiastiques regroupés sous le terme de ***capella*** (chapelle) assure l'encadrement spirituel du souverain et de sa cour. Enfin, des locaux à usages privé et domestique, *camerae* (chambres), sont disposés au gré de l'architecture de l'ensemble. La sacralisation croissante de la fonction royale fait du palais royal **un espace sacré**, foyer de **justice** et de **paix**, lieu de **culture**. Pour les premiers Capétiens, en butte aux offensives de l'aristocratie, ce palais constitue une valeur refuge ; à partir du XIIIe siècle, le palais royal participe de **l'affirmation de la monarchie féodale**. Il s'oppose au *castrum* des aristocrates et marque la suprématie du roi de France. À Paris, **le palais du Louvre** de Philippe Auguste (construit vers 1190-1202) affirme pleinement l'instauration de la monarchie capétienne (cf. Philippe Auguste, roi de Paris, chap. II).

Mais, dans les villes en plein essor, un autre pôle politique marque de son empreinte l'espace urbain : le pouvoir communal. **Le palais communal**, apparu au XIIe siècle, comprend en général un vaste portique au rez-de-chaussée, destiné à recevoir **l'assemblée des citoyens,** mais aussi les marchés. Les étages sont réservés aux **bureaux** des différents services et à **la salle de réunion des conseils**. La tour, ou **beffroi,** renferme **la cloche communale**, symbole de l'autonomie de la ville (cf. Les franchises urbaines et villageoises, chap. V). De l'intense activité commerciale de ces villes subsistent quelques **halles**, comme celles de Saint-Pierre-sur-Dives (XIIIe siècle). Les villes sont également pourvues **d'établissement hospitaliers**, remplissant un rôle autant charitable que médical. Certains atteignent une ampleur étonnante comme l'hôpital Saint-Jean à Angers (1175), la salle des malades de Coëffort au Mans (fin XIIe siècle) ou l'hôpital de Tonnerre, fondé en 1293 par Marguerite de Bourgogne. Le pouvoir royal marque le paysage urbain non seulement à Paris, mais aussi dans diverses régions, par d'impressionnantes constructions situées dans des lieux stratégiques. C'est ainsi que Saint Louis fait bâtir le port d'**Aigues-Mortes** et fait commencer les fortifications de cette ville achevées par Philippe le Hardi. Non loin de là, il fait remanier les fortifications de la ville de **Carcassonne**, qui reste une des plus impressionnantes constructions militaires médiévales conservées en France.

DU BLANC MANTEAU D'ÉGLISES AUX CATHÉDRALES GOTHIQUES

L'architecture des églises rend compte des évolutions religieuses et culturelles de la société médiévale. **Le développement du culte des reliques** entraîne par exemple la diffusion des **cryptes**. Ainsi, **la**

Réforme grégorienne, en rendant sa dignité au clergé, le coupe de la masse des fidèles : **le jubé** et les clôtures de chœur permettent la célébration en toute sérénité des multiples offices des chanoines, tandis que les fidèles sont cantonnés **dans la nef**. En outre, dans les cités épiscopales, chefs-lieux de diocèse, l'évêque dispose **d'un palais épiscopal** avec sa propre chapelle, tandis que les chanoines habitent le plus souvent dans des maisons particulières autour d'un cloître commun. **Une école épiscopale** et parfois un hospice complètent cet ensemble (cf. L'Église : une hiérarchie double, chap. VII).

De la fin du Xᵉ siècle au milieu du XIIᵉ siècle s'épanouit **l'art roman** en Europe avec des variations de style (du plan, des clochers, des portails) selon les régions. Cet art bénéficie de la stabilisation des Normands, de l'affermissement de la dynastie capétienne, de l'aventure des croisades, de la ferveur des pèlerinages et de l'essor du monachisme. Les églises conservent **un plan basilical en croix latine** hérité de l'art chrétien primitif, avec une nef et une croisée du transept surmontée d'un clocher. La nef centrale est séparée des bas-côtés par des colonnes et se termine par **l'abside, toujours orientée vers l'est**. À ce plan de base peuvent s'ajouter **une voûte en berceau** sur la nef centrale, **un voûtement en arête** sur les bas-côtés pour soutenir les tribunes, **une voûte en cul-de-four** pour couvrir l'abside et **une coupole** sur trompe ou sur pendentifs aux croisées (cf. croquis). Lorsqu'une église est également lieu de pèlerinage, **un déambulatoire à chapelles rayonnantes** est construit afin de faciliter la circulation des fidèles (Chartres, Rouen et Auxerre dès le XIᵉ siècle), invention majeure de l'art roman. Cet art expérimental intègre **le clocher**, sauf en Normandie, où on lui préfère la façade à deux tours. À l'intérieur de l'édifice, le rythme des travées et la diffusion souvent indirecte de la lumière façonnent **un espace voué à la prière**.

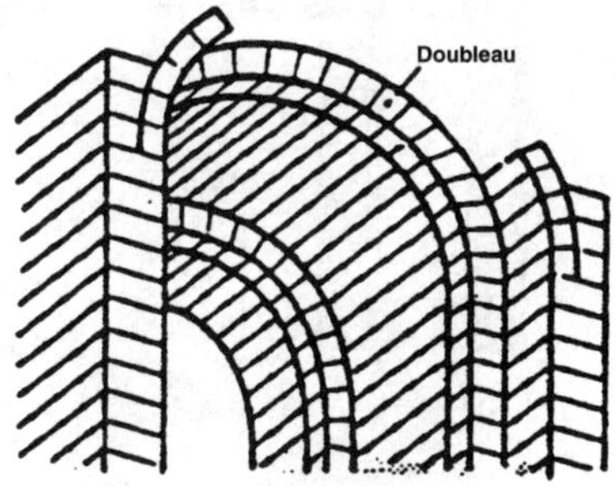

voûte en plein cintre

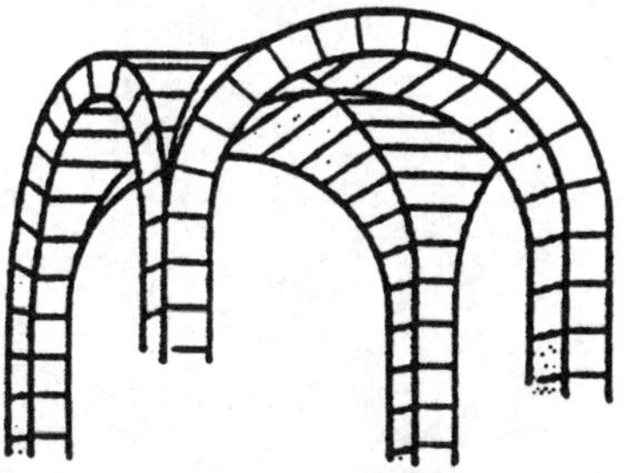

Voûte d'arêtes

Architecture romane

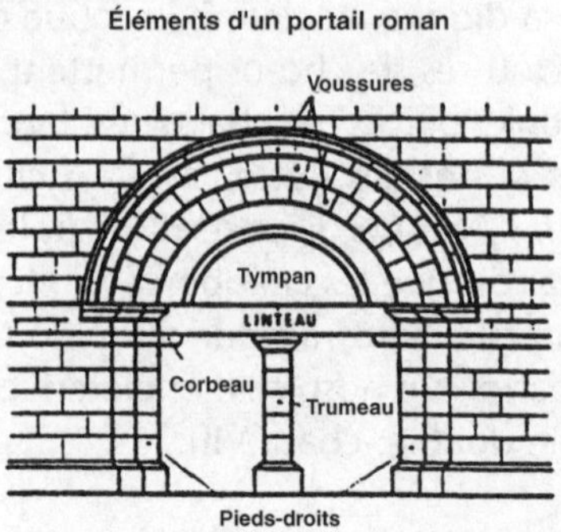

Architecture romane

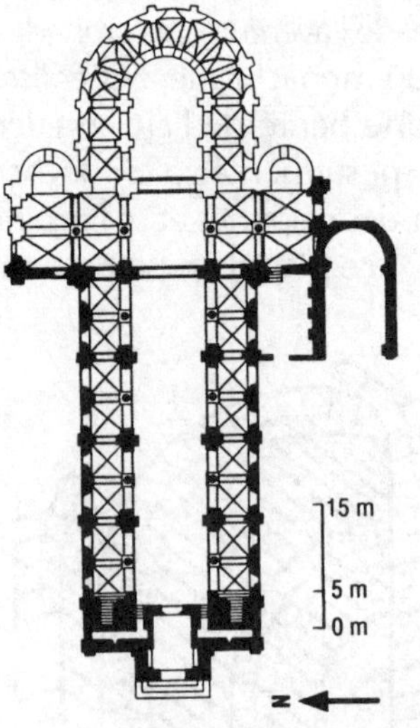

Les façades peuvent être dépouillées comme l'abbaye aux Hommes de **Caen.** Sa triple élévation se retrouve à Jumièges (Normandie). D'autres façades sont entièrement sculptées comme Notre-Dame-la-Grande à **Poitiers.** L'art roman s'achève par la magnifique église de **Moissac** (1120) et par la cathédrale d'Autun (1135).

Notre-Dame de Jumièges (Normandie)

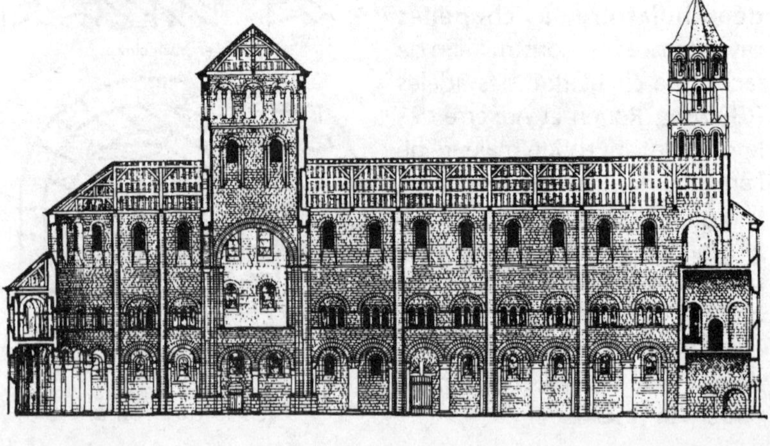

À partir de 1140 s'ouvre **la période dite gothique** (terme péjoratif inventé par Raphaël). Au Moyen Âge on désigne cet art par le terme *opus francigenum* (**art français**), car il est né au cœur de l'Île-de-France. Les principes de cette nouvelle architecture sont posés par **Suger** (v. 1081-1151), abbé de Saint-Denis. Pour lui, Dieu étant une **lumière créatrice**, l'édifice dédié à sa louange doit être également lumière. **Les murs s'évident** pour s'ouvrir sur d'immenses verrières, les voûtes s'allègent (voûtes sur croisées d'ogives) et atteignent des hauteurs vertigineuses (jusqu'à s'effondrer, comme à Beauvais en 1284). Les lignes verticales sont privilégiées, car elles doivent porter vers le ciel la prière de l'assemblée. L'arc brisé et les arcs-boutants permettent l'évidement des murs et la percée de larges fenêtres.

En 1140, **Suger** reconstruit son église abbatiale de **Saint-Denis** en décloisonnant les chapelles rayonnantes qui déversent la lumière de leurs **vitraux** sur le chœur. L'expérience est reprise à **Sens** la même année avec une voûte sexpartite qui se combine avec l'alternance

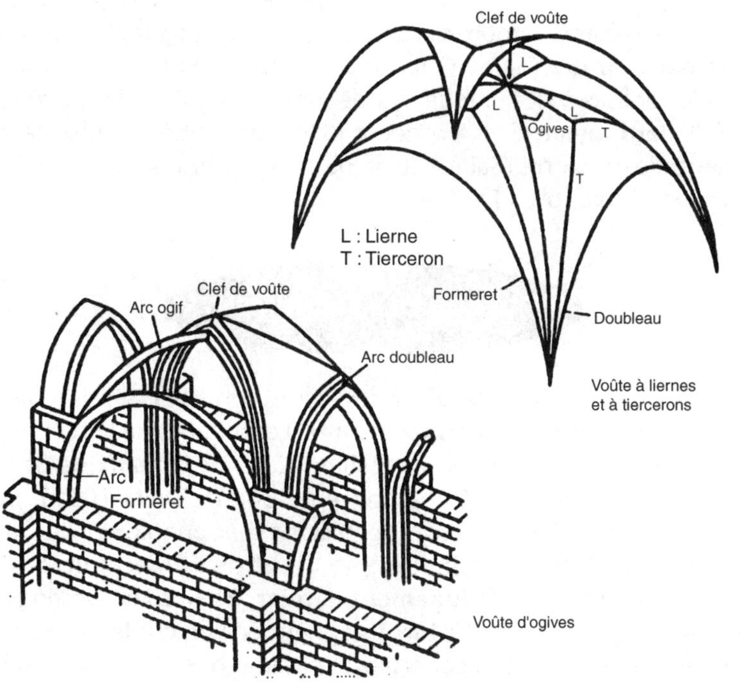

Voûte sur croisée d'ogives

Arcs-boutants et élévation gothiques (Cathédrale de Bourges)

des retombées fortes et faibles sur les piliers, comme à **Notre-Dame de Paris** (1163). Les principales cathédrales sont renouvelées dans des dimensions considérables. **Les architectes** jouent un rôle majeur dans ces nouveaux procédés de construction (**Villard de Honnecourt**, vers 1240). Pour la cathédrale de **Noyon** (1150-1235), on met au point une quadruple élévation : arcades, tribunes, arcatures aveugles et fenêtres hautes. Celles de **Reims** et d'**Amiens** marquent l'apogée du **style gothique dit rayonnant**. Après 1260, les innovations architecturales se déplacent vers le **Midi** (Narbonne, Clermont-Ferrand, Limoges, Toulouse), **la Bourgogne**, l'Est (Metz) et **la Normandie** (Saint-Ouen de Rouen), avec une préférence pour les églises à nef unique. Au début du XIVe siècle, **le gothique se fait flamboyant** avec un décor extérieur exubérant proche de **la dentelle de pierre** (Saint-Urbain de Troyes, Saint-Séverin et Saint-Germain-l'Auxerrois à Paris).

LE DÉCOR DES MONUMENTS

À l'époque romane le décor des églises consiste essentiellement en **peintures murales** et en **sculptures**. Les origines de la sculpture romane sont à chercher en **Roussillon** dans les linteaux de Saint-Genis-des-Fontaines et Saint-André-de-Sorède (vers 1020). **Les tympans** du XIIe siècle déploient **des visions théophaniques** illustrant **l'Apocalypse** (Moissac, Chartres), le Christ de **l'Ascension** (Saint-Sernin de Toulouse) ou **le Jugement dernier** (Beaulieu en Dordogne, Conques, Autun). Les **sculptures** gagnent également les voussures et les ébrasements. Le décor sculpté roman repose sur la recherche d'une symétrie des façades, car **la symétrie** est l'expression sensible de **l'harmonie**. Aux quatre grands prophètes correspondent les quatre évangélistes et aux douze apôtres les douze patriarches. L'influence antique se fait sentir dans les chapiteaux sculptés de **Saint-Benoît-sur-Loire** (feuilles d'acanthe) et dans les pilastres cannelés d'**Autun** (début du XIIe siècle).

Les apôtres sont fréquemment représentés par **le tétramorphe** : l'aigle de Jean, le lion de Marc, le bœuf de Luc et l'homme de Mathieu. Les sculpteurs commencent à signer leurs œuvres, comme sur le maître-autel de Saint-Sernin de Toulouse dès la fin du XIe siècle.

A l'intérieur des églises, **la polychromie** resplendit. Non seulement les statues et les chapiteaux sont peints, mais **les peintures murales** couvrent les murs des églises romanes. Ces peintures sont étroitement liées à l'orientation de l'édifice : au nord sont peintes les scènes de l'Ancien Testament, au sud celles du Nouveau Testament, à l'ouest le Jugement dernier. Les murs voûtés sont peints mais également **couverts de tentures et de tapisseries. La broderie de Bayeux** est un des rares monuments romans conservés sur le textile. Elle décrit la conquête de l'Angleterre par Guillaume le Conquérant. Le chatoiement **des vitraux** répond à celui **des pavements,** tandis que brillent les objets liturgiques d'or couverts de pierreries. La peinture murale subit l'influence byzantine sensible à **Berzé-la-Ville** près de Cluny. À **Saint-Savin**, une immense fresque, de la création à l'histoire de Moïse, couvre la nef. Au-

Sculptures romanes, Autun (XIIe siècle)

Sculpture romane, Vézelay (XIIe siècle)

delà de **ses spécificités régionales**, la peinture murale romane se reconnaît à l'importance de **la géométrie**, à une grande économie de moyens dans le registre des couleurs et dans le répertoire des objets et du décor, dans **l'accentuation des gestes et du mouvement** pour gagner en **expressivité**. Les quelques **vitraux romans** conservés sont rares, car fragiles. Ils sont composés de verres épais encadrés par de larges bordures et des fonds ornementaux très riches (flore stylisée et faune fantastique). Ceux du Mans représentant l'Ascension, ceux de Poitiers la Crucifixion, et ceux de Notre-Dame-de-la-Belle-Verrière de Chartres en sont les plus beaux exemples. **La statuaire romane** est représentée par **la « Majesté de Sainte-Foy-de-Conques »**, véritable idole couverte de pierreries aux IXe et Xe siècles, qui témoignent de la gratitude des pèlerins venus demander une grâce à la sainte.

À **l'époque gothique**, les **vitraux** remplacent peu à peu les peintures murales, tandis que la sculpture se dégage des modèles romans. Le vitrail prend la place de la peinture murale et **devient un art majeur**. À **Chartres** vers 1200, les vitraux sont formés de baies morcelées en **une multitude de panneaux historiés,** insérés dans de multiples compartiments ronds ou carrés. Mais **des figures monumentales** commencent à apparaître. L'ampleur des vitraux à Chartres est impressionnante : 164 baies, constituant plus de deux mille six cents mètres carrés de verrières composées entre 1200 et 1236 environ. **Les verrières basses** sont ornées d'images cloisonnées en petits panneaux, tandis que les fenêtres hautes sont emplies par une ou deux grandes figures. **Les roses du transept** présentent des personnages isolés autour des motifs centraux. **Cette monumentalité des vitraux** fait école mais en s'enrichissant de nouveaux procédés : vers 1270, à **Saint-Urbain de Troyes,** l'artiste joue de l'alternance de hautes figures colorées se détachant sur un fond de grisaille lumineux.

À partir de 1310 (à **Rouen**), l'emploi du **jaune d'argent** donne une clarté nouvelle aux vitraux. L'art gothique mérite pleinement son appellation « **d'art du nombre et de la lumière** » (A. Vauchez).

Le renouveau de la sculpture ne s'est pas fait brutalement : des continuités stylistiques sont en effet nettes entre l'art roman du Languedoc et de la Bourgogne et les premières statues gothiques de Chartres.

La sculpture gothique délaisse les chapiteaux et se porte de préférence sur **le portail** des églises, qui peut devenir triple comme à Chartres où **le Christ en majesté** est sculpté au centre (au milieu de scènes apocalyptiques), **la Vierge en majesté** à droite (entourée de scènes de l'enfance et de l'Incarnation du Christ) et **l'Ascension** à gauche. Dans les ébrasements s'insèrent les statues colonnes. Détachées du fond, qui leur sert d'appui bien plus qu'il ne les porte, **les statues en ronde bosse** deviennent indépendantes du cadre qui les entoure. La dépose récente de l'une de ces statues-colonnes a montré qu'elles soulignent la forme de la colonne, mais sont indépendantes d'elle. Dans **les voussures** sont représentés les arts libéraux et des Sages de l'Antiquité, on peut y voir une allusion aux enseignements donnés dans les écoles chartraines.

Vitrail du prophète Amos, Saint-Urbain de Troyes (fin XIIIe siècle).

L'influence chartraine se fait sentir dans le thème du « **portail royal** » à Étampes, au Mans (1158), à Angers (1155-1165) et à Bourges. Elle s'exerce encore dans la composition de la Vierge en majesté du tympan (portail sud de Notre-Dame de Paris). À Senlis, c'est **la Vierge** qui est placée au centre du portail, entourée d'une iconographie entièrement dévouée à son culte au travers des scènes de **la Dormition et de l'Assomption**. Au début du XIIIe siècle, la sculpture gothique atteint un véritable « **classicisme** » : les chapiteaux accueillent un décor végétal de plus en plus réaliste (on y reconnaît aisément fougère, lierre, églantier, vigne, etc.). Cet intérêt pour la nature se double d'**un véritable humanisme :** face au pessimisme radical des cathares quant à la nature pécheresse de l'homme, la sculpture gothique valorise l'humanité dans sa beauté, rachetée du péché originel. **Les statues se détachent du monument.** À Chartres les « Confesseurs » (à la porte droite) ou la gracieuse sainte Modeste, les saints Théodore et George, vêtus et armés à la mode contemporaine et pourvus de visages aux traits individualisés (vers 1230), attestent de l'évolution de la sculpture. À Amiens (1220-1236) le « Beau Dieu » exprime la maturité de cet humanisme gothique. Les statues s'animent, comme on peut le constater à Reims par le mouvement imprimé aux corps drapés qui esquissent un hanchement.

À la **Sainte-Chapelle de Paris**, un atelier royal réalise vers 1243-1248 douze **statues d'apôtres** (placées à mi-hauteur de chapiteaux intérieurs) qui annoncent le **maniérisme** : élégante maigreur des corps, plis des draperies profondément creusés, cassés en angles aigus. Les thèmes du **Jugement dernier et du couronnement de la Vierge** se diffusent vers le midi de la France. Cette sculpture monumentale est répliquée en miniature dans des statuettes mariales d'**orfèvrerie au style précieux** comme la Vierge de Jeanne d'Évreux fabriquée en 1339 et les nombreuses **statuettes d'ivoire** de la mère du Sauveur produites en quantité dans les années 1260-1380, permettant **une piété plus individuelle** et plus affective. Au XIVᵉ siècle, **la Pietà**, la représentation de la Vierge portant son fils mort dans les bras, devient un thème privilégié de la statuaire.

La peinture murale ne disparaît pas totalement à l'âge gothique : au **palais des Papes** d'Avignon (dans le « Palais-Neuf ») travaillent deux grands peintres italiens : **Simone Martini** et **Matteo Giovannetti** ; leurs peintures murales font de cette forteresse austère un splendide palais.

LES ARTS DITS MINEURS

Les artistes de l'âge roman ont produit **des enluminures** pour décorer essentiellement les **bibles et les livres liturgiques**. Des échanges féconds entre l'Angleterre et la Normandie et l'influence des *Beatus* **mozarabes** dans la France du Sud (atelier de Saint-Sever) ont conduit cet art à des sommets, reconnus dans **le sacramentaire de Limoges** (v. 1100) et dans les *Moralia in Job* **de Cîteaux** (1111).

Saint Augustin dispute contre Felicianus
Manuscrit du Mont-Saint-Michel
(B.M. Avranches, ms 72, f° 97 ; XIe siècle)

L'enluminure connaît une renaissance dans les années 1200 par la redécouverte du style byzantin à la faveur des croisades. **Le psautier de la reine Ingeburge** peint dans les années 1190-1200 en Île-de-France, à l'intention de l'épouse délaissée de Philippe Auguste, en est l'un des plus beaux représentants. Depuis quelques années, l'attention des historiens a été attirée par **les marges des manuscrits,** longtemps négligées, alors qu'elles recèlent des trésors de décors, de figures grotesques et fantastiques.

Les émaux occidentaux ont d'abord (du IXe au XIe siècle) imité ou interprété sur du cuivre champlevé **les émaux byzantins** sur or cloisonné largement répandus dans toute l'Europe, où on les retrouve sur **des bijoux, des vases liturgiques ou profanes**. Puis l'émaillerie occidentale a trouvé sa propre voie à partir du XIIe siècle, grâce au *Traité des divers arts* du **moine Théophile** mis en pratique dans **les ateliers de Conques, de Limoges, des vallées du Rhin et de la Meuse**. Ces émaux décorent **les reliquaires et les objets liturgiques** (devants d'autels, croix, crosses, reliures de manuscrits, boîtes à hosties), mais également les coffrets et bijoux profanes. **Dans le domaine des Plantagenêts**, une production presque industrielle d'émaux diffuse les dessins illustrant les vies de saints populaires, Valérie et Thomas Becket, sur les côtés des châsses contenant leurs reliques. **Les pays mosans** sont réputés pour leurs émaux influencés par Byzance, orientés vers des programmes iconographiques plus théologiques et destinés à des usages plus élitistes (autel portatif de Stavelot). **L'orfèvrerie gothique** devient maniériste et courtoise à partir de la seconde moitié du XIIIe siècle, comme l'atteste la châsse de saint Taurin d'Évreux vers 1240-1255. Elle est ensuite renouvelée par la technique de l'émail cloisonné sur or et des émaux translucides.

Dans l'art gothique, **la splendeur de Dieu** doit être magnifiée **par celle des cathédrales**, malgré les critiques des tenants de la pauvreté évangélique (cf. La traque des hérétiques, chap. VII). **Les pierres précieuses, l'or, les cristaux et les émaux sont des relais de la lumière** à l'intérieur de l'édifice sacré. À **Saint-Denis,** l'autel est orné d'un parement d'or ; une immense croix de sept mètres ornée d'or et de pierres précieuses est placée dans le chœur, et le reliquaire est disposé à la croisée du transept afin de recevoir le plus de lumière possible et être visible des fidèles.

LA MUSIQUE

Au Moyen Âge (comme dans l'Antiquité), **la musique appartient à l'un des sept arts libéraux ;** dans cette classification, elle est **soumise à l'arithmétique.** Cette corrélation entre musique et science des nombres se prolonge jusqu'au XVIIIe siècle.

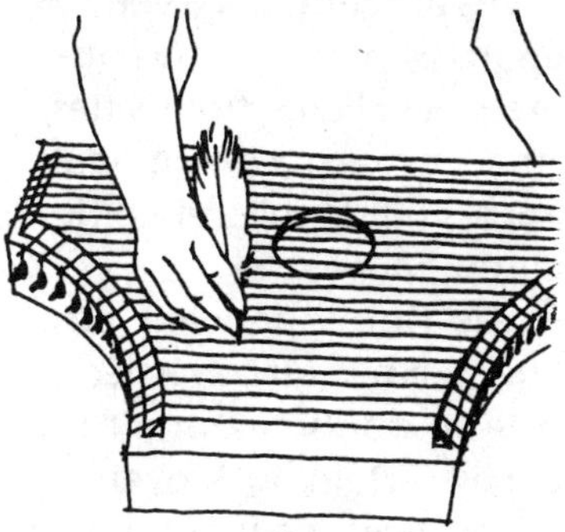

Psaltérion

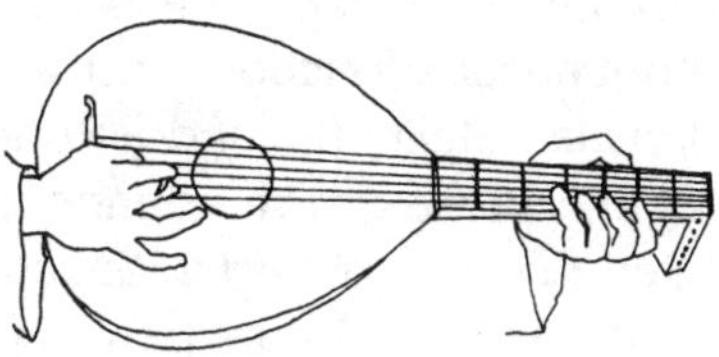

Luth

L'Occident médiéval connaît **une grande variété d'instruments de musique** que l'historien découvre plus fréquemment dans **les miniatures et les textes littéraires** que par les rares exemplaires conservés dans les musées. Au XIIIe siècle, le théoricien français **Jean de Murs** distingue les instruments à cordes, à vent, les percussions et la voix (*musica humana*).

Il compte, parmi **les instruments à cordes, la harpe et la lyre,** dont les cordes à nu sont fabriquées en boyaux de mouton, crin de cheval ou soie. À partir du XIIIe siècle, l'usage du cuivre pour les cordes donne une sonorité plus puissante et plus éclatante. Chaque corde (de 6 à 25 pour la harpe) est fixée à une cheville, la tension en est réglée à l'aide d'une clé et l'accord en est diatonique. **Le psaltérion et le dulcimer** sont tous deux munis d'une caisse de résonance, de part et d'autre de laquelle se trouvent deux jeux de chevalets sur lesquels les cordes sont tendues à l'aide de vis que l'on utilise pour accorder. Le psaltérion est de forme triangulaire. Instrument à cordes pincées, il se joue avec les doigts ou avec un plectre, soit en le posant sur les genoux, soit en l'inclinant sur la poitrine. Il deviendra **l'épinette** au XVe siècle lorsqu'on lui adjoindra un clavier.

En revanche, le dulcimer, en forme de trapèze, est un instrument à cordes frappées. Il se joue posé sur une table ou sur les genoux. **Le luth, la guitare, la cithare, la mandora** (à partir du XIIIe siècle), **la citole** suivent les principes des instruments à touchettes. **Le luth**, introduit en Occident par les Maures au Xe siècle, est d'abord appelé **guitare mauresque**.

La citole, instrument délicat réservé aux dames, est souvent évoqué dans les poèmes médiévaux. Les instruments à archet sont **la vièle et le rebec**. Le rebec est une vièle de type élancé en forme de poire, de registre soprano (comme la mandora) ; elle se tient appuyée contre l'épaule, sur la poitrine ou posée sur l'aisselle.

Les instruments à vent se répartissent en différentes catégories : flûtes, trompettes, cors, cornets, chalumeaux simples ou doubles et cornemuses.

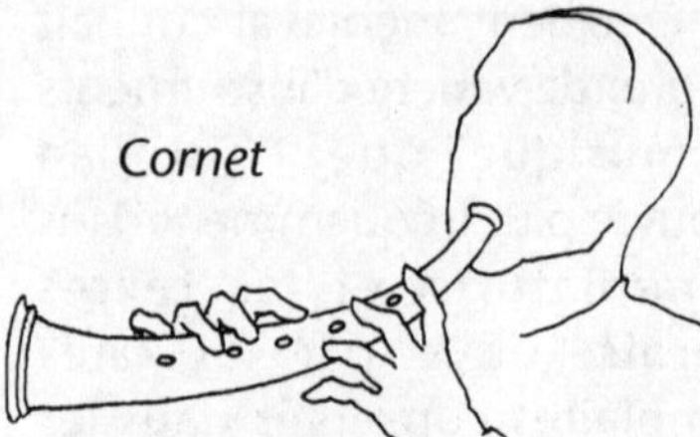

Cornet

Les flûtes peuvent être droites, à bec ou traversières. La flûte double connaît un succès certain au Moyen Âge, pour jouer en quartes et quintes consécutives. **La longue trompette** (appelée *anafil*) peut mesurer deux mètres de long. Elle ne produit que des notes de la série harmonique. Ornée de bannières armoriées, elle est utilisée pour les cérémonies. **Les premiers cors** (en corne de bélier puis en métal) n'ont aucune fonction musicale ; ils sont destinés à donner un signal dans la bataille (Roland à Roncevaux) ou à la chasse. **Le petit cor léger**, appelé **graisle**, donne un son aigu et clair, apprécié dans les fêtes. Aux Xᵉ et XIᵉ siècles, des cors d'ivoire (**les olifants**) sont importés de Byzance. Les cors percés de plusieurs trous pour donner une gamme plus variée de sons sont appelés **cornets à bouquin**. À partir du XIIᵉ siècle apparaît la chalémie, ou chalemelle (**chalumeau**), importée d'Orient. Ses sonorités dues à l'anche double la rendent appropriée pour les musiques de plein air.

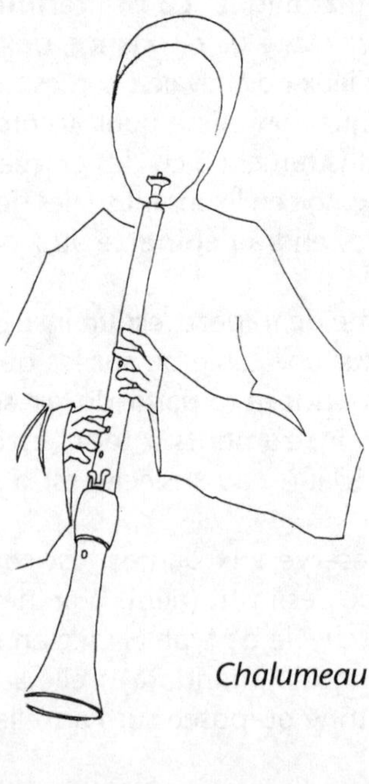

Chalumeau

Appartenant à la même famille, **la cornemuse** (dérivant de l'*aulos* grec) est faite d'un réservoir en peau de mouton qui alimente en air plusieurs tuyaux en bois : un pour la mélodie, et deux ou trois pour le bourdon, qui apparaît vers 1350.

Les instruments à percussion sont les *tintinnabulum*, **les tambours, tambourins, naquaires, crotales, trépies** (ou triangles avec des anneaux), **castagnettes, grelots, crécelles** et **guimbardes**. Le ***tintinnabulum***

Cornemuse

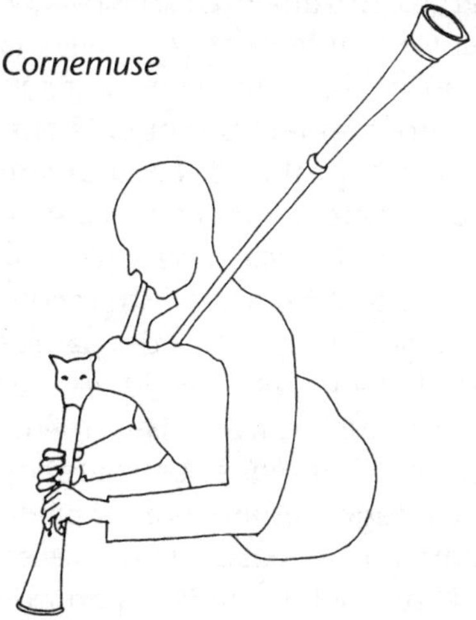

est constitué d'une série de cloches accordées avec précision. Elles sont frappées avec des baguettes ou des marteaux ; c'est l'ancêtre du carillon. Les **naquaires** sont des petites **timbales** qui se jouent par paire et que l'on porte à la ceinture.

Avant le IXᵉ siècle, **la voix** se prête au **chant grégorien monodique**, réservé aux chants religieux, son écriture musicale est le plain-chant : la mélodie suit le rythme du texte et ne connaît pas la division proportionnelle des durées, comme dans la musique mesurée qui n'apparaît qu'au XIIIᵉ siècle. Ce chant sacré prend les formes de **l'antienne, du répons et de l'hymne**. À partir du IXᵉ siècle, **le plain-chant** se diversifie grâce à l'introduction de **la polyphonie et des tropes**. La polyphonie orne la ligne mélodique d'une ou plusieurs autres voix qui forment des consonances ou des dissonances avec la voix principale. Les tropes ajoutent un texte sous les mélismes de certains mots ornés (*Allelu...ia* par exemple), et qui constituent une sorte de commentaire de ce texte. Ces deux procédés se généralisent à partir du XIIᵉ siècle. Ils nous ont laissé des manuscrits avec **une notation musicale** fondée sur **les neumes.**

La chanson des troubadours et des trouvères est également monodique et s'oppose à l'*Ars antiqua* polyphonique. **L'*Ars antiqua*** désigne les productions tant monodiques que polyphoniques des maîtres parisiens de 1230 à 1320 environ. Le *Roman de Fauvel* illustre le passage à **l'*Ars nova*.** Apparu au XIVᵉ siècle,

Danseuse accompagnée de castagnettes (Paris, BnF, lat. 1118, f°114 ; XIᵉ siècle)

l'Ars nova **mêle parties vocales et parties instrumentales**, innovation musicale née en France et en Italie. Cette introduction soulève **la désapprobation du pape Jean XXII**, qui publie en 1322 une décrétale interdisant les chants polyphoniques dont les textes sont différents à chaque voix et parfois, pour certains, profanes. **La chanson polyphonique** regroupe à cette période **motets, rondeaux, virelais, ballades et bergerettes.** D'une manière générale, une seule voix est dotée de texte, les autres parties sont confiées à des instruments. **Le motet** apparaît à la fin du XIe siècle, lorsque l'on place des paroles sous les vocalises de la voix. **D'abord latines et liturgiques, ces paroles deviennent au XIIIe siècle profanes et françaises**, même si la teneur reste encore le plus souvent liturgique. **Le motet se complique progressivement jusqu'à intégrer quatre voix** et prend parfois la forme du motet enté qui comporte un refrain (fin XIIIe siècle). Adam de la Halle a composé de célèbres motets entés. À partir de tous ces instruments et avec l'accompagnement de la voix, **la musique médiévale forme une palette sonore extrêmement riche et raffinée.**

X

LES LOISIRS

La vie des hommes du Moyen Âge n'est pas seulement faite de guerres, prières ou labeur. Les jeux, les fêtes, voire les débordements carnavalesques viennent interrompre la succession des travaux et des jours. Les loisirs aristocratiques : chasse, joutes, tournois, banquets avec ménestrels, échecs, restent le modèle dominant, parfois imité par les bourgeois les plus aisés (notamment pour les jeux de société).

Les fêtes religieuses sont l'occasion de mettre en scène la hiérarchie sociale, qui est le principe organisateur des grandes processions (dirigées par le clergé suivi des corps constitués de la ville, puis du peuple). Cependant, certaines fêtes subvertissent cette hiérarchie soit en la parodiant (fête de l'âne) soit en l'inversant (fête des fous).

La ville offre à ses habitants de nouveaux loisirs : les étuves publiques souvent liées à la prostitution, les jeux liturgiques et théâtraux et les entrées solennelles de personnages importants.

TOURNOIS ET JOUTES

Le tournoi apparaît dans la France de l'Ouest au milieu du XIe siècle. Il se définit par **l'affrontement collectif de deux groupes de combattants sur un vaste terrain**, loin des zones habitées. Son déroulement l'apparente à **une véritable bataille rangée**. Pour les jeunes chevaliers, il constitue **un entraînement guerrier** appréciable, un succédané de la guerre et un moyen d'enrichissement. Le prince ou le haut baron qui prend l'initiative d'organiser un tournoi envoie **des messagers** dans une aire géographique assez large. Le jour fixé, **les chevaliers, regroupés en « mesnies »** sous la conduite d'un banneret, s'affrontent. Le but des participants est de **capturer l'adversaire** pour le mettre à rançon, le dépouiller de ses armes et de son cheval,

Avant le tournoi, une dame remet son heaume orné à un chevalier (Codex Manesse, Heidelberg, BU, Cod. Pal. Germ. 848, f° 82v ; vers 1330)

mais aussi de se faire remarquer par des actions d'éclat. C'est cette dernière motivation qui conduit les combattants à porter un signe de reconnaissance bien visible sur leur écu. C'est ainsi que se développe **l'héraldique** dans tout l'Occident, avec la vogue des tournois au milieu du XIIe siècle (cf. Noms et signes identitaires, chap. XI). **L'Église** ne tarde pas à **condamner ces tournois**, où sont exaltées la violence et la recherche du profit. En 1130, le concile de Clermont proclame que tout chevalier mort dans ces « détestables foires » serait privé de sépulture chrétienne. Ce canon est repris par le IIe concile de Latran en 1139 et réitéré en 1179 au IIIe concile de Latran.

Au cours du XIIIe siècle, **le tournoi évolue vers la joute**. Les dimensions du champ de bataille diminuent et celui-ci est délimité par des lices. Les affrontements se produisent près des lieux habités de manière à être admirés par **un public** nombreux. Des crieurs annoncent dans toute la ville la date et le lieu du tournoi.

Ces **spectacles guerriers** privilégient l'affrontement individuel de deux chevaliers en duel. La joute devient alors **le divertissement noble** par excellence (cf. Noblesse des villes, noblesse des champs, chap. IV). Ces exploits individuels **sous les yeux des dames** correspondent parfaitement à l'éthique de la civilisation courtoise. La joute se raffine, se ritualise et se codifie pour devenir presque théâtrale au XVe siècle dans les « pas d'armes ».

CHASSE

La chasse n'est pas seulement un loisir de grands mais **une nécessité vitale pour les paysans** afin de défendre leurs récoltes et leur bétail contre les bêtes sauvages omniprésentes. C'est également une source complémentaire **pour l'alimentation et l'habillement** des plus démunis, car les riches seigneurs s'approvisionnent essentiellement en viande de boucherie (cf. Alimentation, chap. XI).

Les paysans chassent les nuisibles (loups, renards) et les lièvres et lapins avec **des pièges** qui vont du simple collet aux vastes filets destinés à piéger les oiseaux migrateurs, en passant par **la fosse** emplie de pieux hérissés. Leur droit de chasse est fortement réprimé par l'aristocratie, qui en fait un privilège qu'elle entend bien monopoliser à partir du XIe siècle.

Les nobles se démarquent de cette chasse de « coquins » par **un art de la chasse** codifié par divers manuels au XIIIe siècle, dont celui de l'empereur Frédéric II († 1250). Il est d'usage de distinguer **la chasse au vol de la chasse à force.** Pour la première, il est nécessaire de dresser des oiseaux de proie (**faucon et gerfaut**) et d'utiliser des techniques sophistiquées. La chasse à l'autour, oiseau dit de bas-vol, est réputée vile et dégradante. La chasse au faucon se pratique dans un espace

Chevalier chassant au faucon (La Haye, Meermano West., ms 76 F 13, f° 5v ; v. 1180-1200)

ouvert, à proximité d'étendues d'eau. **Les chiens** ont pour seul rôle de lever le gibier afin de permettre aux rapaces de les abattre. Les rapaces, capturés dans la nature et longuement dressés, risquent toujours de reprendre leur liberté durant cette chasse.

La chasse à force se pratique **à cheval** en compagnie **de meutes de chiens** tenus par les veneurs, elle exige une aptitude de haut niveau en équitation, en dressage des chiens et en combat. Tuer un sanglier noblement consiste, par exemple, à le transpercer à l'épée sans descendre de selle. **Les cervidés** sont la proie la plus recherchée. L'animal est poursuivi par la meute et les chasseurs à cheval jusqu'à ce qu'épuisé il s'arrête pour faire face aux chiens. On l'achève alors à l'épée ou à l'épieu. **Cette poursuite de l'animal** se place dans la *foresta* (espace extérieur pas forcément boisé) que les rois depuis le VIIe siècle, puis les seigneurs à partir du XIe siècle se réservent pour chasser, interdisant dans cette zone toute chasse par les paysans sous peine de mort. Cette extension de la chasse à force aux XIIe et XIIIe siècles suscite la colère impuissante des paysans.

Cette chasse aristocratique est inséparable du plaisir de **la convivialité**, elle est précédée et suivie d'**un banquet**. Cette compagnie s'ouvre aux **dames** pour la chasse au faucon. Le fameux *Livre de la chasse* de Gaston III de Foix, dit Phébus, a été dicté à partir de 1387.

BANQUETS

Le banquet désigne **un festin collectif**, destiné à renforcer les liens communautaires de ceux qui le partagent. **Les corporations et confréries** organisent très tôt un banquet le jour de la fête de leur saint patron, jour de **leur « siège » annuel**. Au début du XIVe siècle, le banquet de la confrérie des pèlerins de Saint-Jacques réunit un millier de participants ! De dimension plus modeste, **le banquet**

paroissial est attesté parfois pour la Pentecôte et pour Noël (appelé alors ***Defructus,*** du premier mot d'une antienne chantée aux vêpres de Noël). Les restes de ces festins sont distribués aux pauvres, comme il est d'usage de le faire dans les monastères après les repas de fête.

Les banquets princiers peuvent contenir un message politique fort ; on pense au premier repas pris par Guillaume le Conquérant et ses hommes sur le sol anglais en 1066, dont la broderie de Bayeux a conservé le souvenir. **Les municipalités** organisent également des banquets pour recevoir des hôtes de marque de passage dans la ville. **Le seigneur dans son château** ne manque pas d'organiser régulièrement des banquets, avec force troubadours et jongleurs, pour prouver à ses vassaux sa puissance et sa générosité, vertus nobles par excellence. Un des plus puissants comtes de Champagne porte le surnom d'Henri le Libéral, qui rappelle sa générosité, s'exprimant, entre autres, par de magnifiques banquets animés par des trouvères (cf. Vivacité de la poésie, chap. VIII). Au sein des familles, les banquets ponctuent **noces et enterrements.** Enfin, la littérature romanesque décrit nombre de banquets fictifs, marqués par la joie des convives, le luxe et la profusion des aliments.

TROUBADOURS ET TROUVÈRES

Les troubadours sont des **poètes lyriques de langue d'oc** ; leur nom vient de *trobar*, trouver, au sens de composer poème et musique. Ils se recrutent notamment dans **les hautes couches de la société** : **Guillaume IX,** comte de Toulouse († 1126), le comte de Provence, le seigneur de Blaye, **Jaufré Rudel** (1179) ou le seigneur **Boniface de Castellane** († 1265). On en trouve également chez de modestes sires sans fortune tels **Arnaut Daniel** ou **Bertrand de Lamanon** († 1270), chez des bourgeois comme **Peire Vidal** ou **Folquet de Marseille**. Certains sont des artistes itinérants tel **Bernart de Ventadour,** fils d'un archer et d'une fournière. **Les simples jongleurs** se contentent de réciter ou de chanter les œuvres composées par d'autres (cf. La musique, chap. IX). Les véritables troubadours soit déclament eux-mêmes leurs poèmes (comme Bernart de Ventadour), soit se contentent de composer, laissant à **un chanteur attitré** le soin de diffuser leurs œuvres (Arnaud de Mareuil, notaire du Périgord et troubadour, dispose d'un chanteur provençal attitré nommé Pistoleta).

Dès la fin du XIe siècle, l'art des troubadours, très élaboré, s'épanouit dans les **brillantes cours** seigneuriales du Midi, parmi lesquelles se distinguent celles de **Toulouse et de Poitiers. Guillaume d'Aquitaine, Jaufré Rudel, Cercamon et Marcabru** lancent le mouvement poétique, qui s'amplifie après 1170 sous la plume **d'Arnaut Daniel, Peire d'Auvergne et Raimbaut d'Orange, maîtres du *trobar clus*,** art hermétique et savant, qui s'oppose au ***trobar leu* ou *ric*,** plus riche et plus orné, de Bernart de Ventadour, Peire Vidal et Bertran de Born (cf. Vivacité de la poésie, chap. VIII).

Extrait d'une chanson, *Amour lointain*, de Jaufré Rudel
(vers 1179)

Quand les jours sont longs, en mai, j'aime le doux chant des oiseaux lointain ; et quand mon esprit s'éloigne de là, il me souvient d'un amour lointain ; je vais, plein de désir, inquiet et songeur, si bien que ni chant ni fleur d'aubépine ne me plaisent plus que l'hiver gelé.

Certes, je tiens pour vrai le seigneur par qui je verrai l'amour lointain, mais pour un bien que m'en échoit j'éprouve deux maux, car il m'est trop lointain. Ah ! que ne suis-je pèlerin, là-bas ! Puissent mon bâton et mon habit être contemplés par ses beaux yeux !

Quelle joie, quand je lui demanderai pour l'amour de Dieu, le gîte lointain ; et s'il lui plaît, je serai son hôte, près d'elle, moi qui suis si lointain. Alors ce sera l'aimable entretien, quand l'amant lointain sera si voisin qu'il jouira des beaux et charmants propos !

Triste et joyeux je repartirai si je le vois un jour, l'amour lointain. Mais je ne sais quand je le verrai, car nos pays sont trop lointains : il y a trop de chemins et de passages, et pour cela je ne suis pas devin. Mais que tout soit comme il plaît à Dieu !

Jamais d'amour je ne jouirai, si je ne jouis de cet amour lointain, car de femme plus noble et meilleure, je n'en connais en nul endroit, ni proche ni lointain. Si pur, si parfait est son mérite que là-bas, au pays des Sarrasins, je voudrais pour elle, être appelé captif.

Une vingtaine de **femmes** se sont illustrées en tant que ***trobairitz*,** depuis les nobles dames aux véritables jongleresses. L'ensemble de ces poètes nous ont légué pas moins de vingt-sept mille pièces lyriques, qui chantent la *fin'amors* (**l'amour courtois**) dans lequel

l'adultère et le plaisir sexuel se racontent comme si les contraintes de la morale et du lignage n'existaient pas. **La dame** (*domna*) reçoit **un nom de code** (*senhal*), elle inspire au poète un amour impossible qui lui enseigne la courtoisie (*mezura* et *cortezia*). Mais, à la fin de leur vie, **certains troubadours entrent dans les ordres,** comme Bernart de Ventadour, Bertran de Born et Folquet de Marseille, qui choisissent l'ordre cistercien. De plus, la croisade des albigeois (1209-1229) et ses derniers soubresauts mettent un terme à ce mouvement poétique et aux fastes des cours du Midi. Au XIIIe siècle se fait jour la conscience de l'urgence de **garder par écrit cette richesse littéraire,** longtemps livrée à de simples feuilles volantes ou à l'oralité ; **elle est alors compilée dans de vastes « chansonniers ».**

La grande notoriété des troubadours du Midi a sans doute influencé l'émergence **des trouvères dans la France du Nord** vers 1160, qui s'expriment, eux, dans **la langue d'oïl**. Il est possible que des jongleurs et des poètes itinérants, tel **Guiot de Provins,** y aient importé l'art des troubadours. Les trouvères gravitent essentiellement autour des **cours princières** comme celles de **Marie de Champagne** († 1198) et **d'Alix de Blois,** filles d'Aliénor d'Aquitaine, ou celle **d'Isabelle de Vermandois** († 1182), femme du comte de Flandre et plus tard celle du comte de Champagne **Thibaut IV,** lui-même poète. Les plus connus des premiers trouvères sont **Guiot de Provins, Huon d'Oisy**, vicomte de Meaux († 1189) et **Chrétien de Troyes** (qui a laissé deux chansons d'amour composées vers 1170). Autour de la brillante cour de Marie de Champagne gravitent également **Gace Brulé, Gilles de Vieux-Maisons et Pierre de Molins**. Isabelle de Vermandois propage cet art nouveau vers l'Artois et la Picardie où se produisent **Conon de Béthune** (baron artésien formé par Huon d'Oisy, son cousin), **Blondel de Nesle** (chevalier ou ménestrel picard), **le châtelain de Coucy, Gui de Tourotte et Hennuyer Gontier de Soignies**. À partir du XIIIe siècle, cet art lyrique se diffuse dans les villes et le milieu bourgeois. Les villes de **Paris** et d'**Arras** sont des centres d'importance, mais ne rendent pas compte à elles seules du foisonnement de cet art qui touche tous les milieux, **des officiers royaux** (Philippe de Beaumanoir, le père) aux **universitaires** (Jean de Meun). L'art des trouvères s'inspire de celui des troubadours, mais en se limitant au ***trobar leu,*** c'est-à-dire simple, doux et coulant sous la forme du *grand chant*. Les noms de deux cents trouvères sont conservés, mais, si l'on s'en tient aux transcriptions de leurs œuvres, beaucoup n'étaient que de médiocres poètes. Émergent de cette masse les poèmes d'**Adam de la Halle, Colin Muset, Thibaut**

de Champagne et une trentaine de chansonniers talentueux. La thématique se limite à l'amour courtois, à ses tourments et à ses plaisirs. Cet art est plus inventif au niveau musical. **Les mélodies des trouvères** ont été conservées en plus grand nombre que celles des troubadours (Cf. La musique, chap. IX).

VOYAGES

Une catégorie de voyage doit être mise à part : **le pèlerinage**, qui a un objectif purement religieux. Durant la période qui nous occupe, les pèlerins affluent **vers la Terre sainte**, notamment entre 1099 et 1147, lorsque Jérusalem est intégrée au Royaume latin de Jérusalem et donc facilement accessible. On a conservé plusieurs itinéraires de pèlerins. L'un d'eux, destiné aux pèlerins anglais, leur propose un cheminement à travers la France par étapes adaptées aux difficultés de la circulation. Sur cet extrait on reconnaît les noms des villes de Mâcon (*Mascum*), Lyon (*Lyuns*), Valence, Saint-Gilles et, à la page suivante, Chambéry (*Chamberaï*), Aiguebelle (*Eguebele*), Termignon (*Terminum*) et le Mont Cenis.

De nombreux pèlerinages locaux rencontrent un succès durable, attesté par **les récits de miracles** attachés à chaque sanctuaire et les ex-voto qui ornent les églises. A **Saint-Maximin-**

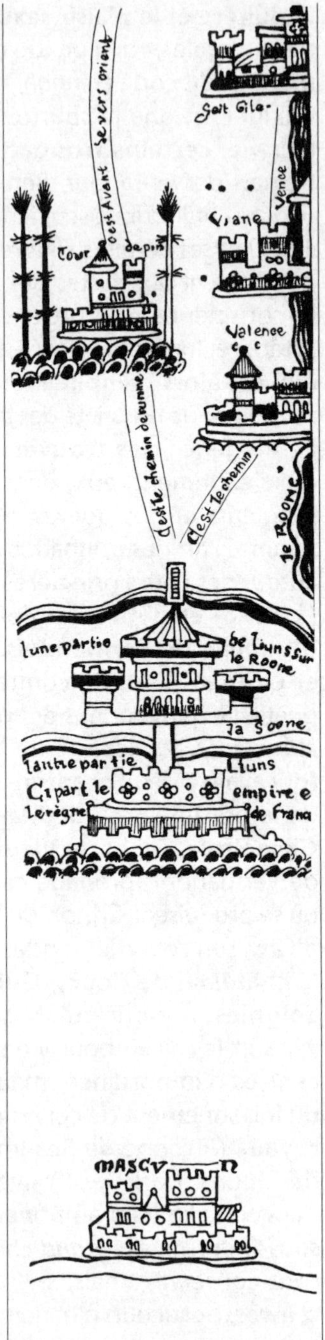

Itinéraire de pèlerins de Londres en Terre sainte (Cambridge, Corpus Christi, coll. 26, f° 11 ; XIIIe siècle)

L'HOMME DU MOYEN ÂGE

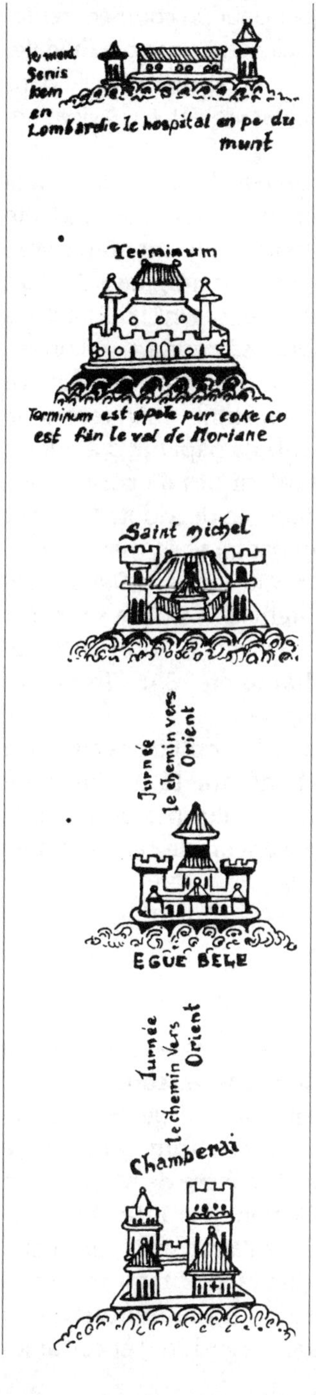

la-Sainte-Baume, les pèlerins racontent à un gardien du sanctuaire leur guérison miraculeuse. Puis le prieur du couvent voisin, **Jean Gobi l'Ancien**, couche ces récits par écrit en notant soigneusement l'identité, l'âge et la provenance du pèlerin, ainsi que sa maladie. Ces pèlerinages peuvent être **des initiatives individuelles ou collectives** ou bien **des pénitences pour hérésie ou autre crime condamné par l'officialité**, le tribunal de l'évêque ou par l'Inquisition (cf. La traque des hérétiques, chap. VII).

Sur les routes de France, on rencontre d'autres types de voyageurs : **les croisés** les plus pauvres, incapables de payer leur « passage » en bateau, **les marchands itinérants** surnommés les « pieds poudreux », **les messagers**, ancêtres de nos postiers, **les paysans** en route vers une zone de défrichement aux contrats attractifs, **les frères mendiants** en tournée de prédication, **les moines gyrovagues** tel Raoul Glaber, les mendiants et exclus cherchant leur bonne fortune de ville en ville. En France, l'ancien réseau des routes romaines, qui convergent vers **Lyon**, est remplacé par **un nouveau réseau centré sur Paris** qui se constitue progressivement du XIe au XVIe siècle. Dès le XIe siècle, de **nouvelles routes** (plus souvent des chemins sinueux et mal entretenus) relient les villeneuves, les abbayes, les châteaux (souvent placés aux carrefours ou sur les voies commerciales) aux nouveaux lieux de pouvoir et de dynamisme économique (cf. Reprise du commerce au long cours, chap. IV). **Quelques voies sont pavées**, aménagement coûteux financé par **des péages**. Ces voies permettent de transporter **de lourdes charges**, mais à **des**

vitesses lentes : cinquante kilomètres par jour pour un courrier, trente-six pour un convoi. Les transports se font également **par voie fluviale,** plus aisés d'amont vers l'aval en suivant le courant, plus difficile dans l'autre sens (le recours au **halage** est alors nécessaire) (cf. La navigation, chap. IV).

Les grands voyages internationaux se développent grâce à la paix imposée par les Mongols dans leur immense empire. La conquête de Constantinople en 1204 pousse nombre d'Occidentaux **vers l'Orient en passant par la mer Noire**. Les franciscains, **Jean du Plan Carpin et Guillaume de Rubrouck**, envoyés par Saint Louis auprès du **Grand Khan**, séjournent plusieurs mois à sa cour à Karakorum, en Mongolie. Leurs récits de voyage font connaître **l'Asie**, permettent de rectifier l'erreur sur la nature de la mer Caspienne, enfin reconnue comme fermée. Forte de ces renseignements, la papauté d'Avignon envoie **des missionnaires en Chine : ils fondent des diocèses, dont celui de Pékin** (appelé Cambaluc), dirigé par Jean de Monte Corvino. Les grands commerçants voyageurs ne sont pas français, mais italiens, comme le célèbre **Marco Polo,** qui décrit l'Asie dans son *Devisement du monde,* ou **les frères Vivaldi,** qui tentent en vain de se lancer sur l'océan Atlantique. L'Afrique est abordée vers le sud par **Jaime Ferrer,** qui atteint les côtes de **la Mauritanie** en 1346. Toutefois, l'intérieur de ce continent reste encore inconnu.

Il semble donc que **la notion de voyage de loisir ou de découverte d'une région semble bien étrangère à la mentalité de l'homme du Moyen Âge**. La conversion des païens, le salut personnel ou le commerce sont les mobiles premiers des voyageurs de cette période.

FÊTES

Le calendrier liturgique est scandé par des fêtes liées à la vie du Christ ou au culte des saints. **Certaines de ces fêtes sont appelées d'obligation** et s'accompagnent d'un **repos** assorti de l'obligation d'aller à **la messe. Le nombre de ces jours chômés ne cesse d'augmenter** tout au long du Moyen Âge : le concile de Mayence en dénombre **treize** en 803, et le décret de Gratien **quarante et un** vers 1140. La liste de ces fêtes varie d'un diocèse à l'autre mais comprend généralement **Noël, l'Épiphanie, l'Ascension** et, plus tardivement, la **Nativité de la Vierge, l'Assomption** (15 août), **la Pentecôte, la Fête-Dieu** (ou fête du Saint-Sacrement, instaurée en 1264) et **certaines**

fêtes d'apôtres, de saints patrons et martyrs locaux (cf. Calendrier, chap. VI). **Des processions** accompagnent ces fêtes, mais également parfois des jeux liturgiques, voire **des tableaux vivants** sur les parvis des cathédrales lors de la semaine sainte (cf. Jeux liturgiques et théâtre). **La procession des Rameaux** est bien souvent l'occasion pour toute une ville de se mettre en scène et de sacraliser des périmètres dans la ville. On a pu alors parler de « religion civique ». Ces processions sont suivies par **la société urbaine** selon un ordre hiérarchique strict : **les corps constitués** (corps de ville et corporations) en costume portant leurs bannières. Aux carrefours, la procession fait une station devant **un reposoir** (aménagé préalablement pour recevoir une statue, une châsse de reliques ou le saint-sacrement). **La Fête-Dieu,** ou fête du Saint-Sacrement, a lieu dix jours après la Pentecôte. Elle consiste en une grande procession extrêmement fleurie : les femmes se parent de **chapeaux de roses, les rues et les reposoirs sont ornés de fleurs.** Les cantiques et antiennes retentissent durant tout le parcours.

Fou reconnaissable à son chaperon à grelots (Oxford, Bodl. Lib., Ashmole 1523, f° 66 ; v. 1300)

Mais un certain nombre de fêtes dépasse ce cadre strict et contrôlé. À partir du XIIe siècle, les fêtes du cycle de Noël – la Saint-Étienne (26 décembre), les Saints-Innocents (28 décembre, appelée « **fête des fous** »), la Circoncision (le 1er janvier) sont l'occasion pour les enfants de chœur, les clercs, les diacres et les chanoines de **parodier la liturgie et d'inverser la hiérarchie** traditionnellement admise.

La même ambiance parodique prévaut lors **des carnavals,** placés les derniers jours avant l'entrée en carême et lors de la fête de l'âne, dans le temps de Noël. Lors de cette fête, on chante la prose de l'âne : **on mène en procession un âne** richement vêtu et on en fait l'éloge. Deux termes apparaissent au XIIe siècle pour désigner le carnaval : ***carnelevare*** ou ***carementran*** ; le premier rappelle l'abstinence de viande et le second, l'entrée en carême. Par opposition à cette période

Scène de charivari, tirée du Roman de Fauvel (Paris, BnF, fr. 146, f° 34 ; 1310-1314)

pénitentielle qui précède Pâques, le carnaval est un jour gras où l'on se régale de viandes et de légumes flatulents. **Malgré les interdictions des conciles, les masques** (souvent animaliers ou permettant une inversion sexuelle) sont portés par le peuple en fête, et les cérémonies parodiant la liturgie se poursuivent jusque dans les églises avec la participation du bas clergé. Dans les rues, **les royaumes de jeunesse, du rire** et les confréries joyeuses croisent **les cortèges burlesques** ou fastueux, financés par les corporations et les municipalités. Peu à peu, le carnaval accueille des spectacles sur des tréteaux tandis que, dans les cours princières, **les mascarades** deviennent une fête réservée à une élite (à partir du XIVe siècle). Le jugement et **l'exécution de l'effigie de carnaval** à la fin de l'hiver sur le bûcher sont considérés comme nécessaires pour que la vie renaisse au printemps.

En outre, lors de **certains remariages** (une veuve âgée avec un jeune homme, par exemple), la jeunesse manifeste de façon ludique sa désapprobation par **un bruyant charivari** mené sous les fenêtres des nouveaux mariés.

Par ailleurs, **les victoires militaires et les traités de paix** sont également l'occasion de **processionner** dans la ville et de chanter en chœur le *Te Deum*. **Les entrées des rois** ou de leurs hauts représentants dans les villes prennent, à partir du XIVe siècle, une solennité particulière sous la forme d'une procession menée par les corps constitués venus renouveler leur fidélité au roi et recevoir de lui confirmation ou augmentation de privilèges. Cette cérémonie fait alterner **offices religieux et harangues politiques.** Elle met la ville en fête : on offre parfois au peuple **des fontaines** (provisoires) de vin et on libère des prisonniers.

FOLKLORE

L'histoire des mentalités s'est intéressée au folklore très riche du Moyen Âge. Durant la période qui nous occupe, on voit émerger la culture folklorique dans **les sources écrites**. En puisant dans la matière de Bretagne, **la littérature courtoise** a accueilli nombre de motifs narratifs issus du folklore : êtres fantastiques peuplant les forêts et les lacs, notamment **les fées** (la Dame du lac qui élève Lancelot) ou la figure ambivalente de **Mélusine**. Les prédicateurs, à partir du XIIIe siècle, émaillent **leurs sermons** d'anecdotes exemplaires destinées à éveiller l'attention des auditeurs et leur permettre de mémoriser plus facilement la leçon théologique proposée. Quoi de plus efficace pour établir **une connivence avec le public** qu'une historiette proche d'une légende folklorique ? Par ces deux biais, la culture folklorique s'adapte aux nouveaux cadres urbains de la société.

Face aux éléments du folklore résistant à tous les efforts de christianisation, l'Église adopte une attitude critique, voire agressive. Elle condamne ainsi les conceptions folkloriques du calendrier : **les fêtes des calendes de janvier** (les étrennes du 1er janvier), la croyance selon laquelle **les douze jours** compris entre Noël et l'Épiphanie préfigurent les douze mois de l'année, **les prières adressées à la pleine lune, l'observation des jours égyptiens** (néfastes en souvenir des sept plaies d'Égypte), les présages et diverses pratiques divinatoires... Les clercs s'attaquent également aux **sources, étangs, arbres et bois sacrés, aux cultes non orthodoxes** comme le pèlerinage de saint Guinefort dans les Dombes (qui n'est autre qu'un lévrier injustement tué par son maître) et **aux danses du cheval-jupon** parfois associées à la fête de la Pentecôte. Les prédicateurs assimilent **les chevauchées nocturnes de la Mesnie Hellequin** (groupe de chevaliers défunts) à une troupe d'âmes en peine venues du purgatoire demander des messes et des prières aux vivants. En ville, les manifestations les plus visibles du folklore sont **les dragons processionnels** comme **la tarasque** de Tarascon et **le carnaval** qui apparaît au XIIe siècle. Les clercs ne peuvent empêcher ces débordements de **la culture folklorique** qui s'inscrivent au cœur du calendrier liturgique : la procession la plus populaire est celle du dimanche des Rameaux, appelée « Pâques fleurie », tandis que **le carnaval se** place juste avant les austères quarante jours du carême. Les religieux dénoncent l'usage des masques dénaturant l'apparence des hommes créés à l'image de Dieu.

Nous n'avons pas de cycle complet de carnaval avant la belle série d'aquarelles décrivant très précisément les costumes de celui de Nuremberg de 1429 à 1539, mais le *Roman de Fauvel* en donne une bonne idée au XIVe siècle.

Masque et déguisement en forme de cerf
(Paris, BnF, fr. 95, f° 261v ; vers 1280).

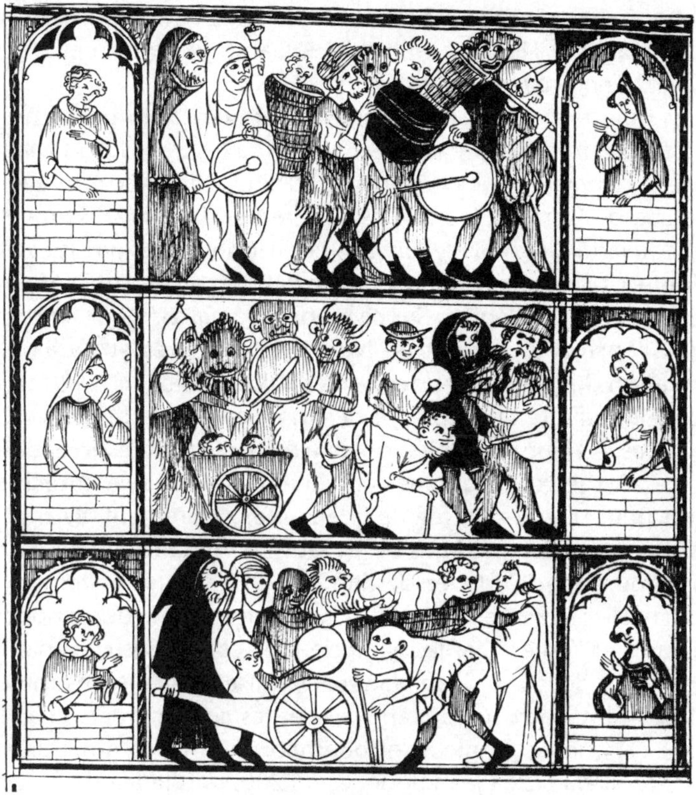

Scène de charivari tirée du Roman de Fauvel
(Paris, BnF, fr. 146, f° 36v ; 1310-1314)

JEUX LITURGIQUES ET THÉÂTRE

Les Mystères proprement dits n'apparaissant qu'à partir de 1400 environ, hors donc de notre champ chronologique, nous nous bornerons donc à esquisser les débuts des manifestations théâtrales dans la société médiévale sous la forme du **jeu liturgique** (*ludus*) et **des jeux profanes** et urbains.

La première manifestation d'un jeu dramatique apparaît dans les églises monastiques à **Pâques**, lorsque trois moines rejouent la visite au sépulcre, en se dirigeant vers un autel où un quatrième en aube chante le trope *Quem queritis in sepulchro* ? (Que cherchez-vous dans le sépulcre ?) et se tournent pour finir vers le public pour entonner

un chant pascal. Saint Ethelwold a assisté à **cette dramatisation de la liturgie** à Fleury-sur-Loire et à Gand, et l'a insérée dans sa *Regularis Concordia* entre 965 et 975.

Les quatre moines accomplissent **une véritable performance d'acteur** dans la mesure où ils cherchent à imiter les trois Marie et l'ange. À ce noyau originel viennent s'adjoindre des **pièces nouvelles** : la course de Pierre et Jean, la rencontre de Marie-Madeleine et du Christ au jardin, le *Noli me tangere*. **Les monologues lyriques et les dialogues** s'étoffent, le jeu se déploie dans un espace qui comprend diverses parties de l'église. Sur ce modèle pascal, des jeux liturgiques de **l'Ascension** et surtout de **Noël** sont élaborés et s'y ajoutent **l'adoration des bergers et des mages** (*Ludus pastorum, Ludus stellae*), la fuite en Égypte, le massacre des Innocents et la procession des Prophètes. À Fleury-sur-Loire, on joue également **la résurrection de Lazare**. Ces jeux liturgiques constituent un véritable **catéchisme vivant** pour une assemblée de fidèles majoritairement illettrés.

Dans un cadre profane et en langue vulgaire, le ***Jeu d'Adam*** français du XIIe siècle est bien destiné à la scène comme en témoignent les didascalies latines prescrivant les gestes, le ton et le décor opposant le paradis et l'enfer. Dès le XIIIe siècle, **des confréries** commandent pour le jour de leur « siège » annuel la mise en scène **des miracles de leur saint patron** (cf. L'artisanat et les corporations, chap. IV). C'est ainsi que les jongleurs et bourgeois d'Arras commanditent le ***Jeu de saint Nicolas*** à Jean Bodel vers 1200, puis le ***Jeu de la Feuillée*** à Adam de la Halle en 1276. Les orfèvres de Paris font jouer quarante **miracles de Notre-Dame** entre 1339 et 1382.

Le théâtre médiéval est né, il ne prendra toute son ampleur qu'au XVe siècle avec les grands Mystères.

Notons enfin que dans les marges d'un livre d'Heures de la fin du Moyen Âge est figurée une représentation de **théâtre de marionnettes** dans la rue.

BAINS ET THERMES

Les étuves sont présentes dans toutes les villes médiévales jusqu'à leur fermeture vers 1500, sous prétexte que l'on y contracte le « mal napolitain » (**la syphilis**). En effet, les établissements de bains sont notoirement liés à **la prostitution.** Les notables ou les princes n'hésitent pas à y emmener leurs hôtes.

Quelques miniatures représentent **les bains publics** où hommes et femmes partagent nus la même cuve, échangent quelques caresses avant d'aller vers **des lits** disposés à proximité. **Des tables** sont apprêtées devant les cuves pour associer les plaisirs de **la gastronomie** à ceux du bain. Dans ce cadre, **la sexualité** est incluse dans un ensemble de pratiques de loisirs, de délassements et de plaisirs. On compte à Paris pas moins de vingt-six étuves, en 1297 ; le bain coûte quatre deniers et l'étuve deux deniers d'après le *Livre des métiers* d'Étienne Boileau, prévôt de Paris (cf. Vivre à Paris, chap. II). **L'étuve** opère, par **la transpiration**, un nettoyage en profondeur, tandis que **le bain** assure **le rinçage** et achève de purifier le corps. L'étuveur ou l'étuveresse fait « **crier les bains** » après le lever du soleil, c'est-à-dire annonce leur ouverture. Ces établissements offrent à leurs clients les services d'**un coiffeur**, d'un personnel féminin nombreux parmi lequel **les prostituées** ne manquent pas. Il est même possible de se faire servir un repas dans la cuve prévue pour deux personnes. Dans le *Roman de la Rose* de Jean de Meun, le bain est une véritable **fête profane** associée à la sexualité hors mariage.

Mais les miniatures représentent également **des cuves chez les riches particuliers**. Une servante est chargée d'y verser de l'eau chaude, puis de « **tremper** » **le bain**, pour l'amener à la température voulue. Si le bain doit faire office d'étuve humide (sorte de sauna), elle place un drap sur la cuve.

Enfin, **les bains thérapeutiques** ou thermaux, si prisés par Charlemagne à Aix-la-Chapelle, ne disparaissent pas au Moyen Âge. Après une éclipse durant les périodes troublées, les thermes, comme ceux de **Bourbon-l'Archambault**, en Auvergne (déjà appréciés des Romains), reprennent du service à partir des XIe-XIIe siècles. Ils sont spécialisés dans le traitement des rhumatismes. Chaque patient peut prendre son bain très chaud (l'eau qui jaillit à 53 °C est rafraîchie par une source d'eau froide) dans une cabine bien couverte, close de murs et assortie d'**une chambre de repos**. Le début de la cure dépend **des phases de la lune**. Mais, même sans eau thermale, l'étuve et le bain sont aussi considérés comme des remèdes, des adjuvants à la saignée (cf. Santé et médecine, chap. XI).

JEUX DE SOCIÉTÉ

Le Moyen Âge a hérité du monde gréco-latin ses jeux d'armes, de lancer, de billes, de boules, de balles. **Le jeu de paume** connaît un succès particulièrement remarquable à la fin du Moyen Âge. On y joue avec **des éteufs,** lourdes boules de cuir emplies de bourre bien tassée afin que les boules puissent rebondir. Les joueurs sont munis de gants spéciaux. **Le jeu de dés**, considéré à juste titre comme le jeu médiéval par excellence, est également un héritage de l'Antiquité. Les fouilles archéologiques ont permis de retrouver des dés en quantité, fabriqués en os, en ivoire, en bois, en verre ou en métal. La ville de Paris ne compte pas moins de sept déciers (fabriquants de dés) en 1297. **Les jeux de dés vont des plus simples (la « griesche »), jusqu'aux plus sophistiqués (la « raffle »). La diversité des règlements** est à l'origine de **nombreuses querelles.** D'autres jeux ont été importés d'Asie et sont apparus en Europe vers l'an mil : c'est le cas **des échecs,** jeux princiers taillés dans des bois précieux, du jais, de l'ivoire, ou jeux plus populaires en bois ordinaire (fouilles de Charavines, Isère). Les pièces sont adaptées à la culture occidentale : **le vizir** devient **la reine ; l'éléphant, le juge ou l'évêque** avant de devenir **le fou** à la fin du Moyen Âge. **Les règles du jeu en font l'expression du combat féodal,** privilégiant les corps à corps, la faible amplitude des déplacements et une tactique de défense. Ce n'est qu'à la fin du Moyen Âge que la stratégie s'épanouira dans de nouvelles règles proches de celles actuellement en vigueur. Les chansons de geste et la littérature courtoise font du jeu d'échecs **un véritable attribut aristocratique**, qui intervient dans la formation du chevalier – Lancelot, Tristan – (cf. Noblesse des villes, noblesse des champs, chap. V). La bourgeoisie montante imite le mode de vie chevaleresque et ses jeux.

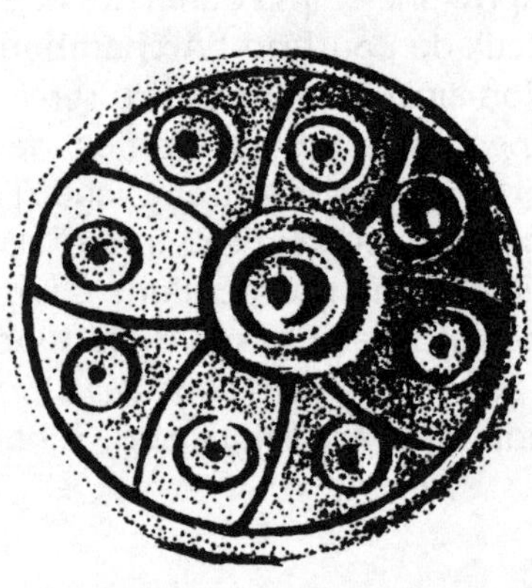

Pion en os (Xe-XIe siècle) (Musée d'art et d'histoire de Saint-Denis)

Les jeux de cartes n'apparaissent qu'à la fin du XIVe siècle. Les chansons de geste décrivent également **des jeux de table et**

de marelle dont les diagrammes, souvent figurés sur les miniatures, ont été retrouvés gravés sur des pierres, des murs ou des bancs de cloître.

La noblesse, oisive en temps de paix, joue **avec ostentation.** Elle se mêle au peuple lors de la soule annuelle.

Les pouvoirs civils tentent en vain d'interdire les jeux au nom de l'ordre public, souvent troublé par des rixes liées à des litiges en fin de partie. **Les condamnations de l'Église** se heurtent à la même résistance, si bien qu'elles finissent par se limiter aux seuls clercs. L'Église établit une typologie des activités ludiques : **les jeux sportifs** (autorisés), **les jeux intellectuels** (tolérés) et **les jeux de hasard** (prohibés). Le roi **Saint Louis** tente également de lutter contre les jeux ; il interdit la fabrication de dés et va même jusqu'à jeter à la mer la table d'échecs de son frère lors du voyage pour sa première croisade (1250).

XI
LA VIE PRIVÉE

Au Moyen Âge une barrière existe entre le public et le privé aussi bien dans l'aménagement de l'espace (notamment dans les habitations) que dans l'organisation de l'emploi du temps et des activités. Cependant, les frontières entre ces deux sphères ne suivent pas les mêmes contours que de nos jours. Pour ne prendre qu'un exemple : la promiscuité des étuves publiques, très fréquentées alors, gênerait bien des citoyens du XXIe siècle.

Les signes identitaires sont le nom et le blason. Ce dernier, création propre à l'Occident médiéval, se répand dans toutes les classes de la société et s'inscrit sur les armes, sur les vêtements, dans les manuscrits, sur les bâtiments, la vaisselle et toutes sortes d'objets. Les conceptions du corps se laissent deviner au travers de l'alimentation, de l'hygiène, des pratiques médicales et de la sexualité. Les mentalités de nos ancêtres nous sont en partie restituées par les sermons qui fustigent les superstitions, mais divulguent en même temps bien des aspects de la culture folklorique, en les christianisant. Le cas de la croyance aux revenants est un exemple emblématique de cette acculturation religieuse.

NOMS ET SIGNES IDENTITAIRES

La religion chrétienne ne reconnaissait qu'un seul nom : celui donné au moment du baptême. À partir de l'an mil, **les prénoms d'origine germanique** reculent devant les noms **chrétiens**, c'est-à-dire inscrits dans le calendrier des saints et des martyrs : **Marie, Martin, Michel, Pierre et Guillaume** sont les plus fréquents (avec toutes les variations possibles : Guillemette, Guillemine etc.). Le prénom **Philippe**, fréquent dans le monde byzantin, est introduit en France par la reine Anne de Kiev (épouse d'Henri Ier). Les rois capétiens empruntent à leurs ancêtres carolingiens les noms **Charles** et **Louis** (délaissant Carloman et Pépin) et y joignent ceux de leurs ancêtres : **Robert**, **Hugues** et **Eudes**. Dans les grandes familles féodales, quelques prénoms circulent de génération en génération : les princes gascons ont une prédilection pour **Sanche** ; les comtes d'Anjou pour **Foulque** et les comtes de Toulouse pour **Raymond**. Dans les États latins d'Orient, le prénom **Baudouin** jouit d'un grand prestige. Cette **transmission des prénoms** du père au fils ou de la mère à sa fille est également pratiquée dans les familles modestes, d'où la recherche de **diminutifs** pour distinguer les générations : le fils de **Pierre** s'appelle **Perrin**, **Perrinet** jusqu'à la mort de son père qui le fait accéder au prénom paternel, Pierre. Marion, Jeannet, Guillemin sont ainsi des **« prénoms d'attente »**, que leur porteur conserve parfois jusqu'à sa mort. Dès le IXe siècle, dans quelques régions, **un second nom** semble utilisé pour rappeler le nom du père d'une personne portant un prénom trop répandu. Ainsi, dans la famille des ducs de Gascogne, les fils de Sanche Loup s'appellent Aznar Sanche et Sanche Sanction. **Au XIIIe siècle, cette pratique est devenue courante** dans les villes comme dans les campagnes. Le deuxième nom est soit celui **du fief principal** pour les grandes familles (Mathieu, sire de Montmorency devient Mathieu de Montmorency), **celui du père** (le diminutif l'emporte : Perrin, Perrot, Peyre), **celui de l'origine géographique** (Jean de Bourg-la-Reine), **du métier** (le boucher devient Boucher), **des particularités physiques** (le Chauve, le Tort, le Brun). Curieusement, **des noms d'animaux** apparaissent parmi ces seconds noms : peu d'oiseaux et de poissons sauvages (Pinson, Goujon), mais beaucoup de mammifères et volatiles domestiques ou familiers : Cheval, Le Cerf, Le Coq, Mouton, Le Lièvre.

Jusqu'au XIIe siècle, les noms bibliques sont indifféremment portés par les Juifs et les chrétiens, mais peu à peu **les Juifs** usent de plus en plus souvent des noms exclusivement tirés de **l'Ancien Testament,** auxquels ils ajoutent souvent une mention d'origine géographique. Quand ils se convertissent, ils conservent parfois la mention de leur première appartenance (**Herman le Juif**).

Ces noms nous sont souvent restitués avec **des graphies variables** par des greffiers qui les couchent par écrit à l'oreille. **La notion de signature individuelle** n'existe pas encore. En outre, la majorité des hommes et des femmes du Moyen Âge est illettrée. **Même les rois signent de leurs initiales reliées par des entrelacs** plus ou moins

Sceau de Denis de Perchependue, paysan, Normandie (1276)

Sceau de Guillaume de Cayeux, chevalier, Ponthieu (1230)

Sceau de dame Sédille de Dampierre, Saintonge (1303)

Sceau d'Amédée V, comte de Savoie (1303)

complexes, figure dénommée **le seing**. Les auteurs signalent leur paternité intellectuelle par une formule ou un acrostiche mais non par une signature. **Les manuscrits autographes,** peu nombreux, se multiplient à la fin du Moyen Âge. En revanche, **les notaires,** à partir du XIIe siècle, distinguent le « **grand seing** » compliqué pour les actes solennels du « **seing de nom** » pour les actes moins importants. C'est ce « seing de nom » qui est à l'origine de la signature moderne.

Blasons dans le Liber Additamentorum de Matthieu Paris (Londres, BL, Cotton Nero DI, f° 171v ; XIIIe siècle).

Mais l'identification des personnes ne se limite pas au nom : les deux autres signes identitaires sont le sceau et le blason. Pour authentifier une lettre ou un acte, on a recours au **sceau**, empreinte sur une matière malléable (cire, plomb) d'images ou de caractères gravés sur une matrice en matière dure (argent).

Les blasons sont un signe identitaire fort, caractéristique de l'Occident médiéval. Ces emblèmes en couleurs sont en effet propres à **un individu**, à **une famille** ou à **une collectivité** (confrérie, ville, ordre). Leur composition est soumise à **des règles strictes** concernant **l'emploi des couleurs et des figures**. Au XIIe siècle, on voit d'abord apparaître ces emblèmes sur **les écus des chevaliers**, rendus méconnaissables par leur équipement militaire (casque et haubert), aux tournois et dans les batailles (cf. L'armement, chap. III). Les armoiries sont véritablement constituées lorsqu'un chevalier porte durant une longue période les mêmes figures et les mêmes couleurs.

Avec le nom patronymique, **ces armoiries, devenues héréditaires, participent à l'élaboration d'une identité et d'une mémoire familiales et lignagères**. Au cours du XIIIe siècle, ce système d'identification s'ouvre **aux femmes, aux ecclésiastiques, aux habitants des villes, aux artisans et même aux paysans** (en Normandie et en Flandre). Au siècle suivant, ce sont **les personnes morales** qui se dotent d'armoiries : villes, corps de métiers, communautés religieuses, institutions et administrations les plus diverses. Contrairement à l'idée fausse trop répandue d'un privilège nobiliaire attaché au port d'un blason, **toutes les classes sociales peuvent avoir des armoiries**. La seule règle est de ne pas usurper celles d'autrui.

Blasons dans le Liber Additamentorum de Matthieu Paris (Londres, BL, Cotton Nero DI, f° 171v ; XIIIe siècle).

Ces armoiries ont été dessinées ou gravées sur **des supports les plus variés** : documents écrits, monuments, objets innombrables. Les historiens peuvent souvent dater ces objets grâce justement à la présence de ces armoiries. Les spécialistes de l'héraldique s'interrogent également sur **les systèmes symboliques** qu'elles renferment, et sur **les armoiries imaginaires** prêtées à des héros de roman, des figures bibliques, mythologiques, légendaires ou ayant vécu bien longtemps avant l'apparition de ces blasons (rois, saints, papes). Des effets de mode sont visibles et notamment **la promotion progressive du bleu** aux dépens du rouge dans les couleurs dominantes.

HABITATIONS

De la maison paysanne au château seigneurial

Le terme « **maison** » désigne à la fois **l'ensemble concret de bâtiments et d'espaces libres** où vit et travaille **un groupe familial** et le groupe familial lui-même. Nous ne nous intéresserons ici qu'à la première acception du terme. **L'archéologie** s'est tournée depuis quelques années vers l'architecture privée non monumentale. Le renouveau urbain du XIe siècle s'accompagne **de nombreuses constructions** sur un nouveau modèle : **la maison monofamiliale plurifonctionnelle.** La différenciation sociale de l'architecture domestique s'accentue.

Les maisons paysannes du haut Moyen Âge sont constituées **de bois** (pour la structure et la charpente) et **de torchis** pour les parois,

Étapes de la construction à Brandes-en-Oisans, Alpes (XIIe-XIVe s.)

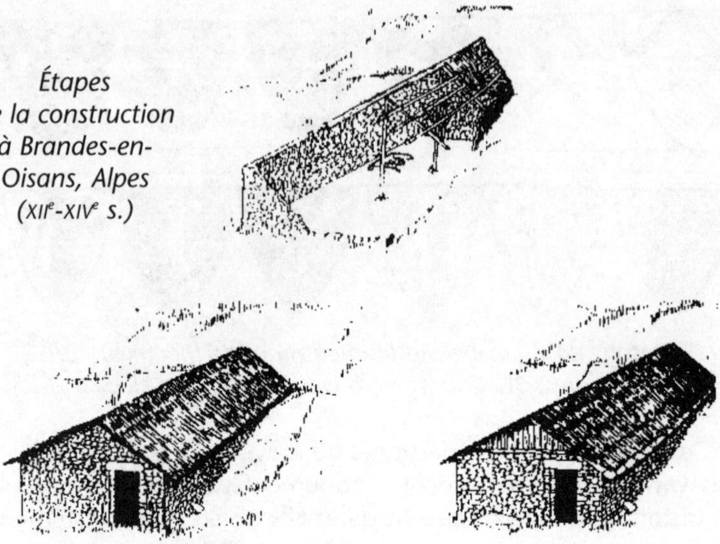

Pen-er-Malo en Guidel, Bretagne (XIIe s.)

La grange du Mont, Charmy, Côte-d'Or Bourgogne (XIVe s.)

Habitations paysannes

de couverture végétale (**chaume**) pour le toit. Elles s'apparentent à des cabanes dont les archéologues ne retrouvent que **les trous de poteaux** dans le sol. Ces habitats **rudimentaires et fragiles** sont construits par les paysans eux-mêmes. La maison longue abrite hommes et bêtes. Elle se divise en **deux pièces** dans le même bloc, parfois surmonté d'un grenier ou **fenil**. On entre directement dans la pièce à vivre où **le foyer** est disposé à proximité de la porte. La seconde pièce est utilisée comme **resserre, cellier et parfois zone de repos**. L'essor des XIe et XIIe siècles se marque dans l'amélioration de la maison paysanne à laquelle sont adjoints **des bâtiments séparés** : **granges, écuries, étables**, distribuées **autour d'une cour**, le plus souvent fermée (cf. La grange du Mont, p. 216). Les constructions deviennent **plus solides**, et l'on fait appel aux services d'un charpentier et d'un maçon. Cependant, les progrès se diffusent lentement : rares sont les cheminées ; les foyers au sol dominent encore (parfois matérialisés par un dallage de pierre ou de brique) ; les pièces restent dépourvues de fenêtres. Beaucoup de maisons sont **sombres et enfumées**.

En ville, l'habitation ordinaire reste l'héritière de la maison paysanne. À partir du XIIIe siècle, l'augmentation de la population sur un territoire urbain limité entraîne l'adoption de **constructions étagées en pierre. Au rez-de-chaussée, l'ouvroir ou la boutique** donnent directement sur la rue, **la salle est la pièce à vivre et à travailler, les chambres à l'étage abritent la vie privée de la famille**. Pour certaines professions, l'atelier est installé au premier étage : tisserand de drap pour la lumière, orfèvre pour la sécurité. En général, **ces pièces sont assez exiguës** : à Paris, entre dix et vingt mètres carrés. Au XIVe siècle apparaissent quelques pièces nouvelles spécialisées : cuisine, garde-robe, étude.

Les maisons des élites urbaines se distinguent par leur taille, le luxe de leur construction, la présence de jardins et d'écuries. Elles conservent des pièces typiques du château seigneurial : ***aula* ou salle voûtée, tour, associées à des bâtiments de plusieurs étages**, cour avec écuries et jardin (cf. Le microcosme du château, chap. V). Elles comportent en outre **une chapelle** ou un oratoire privé, et on y trouve les derniers progrès : cheminée, vitres, tuiles ou briques.

L'aménagement des maisons révèle le niveau social de leurs habitants et leur système de valeurs.

Les fenêtres relèvent du luxe. Elles sont formées par des lames d'albâtre, des vitraux colorés, des vitrages ou des toiles huilées ou cirées et fermées par des volets de bois aux vantaux sculptés. Chez les moins riches, de simples planches de bois obturent les rares ouvertures.

Les maisons étant plongées dans la pénombre, le recours à **l'éclairage artificiel** est indispensable. **Les cierges de cire** sont réservés aux plus riches et aux églises ; pour les autres, **la lampe à huile** et **la chandelle** de graisse animale constituent le seul moyen de s'éclairer. La lampe à huile est souvent une simple coupelle de terre cuite ou de fer. Dans les châteaux ou les plus belles demeures urbaines, il existe **un système d'évacuation des eaux usées** et des latrines. **Des puits filtrants** approvisionnent leurs habitants en eau. Les fouilles archéologiques, les miniatures mais aussi les inventaires après décès révèlent la présence de **cuves à baigner, de bassins à laver,** de seaux à bec, **de cuves à lessives et d'aiguières** dans les demeures des plus fortunés où l'on est plus sensible à **l'importance de l'hygiène** (cf. Bains et thermes, chap. X).

Dans les maisons paysannes, **le couchage** est réduit à **un lit exigu,** simple cadre de planche rempli **de paille** sur lequel est jeté un matelas de plumes ou de déchets textiles. **Les plus riches ont des matelas de duvet sur des châlits de bois. Dans les châteaux,** d'immenses **lits de parade** possèdent toutes les marques du luxe et du **confort**, avec **des couvertures doublées de fourrure**. Le rouge est souvent la couleur des couvertures, car on lui prêtait une valeur prophylactique. Le lit est en général le meuble le plus coûteux de la maison médiévale. **Les autres meubles** sont peu nombreux : **coffres, étagères** et, en ville, **placards et dressoirs. Les tables à tréteaux** sont peu à peu remplacées par **des tables à quatre pieds** dressées en permanence. **Les sièges** se **diversifient : le banc à dossier** gagne en confort avec le « banc tournis » qui permet de s'asseoir alternativement face ou dos à la cheminée.

La décoration des maisons est le fait d'une minorité privilégiée qui s'attache à **peindre murs, plafonds et meubles, et aménager des pavements multicolores** (influencés au XIVe siècle par les céramistes hispaniques et italiens). Pour les autres, **une natte de paille** tressée jetée sur la terre battue tient plus de l'isolation que de la décoration au sol. Les nombreux récipients en céramique sont plus ou moins décorés selon le niveau social. **Le bénitier** est un objet de piété qui se retrouve jusque dans de très modestes demeures. Ailleurs, **les reliquaires, les petites chapelles portatives, les statues et les tableaux** entretiennent la piété des grands, qui se font souvent aménager une chapelle privée (cf. Les arts dits mineurs, chap. IX).

VÊTEMENTS

Les archéologues disposent de peu de vêtements médiévaux qui permettraient d'étudier sur pièce les matériaux, les techniques de coupe, de couture, les accessoires métalliques. L'historien doit analyser **la documentation iconographique** et **les documents d'archives** qui concernent essentiellement les milieux aristocratiques.

La toile est utilisée pour les sous-vêtements et les vêtements d'été ; **le drap de laine** pour les vêtements de dessus et la soie pour les ornements de culte et d'apparat. À la fin du Moyen Âge, **les fourrures** connaissent une grande vogue (chevreau, lapin, vair ou zibeline) ; elles sont portées poil à l'intérieur.

Le costume populaire évolue peu par manque de moyens. Il s'adapte aux saisons et aux activités. C'est **un habillement minimal** d'étoffe et de teinture médiocres, à la coupe rudimentaire et étriquée.

En revanche, **le costume masculin du noble** est celui qui connaît l'évolution la plus importante. Au XIe siècle, les guerriers francs imitent les vêtements longs et amples des Méditerranéens, puis, aux XIVe et XVe siècles, ces chevaliers lancent la mode du vêtement

Vêtements et coiffes de bergers (Paris, BnF, lat 1073 A, f° 4 ; XIVe siècle)

Vêtements de paysans (New York, Pierpont Morgan Lib., ms 638, f° 12v ; v. 1250-1255)

ajusté et composé de pièces différentes pour le haut et le bas du corps appelées **pourpoint et chausse** (cf. Noblesse des villes, noblesse des champs, chap. V).

La qualité des étoffes, l'intensité des couleurs, la richesse de l'ornementation donnent à voir le statut social de celui qui porte ces vêtements. **Le rouge intense** obtenu par la teinture au kermès est la couleur la plus appréciée jusqu'au **triomphe du pastel** qui fait passer le bleu, promu couleur mariale et royale, au rang de couleur la plus diffusée dans le costume populaire français à la fin du Moyen Âge. Les classes supérieures préfèrent **les combinaisons de couleurs** : noir, violet et vert.

Le vêtement féminin évolue de manière moins spectaculaire. **La coiffure** y revêt une importance particulière : d'abord simple voile, elle devient chez **les paysannes** de la fin du Moyen Âge **un chaperon** noir ou rouge, et chez les dames de l'aristocratie **une construction savante de toiles et de soieries.**

Le vêtement est un marqueur social fondamental : certaines catégories sociales arborent des costumes qui les désignent aisément : Juifs, cagots, prostituées, religieux, lépreux, paysans. En revanche, dans le milieu urbain, **la bourgeoise** parvenue tente de se donner les apparences de la dame ; **les lois somptuaires** édictées par quelques villes sont là pour rappeler que chacun doit rester à sa place afin de préserver l'ordre social (cf. Les citoyens des villes, chap. V). La promulgation de ces lois s'accompagnent souvent **de sermons enflammés** des frères mendiants et de bûchers sur lesquels sont brûlées les « **vanités** », à savoir les vêtements et coiffures jugés trop luxueux, les perruques et produits de beauté ainsi que les jeux de toutes sortes.

FAMILLE, FEMME, ENFANT

La famille est conçue comme un ensemble de personnes unies par **des liens reconnus de consanguinité et d'alliance**, c'est-à-dire une « **parentèle** ». En ce sens, elle déborde le cadre de la résidence commune, partagée. **La délimitation de la famille** a été rendue nécessaire par **les interdictions prononcées par l'Église des mariages entre consanguins** (assimilés à des incestes) et par **la répartition des héritages.** Le partage d'un nom, d'un blason et d'ancêtres communs a été **un puissant ciment de l'identité familiale** (cf. Noms et signes identitaires).

Ève, cathédrale d'Autun (XIIe siècle)

La solidarité familiale s'est exercée de façon spectaculaire dans les vengeances privées (**faides**) qui ont ensanglanté l'histoire du Moyen Âge, même après l'instauration d'une justice d'État. Pour **la fiscalité** naissante, la famille assimilée à **un « feu »**, a été l'unité de base de l'imposition (cf. La fiscalité, chap. III). Pour les roturiers, **« vivre à feu et à pot »** est une réalité familiale incontournable ; même si l'historien a du mal à saisir l'extension de cette famille. En moyenne, on compte **entre trois et cinq personnes par feu**. Le premier état des feux du royaume de France a été dressé en 1328 ; pour les 61 098 feux recensés à Paris, les historiens en ont déduit une population variant de 80 000 à 240 000 habitants !

La place de la femme dans la famille et plus globalement dans la société familiale hérite d'une image négative de la femme dans la littérature grecque et latine, des Pères de l'Église et des moralistes chrétiens. Ces derniers voient dans les descendantes d'Ève **un danger pour la chasteté des clercs.**

Mais ils reconnaissent que, si la femme ne peut accéder au rang de docteur de l'Église, **elle peut accéder à la sainteté** et sublimer sa nature pécheresse en s'identifiant à la **Vierge Marie**, dont le culte va grandissant à partir du XIIe siècle. La littérature laïque fait preuve d'**une misogynie** identique (*Le Roman de la Rose* de Jean de Meun, les fabliaux). Pourtant, dans la réalité sociale, il est indéniable que des veuves ou des femmes mariées ont tenu **une place importante dans les activités de production** (agricoles et artisanales) et **dans l'exercice du pouvoir chez les aristocrates et auprès des souverains.** Les deux **régences** de Blanche de Castille (durant la minorité du roi puis durant son premier départ en croisade) en sont une belle preuve. C'est pour cette raison que les repères biographiques réunis à la fin de ce volume ont fait une place particulière aux reines (entre 1000 et 1348).

Malgré tout, il est indéniable que l'ordre social dominé par les hommes n'a laissé qu'une place secondaire aux femmes. Le roman

courtois, qui **exalte la beauté de la dame** et l'amour du chevalier pour elle, ne constitue pas vraiment une promotion de la femme, puisque la dame est attirante par sa beauté mais aussi (et surtout ?) par **son statut social supérieur** à celui du chevalier.

L'enfant a eu sa place dans la société médiévale. Il n'est pas considéré comme un petit adulte, mais comme **un être en devenir**. En effet, **les traités pédagogiques** et les images définissent trois périodes dans l'enfance : **de la naissance à l'âge de 2 ans**, pendant laquelle l'enfant ne parle pas (enfant vient de *infans* : **celui qui ne parle pas**), puis **de 2 ans à 7 ans**, lorsqu'il apprend à parler et à marcher mais est **encore incapable d'actes réfléchis**, puis **de 7 à 12 ans l'enfant atteint l'âge de raison**. Il apprend à **lire** (cf. Des écoles aux universités, chap. VIII). Les filles sont considérées comme **pubères** à 12 ans et les garçons à 14 ans. Ils peuvent alors se marier (cf. Rites de passage, chap. VI). Deux traditions s'opposent dans la représentation de l'enfant : l'une est négative ; l'autre, au contraire, valorise l'état d'enfance. Selon la première, influencée par **saint Augustin, l'enfant est marqué par le péché originel jusqu'à son baptême** (qui doit intervenir le

Jeux et exercices d'enfants de la noblesse

plus tôt possible) ; il reste ensuite **un être dénué de raison** qui dérange les adultes et empêche les parents d'être généreux envers les pauvres. **Selon la seconde tradition, l'enfant est un être innocent et pur, capable de dire la vérité** et de réussir là où les adultes ont échoué. C'est ainsi qu'est justifiée **la croisade des enfants** menée par Étienne de Vendôme, un petit berger à qui le Christ est apparu. C'est également selon le même principe que s'explique **la sainteté de l'enfant Bénezet**, à qui, lors d'une éclipse de soleil (en 1178), Dieu donne l'ordre de faire construire **le pont d'Avignon. Le culte de l'enfant Jésus,** lancé à partir du XIIe siècle par les cisterciens, conforte cette tradition qui valorise « **l'esprit d'enfance** », largement repris par les franciscains. Les fouilles archéologiques mettent régulièrement au jour **des objets destinés aux enfants :** mobilier et vaisselle adaptés, jouets, alphabets gravés sur la vaisselle des enfants, attestant une véritable prise en compte de cet âge de la vie.

SEXUALITÉ

L'Église et la société ont codifié la sexualité des hommes du Moyen Âge. Les sources qui nous restent pour la connaître ont été essentiellement écrites par des religieux, qui ont précisément renoncé à l'exercice de la sexualité. **Les transpositions romanesques ou picturales**, voire comiques ou obscènes dans les fabliaux, sont difficiles à interpréter, tant **l'imaginaire** s'y projette. Le système moral chrétien a pris en charge **l'héritage philosophique, médical et rituel** légué par l'Antiquité gréco-latine. Du ***Canon* d'Avicenne**, qui devient le fondement des théories médicales sur le sexe et la reproduction, découle la tradition selon laquelle **le sperme** est l'extrait le plus pur du sang ; c'est « **la vie à l'état liquide** », formée

L'HOMME DU MOYEN ÂGE

dans les régions cervicales et oculaires. **Le spasme** est un effort coûteux qui équivaut à deux saignées. Le capital génésique doit être géré avec **modération**, car l'abus du coït abrège la vie, débilite le corps, réduit le cerveau (cf. Santé et médecine, chap. XI). L'homme doit raisonner la femme, qui est plus sujette au désir, car plus proche de l'animalité. Au sujet de **la reproduction**, deux théories s'affrontent : **selon Galien, deux semences sont nécessaires pour donner naissance à un embryon ; pour Aristote, une seule semence (masculine) est responsable de cette naissance.**

Par ailleurs, le judaïsme a légué l'idée que le sacré est incompatible avec le sexué sous peine de **souillure** : **ceux qui vivent en contact avec le sacré se doivent de renoncer à toute activité sexuelle.** On retrouve l'essentiel de ces traditions dans le discours que tient l'Église à propos de la sexualité jusqu'à la fin du XIIe siècle. Elle y ajoute **la notion de chute et celle de péché** intrinsèquement liées à l'activité sexuelle. **La virginité est l'état le plus valorisé**, assimilé à une vie angélique. C'est seulement dans **le cadre du mariage** et dans le but de procréer que la sexualité trouve sa place dans l'anthropologie chrétienne. Mais, ici encore, l'Église établit **des règles très strictes** : les relations doivent être **nocturnes**, à la **volonté de l'homme** et selon **des positions conformes à l'espèce humaine**, au risque d'engendrer des monstres. Ce même risque pèse sur **les relations hors des périodes de continence sexuelle** : d'abord plus de deux cent cinquante jours par an, ramenés dès le XIe siècle à des périodes courtes sauf le carême, et aux temps de la grossesse et de la pénitence chez la femme. Le seul moyen de limiter les naissances est **la chasteté conjugale**, puisque le *coitus interruptus* est assimilé à une pratique déviante contre nature, et donc à un péché. **Le XIIIe siècle voit un assouplissement de la rigueur doctrinale de l'Église** dans ce domaine, accentué au XIVe siècle après **l'effondrement démographique** dû aux crises et à la Grande Peste. Il devient alors plus urgent de repeupler la terre plutôt que le paradis. Le commerce sexuel d'un célibataire avec une prostituée n'est plus assimilé à un péché. **La *copula carnalis* est jugée indispensable à la perfection du mariage**, de sorte que l'épouse d'un homme frappé d'impuissance peut légitimement en appeler au juge, comme l'illustre un article du *Décret* de Gratien, mis en image dans un manuscrit fort suggestif.

La sexualité naturelle procréatrice s'accompagne légitimement du plaisir, qui n'est plus condamné s'il est modéré. En revanche, **cette réhabilitation du plaisir conjugal** s'accompagne **d'une condamnation sans réserve de la masturbation et de**

Une femme se plaint auprès du juge de l'impuissance de son époux (Décret de Gratien, Baltimore, Walters Art Gall., ms W. 133, f° 277 ; v. 1290).

l'homosexualité. Pire, on prête aux exclus et aux ennemis de la société (les hérétiques, les sarrasins, les Juifs, les lépreux) **les pires déviances sexuelles** (cf. Les exclus, chap. V). Que l'on pense au châtiment d'Iseut livrée à Yvain le lépreux et à ses compagnons.

Au-delà de ces injonctions et de ces interdits ecclésiastiques, les indices qui nous renseignent sur les pratiques sexuelles de nos ancêtres révèlent **une morale sexuelle réservant à l'homme toutes les libertés et à la femme la modestie et l'honneur**. Jusqu'au XIe siècle, dans les grandes familles dominent **le cognatisme, la répudiation de l'épouse stérile, le concubinage, l'adultère** et **les rituels profanes** de la conjugalité. **La réforme grégorienne vise à imposer un modèle chrétien du mariage** (véritable sacrement à partir du XIIIe siècle) et à lutter contre **le concubinage des clercs**. La victoire grégorienne reste incomplète : un noyau de clercs concubinaires demeure ignoré par les évêques sauf en cas de scandale. Le mariage chrétien s'installe progressivement, mais avec **des distorsions** que l'Église ne parvient pas à corriger. Elle doit accepter de bénir **des deuxièmes, voire**

troisièmes noces tant la durée de vie des couples est courte (de dix à quinze ans dans l'aristocratie à la fin du Moyen Âge) du fait de la mortalité (cf. Rites de passage, chap. VI). Les problèmes de **l'adultère** échappent souvent à la juridiction ecclésiastique et sont encore souvent réglés par **les vengeances privées** ou par **des vengeances publiques humiliantes** (la course des amants nus à travers le village). Les juristes en droit civil acceptent le concubinage comme un quasi-mariage aux XIIIe et XIVe siècles. **La prostitution** est très largement tolérée. Enfin, **la différence d'âge importante entre les époux** – la jeune fille de 14-15 ans est souvent mariée à un homme mûr – nuit à l'égalité dans le couple. **L'obligation de procréer** présente dans la conception chrétienne du mariage est relayée par la tradition de jeter du blé sur les mariés en criant « plente, plente » (abondance, abondance), attestée dès le XIIIe siècle, et par les manifestations populaires de **dérision des couples sans enfants**. Cependant, **des pratiques abortives** existent (plantes, potions, étouffement du fœtus), certainement plus répandues en ville que dans les campagnes.

SANTÉ ET MÉDECINE

L'histoire de la médecine ne peut faire l'économie d'une histoire **des corporations de médecins, chirurgiens, barbiers et apothicaires,** qui défendirent chacune les champs d'exercice de leur art et leurs privilèges. Cette histoire doit également prendre en compte les conditions concrètes de **l'appel à la médecine** de la part des patients, **les lieux de soins,** mais aussi **les systèmes concurrents de guérison** : pèlerinages, guérisseurs, automédication familiale, etc.

La médecine médiévale a subi l'influence durable du quatrième livre des *Etymologies* **d'Isidore de Séville** († 636) dédié à **la médecine, qui est définie comme la restauration d'une énergie vitale.** Cette conception découlait de **la théorie humorale systématisée par Galien** au IIe siècle et **répandue par le Byzantin Oribase** au IVe siècle, et qui resta dominante jusqu'au XVIIIe siècle ! Elle affirme que **l'équilibre absolu des humeurs** est un idéal inaccessible pour un corps en perpétuel processus de transformations internes. **La prévention de la maladie et sa guérison reposent donc sur un régime alimentaire adapté à la fois aux tempéraments** (flegmatique, sanguin, bilieux, mélancolique) **et aux saisons**. Longtemps les institutions charitables se sont occupées pêle-mêle des pauvres, miséreux, malades et infirmes. **Le mal des ardents** (ergotisme) est plus particulièrement confié aux Hospitaliers de saint Antoine (en 1095) et **les aveugles** sont reçus à l'hôpital des **Quinze-Vingts** fondé par Saint Louis. On a souvent pensé que ces institutions charitables étaient peu encadrées par un personnel médical spécialisé, mais il semble en fait que de nombreux **religieux** employés dans ces institutions, sans être identifiés comme médecins, possédaient un indéniable **savoir médical**. Ce sont dans les monastères que **les manuscrits médicaux** anciens ont été conservés et annotés avec soin. Ce personnel à la fois religieux et médical peut prodiguer des soins tout en soutenant spirituellement les malades (avec Job comme modèle de patience) et en les préparant à la mort. Il est à même de prier avec efficacité pour les bienfaiteurs de ces hôpitaux. **Les chanoines qui gèrent l'hôpital de Laon sont ainsi réputés dans tout le royaume pour leurs soins en principe réservés aux indigents, mais recherchés par les nobles et les artisans des environs. Les infirmeries des monastères sont prises en charge par des religieux experts en médecine**, qui parfois assurent des soins à l'extérieur dans de petits hôpitaux ruraux établis à proximité. **Hildegarde de Bingen** (1098-1179), célèbre abbesse bénédictine, conseille dans ses écrits l'usage des simples et des pierres précieuses pour soigner certaines maladies.

Cependant, la fin du XIIe siècle et surtout le XIIIe siècle voient **la laïcisation de la fonction médicale**. Les médecins laïcs des nouvelles générations, non pourvus de bénéfices ecclésiastiques, ont la réputation d'être avares, mais **le paiement des honoraires** est pour eux une nécessité vitale. Ces médecins laïcs apparaissent dans les jurys destinés à statuer sur les cas de lèpre et dans les archives hospitalières, tandis que l'Église de la réforme grégorienne multiplie les rappels à l'ordre des religieux trop impliqués dans des activités médicales, enfreignant souvent le tabou du sang. **Le désengagement de l'Église est concomitant de l'apparition des confréries de médecins et d'apothicaires. Les basses œuvres sont laissées aux barbiers et chirurgiens** (saignées et petites opérations), **mais aussi aux matrones et « ventrières »** (accouchements).

Tout en se dégageant de la médecine, l'Église continue de professer une méfiance radicale à l'égard **des guérisseurs** de tout poil, notamment à l'égard des ***vetulae*** (vieilles femmes expertes en simples et autres savoirs empiriques). **Le *Livre des simples médecines*,** composé à Salerne entre 1130 et 1160 par Mattheus Platearius, devient **la bible des apothicaires** de toute l'Europe. L'école de médecine de

Salerne est très réputée, mais on s'en défie aussi dans la mesure où des femmes y sont admises. En France, **l'école de Chartes** (XIe-XIIe siècle) puis **l'université de Paris** s'ouvrent à la médecine théorique, tandis que celle de Montpellier est plus proche de l'observation (**Montpellier** dépend de la couronne d'Aragon puis de Majorque de 1204 à 1349). **Arnaud de Villeneuve** († 1311), le médecin des papes, y enseigne et y compose son *Miroir des introductions médicinales* et *Des diverses intentions des médecins*. À côté de ces médecins patentés, on trouve dans le midi de la France **de nombreux médecins juifs** réputés, formés dans leurs propres écoles. Ils connaissent leur apogée au XIIe siècle, ayant une importante clientèle chrétienne malgré les interdits, puis disparaissent à cause des persécutions.

Les moyens de pratiquer un diagnostic sont limités : prise qualitative du **pouls**, interprétation **des particularités du sang, du flegme** (les mucosités), **de la bile** (jaune ou noire) **et des urines.**

Le médecin est également attentif aux phases de la lune et **aux signes du zodiaque**, chaque signe étant relié à une partie du corps (le Bélier à la tête, le Lion au cœur et à l'estomac...). Il prescrit **des médicaments composés de plantes médicinales, de « drogues »** (opium, camphre, musc, myrrhe, aloès), **d'épices** (cannelle, girofle, noix de muscade), mais aussi de **produits animaux** (l'escargot séché et pilé guérit la calvitie et la stérilité). Le principe est d'administrer un médicament opposé à l'humeur. Cette médecine est privée de véritable formation anatomique. **La première dissection a lieu en 1315 à Bologne**, en 1376 à la faculté de Montpellier et en 1407 à Paris. Pour pallier la rareté des observations directes, **les dessins techniques** se multiplient. **Mais la circulation du sang et le rôle du cœur sont encore ignorés.** Lors de **la Peste noire**, les médecins conseillent l'éloignement du malade, des fumigations d'herbes aromatiques ou d'encens pour tenir à distance les mouches,

Le médecin examine les urines du patient alité (Vidal Mayor, Getty, Mus., Ludwig XIV. 6, 83. MQ. 165, f° 28v ; XIIIe siècle).

le lavement des mains et des pieds, la cuisson des aliments. Le médecin **Jacques Despars** préconise alors d'éviter la promiscuité des étuves publiques (cf. Bains et thermes, chap. X).

Mais il faut garder en mémoire que les simples malades ont bien d'autres recours : pèlerinages, guérisseurs locaux, petits métiers de la médecine **(arracheurs de dents, extracteurs de calculs, baigneurs et étuvistes, rebouteux**) auxquels ils confient plus volontiers leurs corps souffrants.

ALIMENTATION

Le haut Moyen Âge a vu l'expansion vers le Nord de produits méditerranéens : **le pain, le vin et l'huile végétale**. La règle de saint Benoît repose, pour ses prescriptions alimentaires, sur ces produits et contribue à les diffuser dans toute l'Europe carolingienne lorsque tous les moines se plient à cette règle à partir de 817. De plus, l'obligation de **l'abstinence de viande et de graisse animale lors de certaines périodes du calendrier liturgique** (l'Avent, le carême et le vendredi) **conduit les fidèles à utiliser l'huile végétale comme substitut** du saindoux et du lard. Le Moyen Âge privilégie **la culture des céréales grossières** qui demandent le moins de soins : orge, avoine, épeautre, millet, sorgho, panic et, surtout, **seigle**. À partir du XIe siècle, **l'intensification des cultures** se fait aux dépens des pâturages et des bois, et l'exploitation des ressources forestières est progressivement confisquée par les classes dominantes. **L'alimentation des paysans y perd en diversité** et se fonde essentiellement sur les produits d'origine végétale : **céréales et légumes, tandis que la consommation de viande devient un signe extérieur de prestige des seigneurs** (cf. La chasse, chap. X). **En ville, la population accède à une alimentation plus diversifiée** grâce aux marchés : fruits, légumes, viandes ovine et bovine. Cette situation alimentaire privilégiée des couches populaires urbaines devient un grave handicap **en cas de disette : les prix flambent**, et ce menu peuple ne dispose d'aucun jardin ou terrain pour cultiver des compléments alimentaires, comme le paysan qui veille jalousement sur son jardin. **En ville**, la céréale la plus vendue est **le froment, qui donne un pain blanc, bien plus apprécié que le pain noir** (au seigle) **des paysans**. Ceux-ci complètent leur alimentation fondée sur le pain (d'où l'expression *companatico* pour désigner tous les autres mets) par **des bouillies de céréales, des soupes, des légumineuses** (lentilles et fèves) **et de la farine de châtaigne**. Les châtaigneraies (**l'arbre à pain**) se répandent du XIe au XIIIe siècle. **Le poisson salé** ou de préférence **saur** (le hareng est pêché à partir du XIe siècle dans les ports de la Manche) constitue un complément alimentaire important, auquel il faut ajouter **les boissons fermentées** mais faiblement alcoolisées : **le vin, la cervoise** bientôt détrônée par **la bière**.

La fin du Moyen Âge (à partir de 1300) voit fleurir pour les cours princières et seigneuriales **les livres de cuisine qui proposent de nouvelles saveurs fortement épicées** (gingembre, cannelle, poivre, clou de girofle). **Le noble n'est plus celui qui mange beaucoup** (comme durant le haut Moyen Âge) **mais celui qui déguste une cuisine raffinée et diversifiée**. Celle-ci se compose **de potages, ou brouets, de plats de viande** copieusement ensaucés et de **légumes**. De plus, les ouvrages médicaux rappellent que chacun doit manger selon son état (**son statut social**). Le riche aurait des problèmes de digestion s'il avalait les soupes lourdes des paysans, et l'estomac grossier de ces derniers serait bien incapable de supporter les mets raffinés des plus riches (cf. Santé et médecine). Ces mêmes ouvrages estiment plus nobles les nourritures qu'il faut aller chercher au sommet des arbres (fruits) ou dans les airs (oiseaux) ; en revanche ils qualifient de plus viles, et donc meilleures pour le peuple, les ressources qui se trouvent au ras du sol, voire sous terre. **Par l'alimentation se dessinent clairement les clivages sociaux.**

DÉVOTIONS ET « SUPERSTITIONS »

La dévotion monastique, bien connue par les règles et coutumiers, **a longtemps été le modèle de celle des séculiers et des laïcs**. **Les heures monastiques** (ou canoniales) sont recopiées dans **des bréviaires** pour les membres de l'Église séculière, mais aussi (en partie) dans **des psautiers et des livres d'heures** (souvent en langue vernaculaire) destinés aux laïcs (cf. L'Église : une hiérarchie double, chap. VII). **Une littérature de dévotion** guide les fidèles dans les prières (individuelles ou communautaires). Ses plus célèbres ouvrages sont les *Méditations* de Jean de Fécamp († 1078) et d'Anselme de Cantorbéry († 1109), tournées vers **les affections de l'âme** et **l'humanité du Christ, notamment dans la Passion**. Les cisterciens et les chartreux reprennent ces thèmes et proposent une technique de **méditation fondée sur la vie du Christ** et les étapes de sa Passion. **Les prières des franciscains** débordent d'affectivité et d'émotion. Les prières sont également tournées vers **la Vierge et les saints, mais aussi l'hostie, la croix, les images sacrées**. À partir du XIIe siècle, **la posture de prière se fige** : à genoux, les mains jointes. Les laïcs recherchent dans **les confréries** un encadrement religieux adapté à leur statut. Ils se retrouvent avec des confrères de la même branche professionnelle pour écouter **des sermons ou des lectures pieuses, assister à des offices et participer à des processions** pour les grandes dates clés du calendrier liturgique et surtout pour la fête du saint patron de la confrérie (cf. L'artisanat et les corporations, chap. IV). Le confrère obtient la garantie que les autres membres de la confrérie participent à **ses funérailles** et font dire des messes à son intention après sa mort, lui assurant ainsi le salut ou, du moins, un séjour écourté au purgatoire.

Si l'audition de sermons, la participation à la messe et la confession constituent des actes de piété obligatoires, l'Église conseille fortement aux laïcs de mettre en pratique leur dévotion dans **des œuvres de miséricorde : le jeûne, la discipline** (au sens de flagellation), **la visite des autels** (les béguines baisant les autels où l'Eucharistie vient d'être célébrée), **l'aumône, la visite des malades, le rachat de prisonniers et l'inhumation des indigents. Le départ en pèlerinage**, donné comme pénitence pour certaines fautes particulièrement graves, n'est pas toujours bien considéré par l'Église, qui a du mal à contrôler les troupes de pèlerins. Elles se rendent dans **les sanctuaires internationaux** (Rome, Jérusalem et Saint-Jacques-de-Compostelle) ou dans **les innombrables sanctuaires locaux**, dont l'origine n'est pas toujours très orthodoxe, comme l'a montré le culte de saint Guignefort, dans les Dombes près de Lyon, voué, non pas à un saint, mais à un lévrier injustement tué par son maître ! En France, **les chemins de Saint-Jacques-de-Compostelle** sont balisés par des bornes particulières et des églises de pèlerinage ou des basiliques célèbres (cf. Les voyages, chap. X).

De surcroît, L'Église regarde avec suspicion **les excès de dévotion** chez les laïcs, notamment le mouvement **des flagellants apparu dans les années 1260 en Italie, qui ressurgit dans la France du Nord-Est après la Peste noire** et qui se diffuse jusqu'en Avignon. Le pape Clément VI condamne ce mouvement.

Parallèlement à cette **promotion d'une dévotion contrôlée** chez les laïcs, l'Église condamne fermement **les « superstitions »**. Celles-

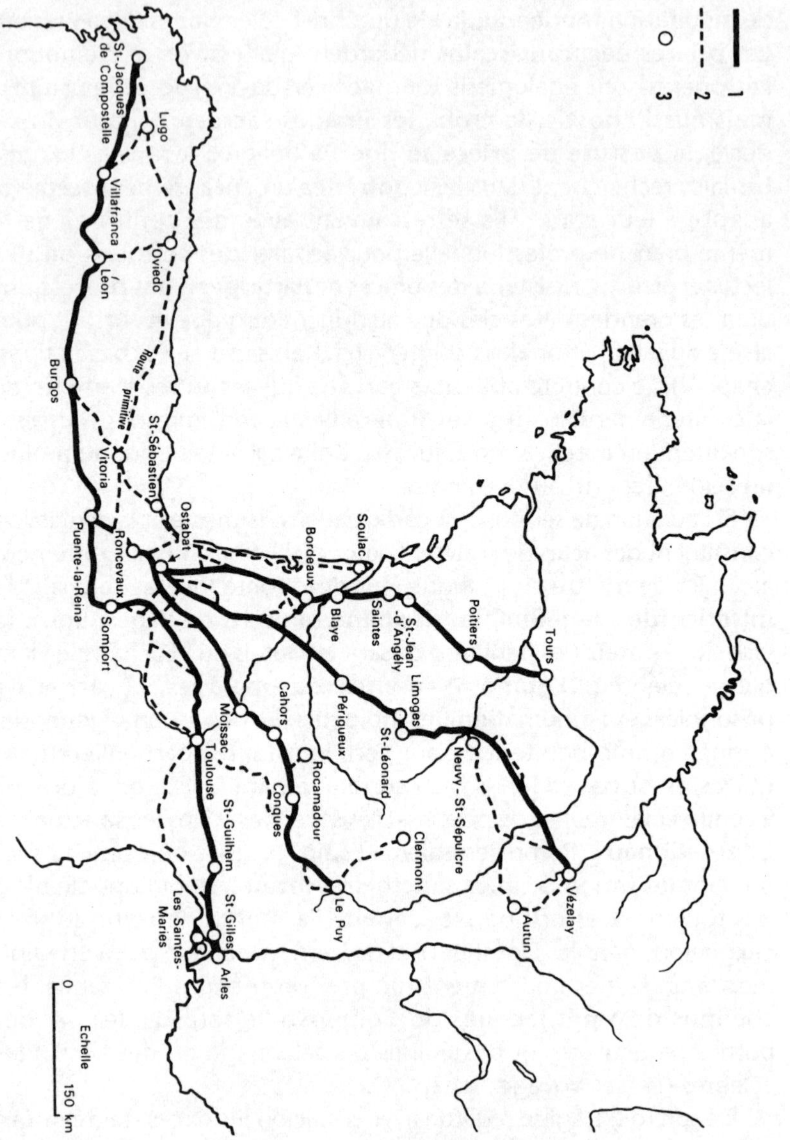

Les routes du pèlerinage de Saint-Jacques-de-Compostelle

ci sont en fait **un ensemble de croyances et de rituels** qui se rattachent à une conception du temps, de l'espace, de l'homme bien éloignée de l'enseignement chrétien. Ce dernier est défini par l'opposition entre le bien et le mal, le divin et le diabolique, alors que les conceptions folkloriques admettent sans peine **l'ambivalence de certaines périodes** (les douze jours entre Noël et l'Épiphanie, par exemple, propices aux retours des morts et aux rituels divinatoires sur la future année), **de certains lieux** (les carrefours, le seuil de la porte sous lequel on enterre les enfants morts sans baptême) et **de certains êtres** (les revenants à la fois bienfaisants et malfaisants selon les circonstances). Comme le temps n'appartient qu'à Dieu, l'Église s'oppose à toutes les pratiques destinées à **deviner l'avenir** et à le rendre bénéfique : elle dénonce ceux qui pensent qu'entendre le chant du coucou le premier mai est l'assurance de ne pas mourir dans l'année, ou qu'en réservant la bûche qui a brûlé la nuit de Noël on attire la prospérité sur la maison, etc. (cf. Folklore, chap. X). De la même manière, afin de gagner la fortune, certaines personnes laissent **une table dressée la nuit pour « dame Abonde »**, assimilée par les clercs à Diane ou Hérodiade. D'autres croient à **la substitution d'enfants démoniaques (les changelins) aux enfants des hommes.** Enfin, l'Église diabolise les manifestations de la culture folklorique qu'elle ne parvient pas à christianiser : par exemple, la **danse du cheval-jupon, les masques de carnaval et les vieilles femmes** (*vetulae*) dépositaires de ces traditions, **souvent assimilées à des sorcières** inspirées par le diable (mais les grands procès de sorcellerie ne commenceront que vers 1400). Enfin, l'Église doit lutter contre **l'utilisation de ses sacrements à des fins magiques** : l'hostie et l'eau bénite sont parfois détournées de leur vocation pour servir à attirer des abeilles dans une ruche, assurer de bonnes récoltes dans un champ ou se protéger des mauvaises rencontres… (cf. Les sept sacrements, chap. VII).

FANTÔMES DU MOYEN ÂGE

L'image d'Épinal d'une France médiévale hérissée de **châteaux hantés** a encore la vie dure si l'on en croit nombre de romans et albums de bandes dessinées. Or ce thème du fantôme illustre parfaitement la complexité des relations entre l'Église et la culture folklorique. L'idée que des défunts puissent apparaître aux vivants est déjà bien attestée durant **l'Antiquité**. **Le culte des ancêtres** a précisément pour objet de tenir les morts à distance, **leur donner le repos garant de la tranquillité des vivants.**

L'Église chrétienne adopte en fait deux points de vues opposés sur cette question. **Suivant saint Augustin, elle affirme l'impossibilité d'une relation entre morts et vivants**, à l'exception des saints. Les apparitions des morts sont reléguées dans le registre **des songes,** voire des **illusions diaboliques**. Mais le discours de l'Église s'infléchit nettement dans le IVe livre des *Dialogues* du pape **Grégoire le Grand** († 604), où il **présente nombre d'anecdotes relatives aux revenants dans un cadre parfaitement chrétien**. Cette position est bien plus proche des croyances des fidèles.

Durant tout le Moyen Âge, **la prière pour les défunts** prend une importance croissante ; monopolisée un temps par **Cluny** au profit des riches lignages, elle est **démocratisée** en même temps par l'Église. C'est elle qui organise **la fête des défunts du 2 novembre** et des célébrations hebdomadaires en faveur de tous les fidèles défunts – appelées le « **lundi des Trépassés** » – (cf. Calendrier, chap. VI). Parallèlement, les clercs recopient et diffusent un nombre croissant d'histoires de fantômes (en partie inspirées par la culture folklorique), souvent reprises dans les sermons des prédicateurs. À partir du XIIIe siècle, l'Église définit clairement **trois lieux dans l'au-delà : le paradis pour les élus, l'enfer pour les damnés et le purgatoire pour tous les autres**, c'est-à-dire la majorité. Cette clarification lui permet **d'assimiler tout revenant à une âme du purgatoire venue demander aux vivants des messes et des prières**, que l'Église offre régulièrement dans de grandes célébrations collectives et anonymes, mais aussi (et surtout) dans **des messes particulières** contre espèces sonnantes et trébuchantes. C'est ainsi que la multiplication des récits d'apparitions de fantômes s'explique pour une bonne partie par les bénéfices que l'Église en tire et par la demande des fidèles désireux de venir en aide à « leurs » défunts. Ce faisant, l'Église se présente comme le seul intermédiaire valable entre les vivants et les morts, concurrençant ainsi « **l'armier** », messager des âmes encore si populaire dans le village de Montaillou au début du XIVe siècle.

BREF GLOSSAIRE

(Les termes définis dans ce glossaire sont signalés en italique dans l'index final)

Alleu : Propriété individuelle (terre, château) divisible et aliénable sans aucune sorte d'entrave. L'alleu s'oppose à la tenure, qui n'est ni divisible ni aliénable. Les terres possédées en alleu sont dites allodiales. L'alleu est très important dans la France du Sud et plus rare dans la France du Nord. Après l'an mil, les seigneurs des grands domaines tendent à imposer leurs contraintes sur les alleutiers pour les transformer en tenanciers, en échange de leur protection.

Apanage : Concession, par un roi ou un prince, à un membre de sa famille (fils ou frère), d'une terre et des pouvoirs de ban qui y sont attachés en compensation de la couronne réservée à l'aîné. L'apanagiste doit hommage et fidélité au roi ou au prince. En principe, l'apanage fait retour au patrimoine en cas de déshérence.

Arts libéraux : Disciplines de base de l'enseignement antique puis médiéval, divisé depuis Martianus Capella au ve siècle en trivium : rhétorique, grammaire et dialectique, et quadrivium : géométrie, arithmétique, astronomie et musique. Ce sont les matières que l'on enseigne dans la faculté des arts.

Ban : À l'origine, pouvoir de commandement du chef de guerre dans les sociétés germaniques. Il devient le pouvoir du souverain de contraindre et de châtier. Il se développe sous l'Empire carolingien au profit des empereurs et de leurs représentants, les comtes. Après l'effondrement de l'édifice carolingien, le droit de ban se dilue progressivement jusqu'aux plus bas degrés de la hiérarchie féodale : ceux des châtelains.

Banlieue : Au sens juridique, territoire voisin d'une ville ou d'un château, soumis à son ban, c'est-à-dire à son contrôle militaire et judiciaire, sans toutefois jouir de ses privilèges.

Baron : Du francisque *Ber*, homme fort, il désigne en France et en Angleterre les grands du royaume, vassaux directs du roi ou relevant d'un grand feudataire. Aux derniers siècles du Moyen Âge, on réserve de plus en plus souvent ce titre à des nobles, placés dans la hiérarchie nobiliaire après les vicomtes.

Bourg : Quartier marchand installé à côté du noyau urbain originel (*castrum*, abbaye, ville gallo-romaine). D'abord séparé de ce noyau, parfois ceint de ses propres murailles, le bourg finit par s'intégrer à la ville, dont il devient un quartier.

Bourgeois : À l'origine homme du bourg, le bourgeois est un habitant de la ville qui se distingue par le fait qu'il est propriétaire (le plus souvent d'un commerce), possède la liberté, jouit des privilèges propres à la ville. Ce statut de bourgeoisie ne profite pas à tous les habitants ; les modalités de son acquisition sont souvent spécifiées dans les chartes de franchises urbaines.

Château : Édifice fortifié qui combine des fonctions de défense et d'habitation. Il naît au Xe siècle dans les régions frontières (Catalogne) et se généralise après l'an mil. Le droit de fortification est un droit régalien, qui a été délégué à de simples châtelains ou proprement usurpé lors du déclin du pouvoir central. Les ouvrages les plus sommaires sont constitués d'une tour élevée sur une motte. Peu à peu, les donjons se diversifient et deviennent un point marquant du paysage. Le château est dès lors le centre d'exploitation des paysans dans le cadre de la seigneurie.

Chevalerie : À l'origine, groupe de cavaliers au service du seigneur pour défendre ses intérêts et étendre son pouvoir. Dans ce contexte de violence féodale, l'Église se montre d'abord hostile à l'égard de ces troupes, puis elle tente de contrôler leurs actions en les encadrant dans le mouvement de la paix de Dieu et dans les croisades. On devient chevalier par la cérémonie de l'adoubement fortement ritualisée par l'Église. La chevalerie devient peu à peu une caste réservée aux aristocrates.

Cité : Au Moyen Âge, chef-lieu du diocèse, résidence de l'évêque et siège d'une église cathédrale.

Commise d'un fief : Confiscation par le seigneur du fief d'un vassal qui a dérogé au droit féodal, par félonie, trahison, refus d'aider son suzerain ou, pire, rapt de la femme de son suzerain, etc.

Commune : Régime politique mis en place par une charte de franchise concédée par le seigneur aux bourgeois. Celle-ci garantit aux citoyens la liberté individuelle et l'exercice de leurs activités professionnelles, limite les taxes et les réquisitions du seigneur et reconnaît l'autorité d'institutions communales.

Confrérie : Association destinée à entretenir les sentiments religieux et la mémoire de ses membres. Elle joue également le rôle de caisse de secours mutuel. Elle possède en général un autel dans une église et organise la fête de son saint patron. Son organisation est décrite dans ses statuts.

Consulat : Organisation municipale collégiale (les consuls ou les capitouls à Toulouse) fondée sur des élections et non pas sur le serment ou la conjuration. Régime propre à la France du Sud et qui se différencie des communes du nord de la France.

Contrat de pariage : Association entre deux seigneurs, le plus souvent un laïc et un ecclésiastique, pour recruter des hommes, avancer les capitaux et organiser les défrichements. Les deux seigneurs se partagent les revenus et les droits sur les paysans.

Croisade : Expédition militaire décidée par la papauté, puis prêchée pour engager des croisés. Ceux-ci prononcent le vœu de croisade, qui les place sous la protection de l'Église et leur donne l'assurance de faire leur salut. Il est convenu de compter huit croisades depuis la première lancée à Clermont par le pape Urbain II en 1095 jusqu'à l'échec de celle de Saint Louis devant Tunis en 1270.

Décime : Contribution levée par la papauté sur le clergé pour financer les croisades puis d'autres besoins. Elle est à l'origine du conflit entre Philippe le Bel et Boniface VIII (1298-1303).

Duel judiciaire : voir Ordalie.

Écrouelles : Maladie de peau (adénite tuberculeuse) que les rois capétiens sont censés guérir par le toucher en récitant la formule : « Le roi te touche, Dieu te guérit. » Cette pratique devient régulière à partir de Saint Louis († 1270). Le dernier toucher des écrouelles (par Charles X) a lieu en 1825.

Échevins : Magistrats chargés d'administrer en corps une ville dotée de franchises et d'une commune. Choisis par élection par les bourgeois de la ville, par cooptation ou désignés par le prince, ils sont recrutés parmi les patriciens.

Encellulement : Regroupement et prise en main des hommes à la campagne (entre 950 et 1050) dans le cadre de la seigneurie. Il s'accompagne de la fixation des voies de communication, du dessin parcellaire et du réseau des paroisses.

Épices : Terme générique désignant les produits rares, de grande valeur et de faible volume, importés d'Orient. Le principal est le poivre. Les épices entrent dans la composition de recettes culinaires mais également de préparations pharmaceutiques.

Essarteur : Paysan chargé de défricher une portion de forêt ou une zone inculte (*saltus*). Essarter est synonyme de défricher. On retrouve dans les toponymes « Les Essarts », « Les Bordes » la trace des anciens défrichements.

Excommunication : Sanction religieuse infligée par le pape ou un évêque en cas de grave délit (mariage consanguin, répudiation, etc.). Elle consiste en une exclusion de l'Église et en une privation des sacrements et de l'inhumation en terre consacrée (cimetière).

Faubourg : Nouveau quartier, situé en dehors de l'enceinte de la ville, qui témoigne de l'accroissement de celle-ci. On y rejette parfois les métiers polluants (tanneurs, bouchers). Les premiers couvents mendiants s'y installent.

Félonie : Trahison d'un vassal envers son seigneur, qui entraîne des mesures de rétorsion prévues par le droit féodal, notamment la commise du fief.

Fouage : Impôt royal direct réparti par feu entre les familles du royaume ; il est levé de manière irrégulière par les Capétiens au XIVe siècle. En 1370, il est remplacé par la taille.

Féodalité : Ensemble des institutions et des usages créant des obligations réciproques entre un seigneur et son vassal. Le seigneur doit protection et subsistance à son vassal, et c'est à ce titre qu'il lui remet un fief. Le vassal, lui, doit conseil, aide et fidélité à son seigneur. La société régie par ces usages est dite société féodale, elle repose sur une hiérarchie des hommes et des terres.

Fief : Élément réel de l'échange constitué par le serment féodal ou vassalique. Il se substitue au terme bénéfice entre la fin du IXe et la fin du XIe siècle. À cette période une mutation s'impose : à l'origine, on recevait un bénéfice parce que l'on était vassal ; par la suite, on se fait vassal pour obtenir un fief. Le plus souvent, le fief est constitué par une terre ou un château, mais il peut être une rente (fief de bourse). Il est progressivement considéré comme partie intégrante du patrimoine du vassal et, à ce titre, aliénable et transmissible par héritage, moyennant le paiement de certaines taxes (relief, quint, lods et ventes).

Fief de reprise : Fief qui appartient à l'origine au vassal, et que ce dernier donne à son seigneur pour prix de sa protection et qu'il reprend en fief. Le bien est donc restitué au vassal mais il a perdu sa nature de propriété libre et entière. Il s'oppose au fief de concession, qui est constitué par une terre ou un bien que le seigneur prélève sur son propre patrimoine.

Franchise : Privilèges accordés par un seigneur pour réglementer, limiter ou supprimer les droits qu'il exerçait auparavant de façon arbitraire en vertu de son droit de ban. Ces privilèges sont énoncés dans les chartes de franchise qui se multiplient au XIIe siècle dans les villes et les campagnes.

Gîte (droit de) : Droit royal à être nourri et logé par ses sujets. Il est ensuite passé aux mains des princes, puis des seigneurs. Il est souvent remplacé par une taxe.

Goliards : D'après Giraud de Cambrie, poètes qui stigmatisent, dans leurs vers latins rythmiques, les abus du haut clergé et de la curie romaine. Si l'on en croit Henri d'Ostie, maître de droit canon, ce sont des clercs aux mœurs dissolues, fréquentant les tavernes et les prostituées. Ils sont en tout cas l'objet de nombreuses censures de la part des autorités ecclésiastiques.

Hommage : Cérémonie consistant à se rendre vassal d'un seigneur en s'agenouillant devant lui, en plaçant ses mains dans les siennes, en prononçant un serment de fidélité et en échangeant un baiser de paix (facultatif). Ce rituel est conclu par l'investiture du fief.

Hommage lige : Hommage vassalique prioritaire sur les autres en cas de pluralité d'hommages. Cependant, les vassaux n'ont pas hésité à prêter plusieurs hommages liges, d'où des situations de trahison et de félonie envers ces multiples suzerains.

Hostise : Tenure concédée par un seigneur à des hôtes chargés de défricher une partie de son domaine. Cette concession s'accompagne de redevances limitées afin d'attirer de la main-d'œuvre sur les terres incultes.

Hôte : Paysan étranger au village installé sur une tenure de défrichement, l'hostise, et qui jouit, à ce titre, de privilèges concédés par le seigneur à l'origine de l'entreprise de défrichement. Ces privilèges sont le plus souvent la liberté personnelle, l'absence de corvées, l'exemption de taxes. Au XIIIe siècle, le statut de ces hôtes tend à se dégrader sous l'effet de la pression démographique et de l'arrêt des défrichements.

Inquisition : Procédures et tribunaux particuliers chargés de lutter contre les hérétiques. D'abord déléguée aux évêques, l'Inquisition est confiée aux dominicains (notamment Robert le Bougre) à partir de 1231, puis également aux franciscains.

Métier : Groupement économique de droit semi-public, qui soumet ses membres à une discipline collective dans l'exercice de leur profession. Ses statuts règlementent les conditions d'embauche, les horaires de travail, et la fabrication des produits de l'artisanat urbain. Le plus ancien est celui des cordonniers de Rouen, apparu avant 1135.

Mouvance : Relation foncière entre deux fiefs : le fief mouvant est celui du vassal par rapport au fief dominant, celui du seigneur.

Le roi de France a particulièrement veillé à contrôler sa mouvance, pour transformer les différentes principautés en fiefs de la Couronne.

Ordalie : Mode de preuve usité dans les lois barbares et longtemps durant le Moyen Âge. Elle consiste en une épreuve – eau bouillante, fer rouge, duel judiciaire – dont le vainqueur est celui qui a été ainsi désigné par Dieu comme innocent ou dans son bon droit. La procédure est alors perçue comme un jugement de Dieu.

Ordonnance : Acte législatif émanant du roi. Au sens restreint, l'ordonnance est un acte réformant l'administration du royaume dans de nombreux domaines ou sur une matière déterminée importante comme la monnaie, les eaux et forêts, la Chambre des comptes.

Pairs : Grands vassaux du roi qui revendiquent le privilège de n'être jugés que par leurs égaux, ou du moins par une cour composée de certains d'entre eux. Leurs prétentions échouent. Leur nombre est fixé à douze – six évêques et six laïcs – puis évolue. Le titre demeure essentiellement honorifique : il donne accès au Conseil du roi.

Plaid : À l'époque franque, assemblée politique ou judiciaire, qui devient sous les Carolingiens une réunion annuelle (champ de mai) à la veille du départ en campagne militaire. Elle réunit les grands laïcs et ecclésiastiques pour conseiller le souverain, approuver ses décisions et juger. À l'époque féodale, le *service du plaid* désigne l'obligation pour le vassal d'assister son seigneur lorsqu'il rend la justice. À partir de Saint Louis, les *plaids de la porte* désignent l'exercice direct de la justice par le roi au profit des sujets qui y font appel.

Reconquista *:* Reconquête menée par les rois catholiques d'Espagne contre les sarrasins installés dans la péninsule Ibérique depuis le VIIIe siècle. Cette entreprise de longue haleine menée du VIIIe au XVe siècle connaît des revers face aux Almoravides autour de 1100 et aux Almohades après 1150. Elle s'achève par la victoire des chrétiens (prise de Grenade en 1492).

Régale : Droit du souverain de percevoir les revenus des évêchés pendant leur vacance et de nommer un bénéficiaire, pendant le même temps, aux bénéfices qui en dépendent (nominations limitées aux bénéfices ne comportant pas de charge d'âmes).

Scolastique : Art du raisonnement et de l'enseignement développé dans les universités du Moyen Âge, fondé sur la précision du vocabulaire, la rigueur des démonstrations et la référence à une autorité. La scolastique se déploie au XIIIe siècle, mais tombe dans de vaines abstractions et des verbiages aux siècles suivants, d'où la nuance péjorative qui lui est attachée.

Sénéchal : 1er sens : Officier du palais ou de la Couronne. Cet office, hérité des Mérovingiens, devient très important sous les premiers Capétiens : le sénéchal est alors chargé de toute l'administration du domaine royal, de la guerre et de la justice. Inquiet de cette évolution, Philippe Auguste (1180-1223) fait supprimer cet office, qui existait également dans les grandes principautés.

2e sens : officier royal à la tête d'une sénéchaussée, appelé bailli dans le nord de la France, sénéchal dans le Sud.

Statut synodal : Législation religieuse (portant sur la discipline et le gouvernement du diocèse) promulguée à l'occasion d'un synode, réunion périodique du clergé d'un diocèse présidée par l'évêque.

Seigneur : Dans la hiérarchie féodale, supérieur immédiat du vassal et, hors de cette hiérarchie, maître du sol (seigneurie foncière), ou détenteur du droit de ban (seigneurie banale). À partir du XIe siècle, le seigneur (en vertu du droit de ban) exige de ses paysans des corvées (entretien du château, service de guet, fourniture de vivres et d'avoine pour la garnison et ses chevaux), des taxes sur les transactions et des droits de justice (tonlieux, amendes, confiscations de biens).

Servage : Statut d'une personne qui, du fait de sa naissance ou de la terre qu'elle exploite, dépend étroitement de son seigneur et subit des incapacités juridiques. Elle n'est justiciable que de son seigneur, qui lui doit protection. Elle ne peut ni témoigner, ni prêter serment, ni entrer dans les ordres sans avoir été affranchie. Après la vague d'émancipation des XIIe et XIIIe siècles, la servitude devient la condition des prolétaires ruraux qui payent des taxes spécifiques (chevage, formariage, mainmorte, taille à merci).

Taille : Exaction, à l'origine seigneuriale, levée en vertu du droit de ban, qui est exceptionnelle et d'un montant variable. Les chartes de franchise du XIIe siècle ont régularisé sa périodicité et son taux (on parle alors de taille abonnée par opposition à la taille à merci). À la fin du XIIIe siècle, la taille devient une charge caractéristique du nouveau servage. À la fin du Moyen Âge, ce terme désigne toute imposition levée directement par une autorité municipale, royale ou princière.

Tiers ordre : Groupements, plus ou moins informels, de pieux laïcs qui, tout en restant dans le siècle, tentent de mettre en pratique les préceptes admis par certains ordres religieux, particulièrement les franciscains.

Tenure : Partie du domaine seigneurial occupée et cultivée par des tenanciers, tandis que la réserve est mise en valeur par le faire-valoir direct. Les tenures ont pris deux formes : le manse et la censive. Le manse est grevé de corvées importantes tandis que la censive est tenue en échange d'un cens (fixe ou proportionnel) payé en nature (champart) ou en argent. Les tenures concédées par le seigneur sont héréditaires.

Théocratie pontificale : Régime dans lequel le pouvoir politique, considéré comme d'origine divine, est exercé par les détenteurs de l'autorité religieuse, en l'occurrence pontificale. Cette conception du pouvoir naît sous Grégoire VII (1073-1085) et atteint son apogée sous le pontificat de Boniface VIII (1294-1303). Elle se heurte à partir du XIIIe siècle au développement des Églises et des monarchies nationales.

Vassalité : Engagement vassalique par lequel un vassal se place sous la protection d'un seigneur dans la cérémonie de l'hommage et du serment de fidélité. Le seigneur concède, en échange du service vassalique (aide et conseil), un fief pour l'entretien du vassal et de sa famille. Ce fief tend à devenir héréditaire et aliénable à condition de payer certaines taxes au seigneur.

REPÈRES BIOGRAPHIQUES

LES ROIS DE FRANCE

(voir la chronologie)

LES REINES DE FRANCE

Épouses de Robert II le Pieux (996-1031)

• ROSALA

Fille du roi d'Italie, Bérenger, elle épouse le futur roi Robert II le Pieux en 988, puis est renvoyée en 989 et répudiée en 996. Le roi garde sa dot : la ville de Montreuil-sur-Mer, précieux accès à la mer. Cette répudiation vaut au roi d'être excommunié. Il épouse aussitôt Berthe de Bourgogne.

• BERTHE DE BOURGOGNE († 1024 ?)

Fille de Conrad, duc de Bourgogne, elle épouse le roi Robert II le Pieux en 996. Le roi de France se sépare auparavant de sa première femme, Rosala. Ce mariage est cassé par le pape pour cause de consanguinité (ils sont cousins au troisième degré et Robert est le parrain d'un des enfants de Berthe) et Robert II est excommunié par le pape Grégoire V et condamné à une pénitence de sept ans. Au bout de cinq années, le roi cède d'autant plus facilement que Berthe ne lui a pas donné d'héritier ; il se sépare de celle-ci en 1003.

• CONSTANCE DE PROVENCE († 1032)

Fille de Guillaume II, comte d'Arles, elle devient en 1003 la troisième épouse du roi Robert II le Pieux et celle qui connaît le plus long règne (1003-1032). Elle lui donne quatre fils, mais cette union est souvent orageuse, le roi gardant son amour pour Berthe. En 1031, elle tente vainement, avec l'aide de grands vassaux, de faire monter sur le trône son fils cadet Robert, au détriment de son fils aîné, Henri Ier. Pour mettre fin à cette querelle, Henri Ier offre le duché de Bourgogne à Robert en apanage.

Épouses de Henri Ier (1031-1060)

Il a épousé successivement Mathilde, fille de Conrad II, puis Mathilde, fille de Liudulf de Brunswick et enfin Anne de Kiev.

• ANNE DE KIEV (v. 1024 – ENTRE 1075 ET 1089)

Anne est la plus jeune des filles du prince de Kiev, Jaroslav le Sage. Elle est mariée en 1051 à Henri Ier, roi de France, veuf depuis 1044 de sa deuxième épouse, Mathilde, nièce de l'empereur Conrad II. Veuve dès 1060, elle épouse deux années après le comte de Valois, Raoul de Crépy, qui pour cela répudie sa femme nommée Haquenez. Le couple est excommunié. Anne disparaît alors de la cour de Valois jusqu'à la mort de Raoul en 1074. Elle fonde peut-être, dès 1062, l'abbaye de chanoines réguliers Saint-Vincent à Senlis. On lui attribue l'introduction du prénom Philippe dans la famille royale, prénom jusque-là peu usité en Occident.

Épouses de Philippe Ier (1060-1108)

• BERTHE DE HOLLANDE († 1094)

Philippe Ier épouse Berthe de Hollande ou de Frise après 1071. Elle lui donne deux enfants : Louis (le futur Louis VI) et Constance. Il la répudie ensuite pour épouser Bertrade de Montfort. Elle meurt en 1094 à Montreuil-sur-Mer.

• **BERTRADE DE MONTFORT (v. 1070-v.1118)**

Fille de Simon Ier de Montfort et épouse de Foulques d'Anjou. Elle est enlevée en 1092 par le roi de France Philippe Ier, tombé amoureux de ses charmes. Il répudie sa première épouse, Berthe de Hollande, pour se remarier avec elle. Cette union provoque la révolte des comtes de Flandre et d'Anjou et une ferme condamnation de la part du pape Urbain II, qui l'excommunie en 1095 et met le royaume sous interdit l'année suivante, ce qui empêche le roi de participer à la première croisade. Cette sentence n'est levée qu'en 1105 par le pape Pascal II, mais Bertrade reste auprès du roi et lui donne trois enfants : Philippe, Florus et Cécile. Bertrade intrigue par tous les moyens pour écarter du trône Louis VI au profit de son fils, Philippe de Mantes, mais en vain.

Épouse de Louis VI le Gros (1108-1137)

• **ADÉLAÏDE DE SAVOIE**

Cette descendante des comtes de Bourgogne appartient à un lignage peu puissant (famille de Maurienne ou de Savoie) mais bien allié. Son oncle devient le pape Callixte II. Le roi Louis VI fait casser ses fiançailles avec Lucienne de Rochefort au concile de Troyes en 1107. Il épouse Adélaïde (ou Alix), qui lui donne sept enfants.

Épouses de Louis VII le Jeune ou le Pieux (1137-1180)

• **ALIÉNOR D'AQUITAINE (v. 1122-1204)**

Fille aînée du duc Guillaume X, Aliénor hérite à sa mort (1137) d'un immense domaine : le duché d'Aquitaine, qui s'étend de la Loire aux Pyrénées. Elle épouse Louis VII en 1137. La jeune reine est belle, intelligente, peu dévote, cultivée et indépendante. Elle introduit à la Cour l'art de vivre du Midi, imprégné d'amour courtois. Louis VII est très amoureux de sa nouvelle épousée. Pourtant, l'absence d'héritier mâle sème la discorde dans le couple, qui va s'aggravant durant la croisade. Compromise avec son oncle, Raymond d'Antioche, Aliénor refuse de suivre son mari à Jérusalem, et il l'embarque de force (1148). Son retour de Terre sainte est mouvementé : mêlée à une bataille navale entre Normands de Sicile et Grecs, elle est capturée par ces derniers. Elle rejoint enfin son royal mari en Sicile. Les tentatives de médiation du pape et la naissance d'une deuxième fille ne suffisent pas à réconcilier le couple. Le 21 mars 1152, une assemblée d'évêques déclare le mariage nul pour consanguinité. Louis VII garde ses filles, Marie et Alix, tandis que leur mère regagne Poitiers, capitale du duché d'Aquitaine. Le 18 mai, elle épouse Henri II Plantagenêt et entame une seconde carrière de reine. Elle donne huit enfants à la dynastie Plantagenêt, dont les plus connus sont Richard Cœur de Lion et Jean sans Terre. Aliénor sillonne sans répit son royaume pendant un règne pour le moins agité, marqué par la révolte de ses fils contre leur père. Sa complicité dans cette révolte conduit à son incarcération à Chinon puis en Angleterre de 1174 à 1185, et à nouveau de 1186 à 1189. Elle se retire à Fontevraud en 1194, base d'action pour ses expéditions (à Châlus près de Richard mourant en 1199, en Poitou, en Normandie et en Gascogne). Elle expire à Fontevraud, où elle a pris le voile *in extremis*, mais son gisant la représente en reine.

• CONSTANCE DE CASTILLE

Deuxième épouse de Louis VII de 1154 à 1160. Elle lui donne deux filles. Après sa mort, survenue en 1160, Louis VII épouse Adèle de Champagne.

• ADÈLE DE CHAMPAGNE (v. 1145-1206)

Cette lointaine descendante de Charlemagne est la fille du comte de Blois-Champagne, Thibaud IV, le tenace adversaire des Capétiens, tardivement réconcilié avec eux. Cette réconciliation se scelle par le mariage d'Adèle et du roi Louis VII, le 13 novembre 1160. Adèle donne au roi le fils tant attendu, Philippe, et une fille, Agnès, future impératrice byzantine. Femme intelligente, Adèle joue un rôle politique non négligeable dans les dernières années du règne de Louis VII. Ses puissants frères, Henri le Libéral, comte de Champagne, Thibaud V, comte de Blois, et Guillaume aux Blanches Mains, archevêque de Reims, ont, grâce à Adèle, une influence à la Cour, et s'opposent à celle du comte de Flandre. Mais lorsque son fils, Philippe Auguste, prend la succession en 1179, elle est disgraciée (de 1179 à 1180) par le jeune roi, qui décide de s'appuyer sur le parti flamand afin d'écarter les Champenois. Adèle se retire alors sur ses terres et en appelle au roi d'Angleterre, qui offre la paix à Philippe Auguste et lui demande de se réconcilier avec sa mère et ses oncles (juin 1180). Adèle retrouve une place à la Cour, notamment durant la régence qu'elle assure pendant la croisade de Philippe Auguste (1190-1191). Cependant, son influence reste désormais limitée. Elle fonde l'abbaye de Jard, près de Melun, et a été inhumée à Pontigny.

Épouses de Philippe Auguste (1180-1223)

• ISABELLE DE HAINAUT (v. 1170-1190)

Fille de Baudouin V, comte de Hainaut, issu de Charles de Lorraine, le dernier Carolingien ; elle épouse le roi Philippe Auguste en 1180, auquel elle apporte en dot l'Artois. Ce mariage de l'héritière de la dynastie carolingienne avec un Capétien constitue une sorte de légitimation du coup de force de Hugues Capet et de l'instauration de la dynastie capétienne. Elle est la mère de Louis VIII, mais meurt dès 1190.

• INGEBURGE (v. 1176-1236)

Philippe Auguste, veuf d'Isabelle de Hainaut, épouse Ingeburge du Danemark, sœur du roi Canut VI, dans le but de s'allier les Danois contre l'Angleterre. La cérémonie a lieu le 14 août 1193. Les témoins soulignent la beauté de la princesse. Pourtant, à la fin de leur nuit de noces, le roi manifeste une véritable aversion pour sa femme et s'enfuit. Une assemblée d'évêques et de barons réunie à Compiègne à la fin de l'année casse le mariage. Mais le pape Innocent III réfute cette sentence. Ingeburge est emprisonnée à Étampes, puis, sur l'intervention du roi du Danemark, assignée à résidence dans un couvent. Trois années plus tard, pour s'assurer une descendance, Philippe Auguste épouse Agnès de Méranie, ce qui déclenche une grave crise entre la royauté française et la papauté. Le pape jette l'interdit sur tout le royaume, ce qui a pour effet de suspendre tous les sacrements et les sépultures religieuses. Philippe Auguste cède : il écarte Agnès et fait revenir Ingeburge, qu'il traite en reine sans reprendre la vie conjugale avec elle. Retirée à Orléans, Ingeburge, surnommée « la reine d'Orléans », continue de se tenir pour reine. Cependant, elle n'est pas inhumée à Saint-Denis, malgré sa demande formulée dans son testament.

• **AGNÈS DE MÉRANIE († 1201)**

Fille d'un grand seigneur tyrolien, le duc de Dalmatie, Carinthie et Méranie, Berthold IV, elle est la troisième épouse de Philippe Auguste de 1196 à 1201. Après l'annulation contestable de son mariage avec Ingeburge du Danemark, Philippe Auguste souhaite se remarier pour assurer sa descendance. Il ne parvient cependant pas à se faire agréer par une princesse de rang royal. Il épouse Agnès en juin 1196 et elle lui donne bientôt une fille, Marie. Le pape Innocent III, furieux de l'annulation du mariage avec Ingeburge sans son accord, exige son renvoi avant toute révision de ce précédent mariage. Mais Philippe Auguste, dans l'attente d'un futur héritier, se borne à l'éloigner un temps de la Cour. Elle meurt à Poissy en 1201, en donnant le jour à un fils, Philippe, qui sera surnommé Hurepel et deviendra comte de Boulogne. Ses enfants (Marie, Tristan et Philippe) sont légitimés par le pape dès novembre de la même année.

Épouse de Louis VIII le Lion (1223-1226)

• **BLANCHE DE CASTILLE (1188-1252)**

Né à Palencia en Espagne (Vieille-Castille), Blanche de Castille est mariée à Louis VIII, auquel elle donne dix enfants. Imprégnée de principes chrétiens, elle exerce une profonde influence sur Louis IX, le futur Saint Louis. La régence du royaume lui est confiée lors de la minorité du jeune roi Louis IX en 1226-1234. Lors de sa première régence, Blanche doit affronter la rébellion de grands vassaux qui lui reprochent d'être étrangère et trop proche du légat pontifical, le cardinal Romain de Saint-Ange. Son habileté politique lui permet de mater cette rébellion et de s'assurer le soutien de l'Église et de la bourgeoisie. La crise passée, elle rend avec difficulté le pouvoir à son fils, pourtant majeur. Elle marie son fils Alphonse, dit de Poitiers, à l'héritière de Raymond VII, afin de préparer la réunion à la couronne d'un vaste ensemble territorial du Midi. Après le départ de Louis IX en croisade en 1248, elle reprend la direction du royaume : elle y maintient l'ordre, empêche la reprise des hostilités avec l'Angleterre et envoie régulièrement des subsides aux croisés. Sa mort en 1252 décide Louis IX à revenir en France.

Épouse de Louis IX (1226-1270)

• MARGUERITE DE PROVENCE (V. 1221-1295)

Fille de Raymond Bérenger V, comte de Provence, elle est mariée à Louis IX le 27 mai 1234, à l'initiative de la reine mère Blanche de Castille. Elle n'a que 13 ans à son mariage. Elle doit supporter la jalousie de la reine mère. Elle se montre à la hauteur de son saint époux et l'accompagne à sa première croisade en Égypte (comme il est d'usage dans ce milieu), où il est fait prisonnier (Mansourah, 1250). Le couple royal laisse trois enfants à la garde de la régente et donne naissance à trois autres enfants durant le séjour en Terre sainte, qui dure six ans. Marguerite enceinte reste à Damiette pendant que l'armée se dirige vers Mansourah. Elle réussit à garder la ville, qui est une monnaie d'échange précieuse pour obtenir la libération du roi et de son armée. En revanche, elle ne suit pas son époux lors de la fatale croisade de Tunis (1270). Elle assiste avant sa mort à l'ouverture de l'enquête en vue de la canonisation de Louis IX (1282).

Épouses de Philippe III le Hardi (1270-1285)

• ISABELLE D'ARAGON († 1271)

Première épouse du futur Philippe III le Hardi et mère de Philippe IV le Bel. Elle mourut à Costanza, en Calabre, en 1271, au retour de la pitoyable expédition de Tunis (1270) où Saint Louis trouva la mort.

• MARIE DE BRABANT (1254-1321)

Fille d'Henri III, duc de Brabant, et d'Adélaïde de Bourgogne, elle est la deuxième épouse de Philippe III le Hardi en 1274. Le roi fait exécuter le calomniateur de cette reine, Pierre de La Brosse, qui l'accuse en 1276 d'avoir empoisonné le fils aîné que Philippe a eu de sa précédente épouse. Marie de Brabant est la protectrice des poètes.

Épouse de Philippe IV le Bel (1285-1314)

• JEANNE Ire DE NAVARRE (1273-1304)

Fille d'Henri Ier le Gros, roi de Navarre et comte de Champagne, elle est mariée au futur roi de France, Philippe IV le Bel, en 1284, et lui apporte dans sa dot la Champagne et la Navarre, mais elle conserve l'administration personnelle de ses États. Il est ainsi le premier roi de France à porter le titre de roi de France et de Navarre.

Elle est la mère des rois Louis X, Philippe V et Charles IV.

Épouses de Louis X le Hutin (1314-1316)

• MARGUERITE DE BOURGOGNE (v. 1290-1315)

Fille de Robert II de Bourgogne, elle épouse Louis X le Hutin (le Querelleur) en 1305. Mais en 1314 elle est convaincue d'adultère ainsi que sa sœur Blanche de La Marche avec les deux frères, Philippe et Gautier d'Aulnay, gentilshommes normands. Enfermée à Château-Gaillard, elle est étranglée sur ordre de son mari lorsqu'il accède au trône.

• CLÉMENCE D'ANJOU ET DE HONGRIE

Épouse de Louis X le Hutin, elle lui donne un fils posthume, Jean Ier, qui ne vit que quelques jours. Dès la mort de l'enfant, Philippe V se fait rapidement sacrer roi (9 janvier 1317) malgré l'opposition de plusieurs princes du sang qui veulent placer sur le trône la fille de Louis X, Jeanne. Les états généraux, réunis par Philippe V, s'accordent pour déclarer les femmes incapables de succéder au trône de France.

Épouse de Philippe V le Long (1316-1322)

• JEANNE DE BOURGOGNE (v. 1292-1329)

Fille du comte palatin de Bourgogne Otton IV, elle épouse Philippe le Long en 1307, qui devient roi en 1316 (Philippe V). Impliquée avec sa sœur Blanche et sa belle-sœur Marguerite de Bourgogne dans les scandales de la tour de Nesle, elle est enfermée pour adultère.

Cependant, soutenue par sa mère, Mahaut d'Artois, elle se réconcilie avec son mari, qui lui donne en 1319 l'hôtel de Nesles, dans lequel elle fonde le collège de Bourgogne. Jeanne ne donne pas d'héritier mâle à son royal époux, si bien que la couronne de France passe à son frère, Charles IV, et que les filles de Philippe V en sont écartées.

Épouses de Charles IV (1295-1328)

• **BLANCHE DE BOURGOGNE († 1326)**

Fille d'Otton IV, comte de Bourgogne, elle épouse en 1308 Charles, comte de la Marche, futur Charles IV le Bel. Elle est mêlée aux désordres de sa belle-sœur, Marguerite de Bourgogne (scandales de la tour de Nesle), et, accusée d'adultère, est enfermée en 1314 à Château-Gaillard. Répudiée en 1322, elle prend le voile à l'abbaye royale de Maubuisson, où elle meurt en 1326.

• **MARIE DE LUXEMBOURG († 1324)**

Deuxième et éphémère épouse de Charles IV, elle meurt dès 1324.

• **JEANNE D'ÉVREUX**

Troisième épouse de Charles IV. Après la mort du roi, une assemblée de prélats et barons confie la régence à Philippe de Valois en attendant la délivrance de la reine enceinte. Lorsque Jeanne accouche d'une fille, le 1er avril 1328, Philippe de Valois obtient la Couronne, il est sacré dès le 29 mai suivant. Le peintre Jean Pucelle a enluminé le livre d'Heures de Jeanne d'Évreux entre 1322 et 1328.

Épouses de Philippe VI de Valois (1328-1350)

• **JEANNE DE BOURGOGNE (1293-1349)**

Cette comtesse de Bourgogne, surnommée la Boiteuse, épouse le futur roi Philippe VI en 1313. Elle meurt en 1349 dans la grande épidémie de Peste noire.

• BLANCHE DE NAVARRE (1330-1398)

Fille de Philippe d'Évreux, elle épouse Philippe VI de Valois en 1349, après la mort de Jeanne de Bourgogne, dite la Boiteuse.

PERSONNALITÉS POLITIQUES ET RELIGIEUSES

• ADALBÉRON DE LAON (v. 950/957-1031)

Issu de la famille d'Ardennes, Adalbéron de Laon est sans doute formé au monastère de Gorze (près de Metz), puis à Reims. Il suit l'enseignement de Gerbert, le futur pape Sylvestre II. Élu évêque de Laon en 977 grâce à l'appui du roi Lothaire, il joue par la suite un rôle politique important. Il livre par la traîtrise Charles de Lorraine au nouveau roi, Hugues Capet. Malgré ce coup d'éclat, ses relations avec le Capétien et son fils Robert le Pieux ne seront pas toujours bonnes. Inquiet devant l'extension du mouvement de la paix de Dieu et l'influence grandissante de Cluny, il écrit son *Poème au roi Robert*, dans lequel il décrit « le monde à l'envers » et rappelle que la paix du royaume repose sur l'harmonie des trois ordres (ceux qui prient, ceux qui combattent et ceux qui travaillent). Le roi est responsable de l'harmonie sociale. Ce thème aura une longue postérité au Moyen Âge, même s'il est déjà en décalage avec les évolutions sociales en cours.

• ODILON DE CLUNY (961-1049)

Issu d'une famille noble d'Auvergne, Odilon entre à Cluny en 990. Il aide Maïeul comme coadjuteur, avant de devenir à son tour abbé de la célèbre abbaye en 994. Son abbatiat d'un demi-siècle est particulièrement actif. Il écrit la vie de son prédécesseur canonisé. Il achève les travaux de Cluny II. Il s'engage sur le front politique et social en prenant en main le mouvement de la paix de Dieu et sur le front doctrinal au sujet de la Trinité. Il institue la commémoration générale des défunts le 2 novembre. Raoul Glaber lui dédie ses *Histoires*. Il est canonisé en 1064.

• ROBERT GUISCARD (v. 1015-1085)

Ce chevalier normand, premier né du second mariage de Tancrède de Hauteville, rejoint ses demi-frères en Italie du Sud à partir de 1050. Là, il s'impose rapidement en Calabre septentrionale : en 1053 il est l'un des vainqueurs des troupes pontificales à la bataille de Civitate. Le pape Léon IX, capturé, doit reconnaître les conquêtes normandes. Dès lors, la papauté recherche l'appui des Normands contre l'empereur romain germanique. En 1059, le pape Nicolas II l'investit de la Pouille, de la Calabre et de la Sicile avec le titre de duc, en échange de son hommage vassalique. Robert Guiscard, même s'il peine à imposer sa suzeraineté aux autres chefs normands installés en Italie du Sud, poursuit ses conquêtes (Bari et Salerne), confie la conquête de la Sicile musulmane à son frère Roger et vole au secours du pape, enfermé au château Saint-Ange (1084). Son ambition le conduit à attaquer l'Empire byzantin, mais la mort interrompt sa campagne militaire.

• URBAIN II (v. 1035-1099)

Son nom est Eudes (ou Odon) de Châtillon avant d'accéder au pontificat. Il est élève de saint Bruno à Reims, avant d'entrer à Cluny. C'est le pape Grégoire VII qui l'appelle à son service en le nommant évêque, puis cardinal d'Ostie (1078), enfin légat en Allemagne (1084-1085). Élu pape en 1088, il poursuit avec zèle la réforme dite grégorienne, ce qui ne se fait pas sans heurt : il est chassé un temps de Rome par l'antipape Clément III, soutenu par l'empereur Henri IV. Il convoque un concile à Plaisance en 1095 et, la même année, lance l'appel à la croisade à Clermont, puis fait une tournée dans tout le royaume pour entraîner les seigneurs et leurs chevaliers dans cette aventure. Il meurt à Rome en 1099.

• ROBERT D'ARBRISSEL (v. 1045-1116)

Fils du curé d'Arbrissel et d'une pauvre femme nommée Orguende, Robert succède à son père, mais il ne reste pas dans cette modeste paroisse. Il part étudier à Paris et découvre la réforme grégorienne. Ses vaines et maladroites tentatives pour l'imposer à Rennes, en tant qu'archiprêtre, le découragent. Il choisit la voie de l'érémitisme dans la forêt de Craon, où des disciples ne tardent pas à affluer. Il fonde alors une abbaye de chanoines à La Roê. Il prêche devant Urbain II, qui l'encourage à continuer. Vêtu de haillons, il mène une vie de prédicateur errant, dénonçant violemment les vices du clergé. Il fonde à Fontevraud en 1110 quatre établissements : un pour les lépreux, un pour les hommes et deux pour les femmes, les prostituées repenties et les nobles dames. Après sa mort, cet ensemble original est régi par une abbesse.

• PIERRE L'ERMITE (1050 ?-1115)

Ce personnage ascétique, fondateur d'un monastère et prédicateur fougueux, est considéré comme l'un des acteurs clés de la première croisade. Dès l'appel de Clermont, lancé par le pape Urbain II en 1095, Pierre l'Ermite se met à prêcher, d'abord dans le centre de la France, puis en Champagne, dans la vallée de la Meuse et jusqu'à Cologne. Il quitte cette ville en mai 1096, entouré d'une immense troupe désordonnée, qui atteint Constantinople en juillet. De là, il la conduit jusqu'à Nicomédie (Izmit, Turquie) et revient à Constantinople chercher de l'aide. Entre-temps, ses troupes sont massacrées par les Turcs. Il accompagne les renforts croisés à Jérusalem, où il est nommé aumônier de l'armée chrétienne. Vers 1100, il revient en Europe et finit sa vie comme prieur d'un monastère en Belgique.

• GODEFROY DE BOUILLON (v. 1060-1100)

Il est adopté comme héritier par son oncle, le duc de Basse-Lotharingie, en vertu de ses ascendances carolingiennes. Il ne reçoit d'abord de l'empereur romain germanique Henri IV que la région d'Anvers, puis le duché de Basse-Lorraine en 1087. Il décide de répondre à l'appel à la croisade lancé par le pape Urbain II en 1095 : il vend ou engage une grande partie de son domaine pour financer l'expédition, forte d'une dizaine de milliers de croisés qu'il dirige. Arrivé à Constantinople en décembre 1096, il prête hommage à l'empereur byzantin Alexis. Après la prise de Jérusalem, il est élu souverain (22 juillet 1099) mais préfère le titre d'« avoué du Saint-Sépulcre ». Il bat les Égyptiens à Ascalon en août de la même année puis organise les États latins d'Orient. Il meurt lors du siège de Haïfa et est enterré au Saint-Sépulcre. Son frère, Baudouin de Boulogne, se fait aussitôt couronner roi de Jérusalem.

• **SUGER (1081-1151)**

Abbé de Saint-Denis à partir de 1122, Suger entre dans l'entourage du roi Louis VI comme conseiller et familier. À la mort du roi, la régence lui est confiée (1137-1140), mais cette expérience politique se révèle décevante et il s'enferme dans son abbaye. Il la fait reconstruire dans le nouveau style gothique et y écrit la *Geste de Louis VI*, un rapport sur la consécration de la nouvelle abbatiale et une *Vie de Louis VI*. Lors du départ de ce prince pour la deuxième croisade, il doit accepter une seconde fois l'ingrate tâche de régent du royaume (1147-1149). Après le retour du roi, il garde la haute main sur le gouvernement de l'Église de France et la nomination des évêques. Afin de réparer l'échec de la deuxième croisade, il songe à accomplir à son tour ce périple sacré, lorsqu'il meurt le 13 janvier 1151.

• **BAUDOUIN Ier, roi de Jérusalem (1100-1118)**

Frère cadet de Godefroy de Bouillon, il participe comme lui à la première croisade. Son adoption par le chef arménien Thoros lui permet de fonder à Édesse le premier État latin d'Orient en 1098. Ayant cédé le comté d'Édesse à son cousin Baudouin du Bourg, il succède en 1100 à son frère aîné à la tête du royaume de Jérusalem. Sa vie n'est qu'une succession de batailles pour défendre les États croisés : en 1101, il prend Arsouf et Césarée, en 1104 Saint-Jean-d'Acre, en 1109 Beyrouth et en 1110 Sidon. Il fait construire le château de Montréal en 1116. Il meurt deux années plus tard au retour d'une campagne d'Égypte, sans laisser d'héritier. Son cousin, Baudouin du Bourcq lui succède.

• **BAUDOUIN II, roi de Jérusalem (1118-1131)**

Baudouin du Bourcq, d'abord à la tête du comté d'Édesse, succède à son cousin sur le trône de Jérusalem en 1118. C'est durant son règne que sont fondés les ordres militaires des Hospitaliers et des Templiers. En se rendant au secours d'Édesse, il est capturé par l'armée d'Il-Ghazi et reste prisonnier durant deux années. Après sa libération, il tente en vain de s'emparer d'Alep et de Damas. Il renforce le pouvoir royal aux dépens de l'Église et des barons. Avant de mourir, il transmet sa charge à son gendre, Foulques V d'Anjou, qui sera roi de Jérusalem de 1131 à 1144.

• BAUDOUIN III (1130-1163), roi de Jérusalem (1144-1163)

Il gouverne dans un premier temps sous la tutelle de la reine mère Mélissende. Lorsque l'émir turc de Mossoul au service des Seldjoukides, Zengî, prend Édesse en 1144, Baudouin III demande l'envoi d'une croisade, qui échoue devant Damas (1148). Il épouse Théodora Comnène pour s'allier avec l'empereur byzantin Manuel Ier, oncle de celle-ci.

• GEOFFROI DE VILLEHARDOUIN (1148-1213)

Ce noble champenois, maréchal du comte de Champagne, prend la croix avec son maître. Il est chargé de négocier avec les Vénitiens les conditions d'une aide navale à la quatrième croisade. Il est en outre l'un des chefs de cette expéditions militaire, qui aboutit à la prise de Constantinople (1204) et à la fondation de l'Empire latin d'Orient. Il reçoit en échange divers fiefs en Thessalie et est nommé maréchal de Romanie. Vers 1207, il rédige une *Histoire de la conquête de Constantinople*, dans laquelle il tente de discerner les responsabilités des différents partis dans le détournement de la quatrième croisade. Il est l'un des premiers historiens laïcs à écrire en français.

• RIGORD (v. 1150-v. 1210)

Originaire du Languedoc, Rigord se destine d'abord à la médecine. Mais il se convertit et entre à l'abbaye de Saint-Denis. Son abbé l'encourage à écrire une histoire du règne de Philippe II, qu'il est le premier à surnommer Auguste. Après avoir décrit le couronnement de 1179, Rigord remonte aux origines troyennes des Francs, présente toutes les dynasties royales qui se sont succédé jusqu'à Philippe Auguste, dont il rapporte ensuite le règne. Ces *Gesta Philippi Augusti* sont continuées par Guillaume le Breton, puis incorporées dans les *Grandes Chroniques de France*, considérées à partir du XIIIe siècle comme la plus authentique des histoires officielles.

• BAUDOUIN IV (1160-1185), roi de Jérusalem (1174-1185)

Ce roi affronte Saladin, maître de l'Égypte, avec lequel il finit par conclure une trêve, non sans adresser au concile de Latran III une pressante demande de secours qui reste sans effet. Atteint de la lèpre, il se charge de remarier sa sœur Sibylle, veuve de Guillaume de Montferrat, avec Gui de Lusignan, dans le but de procurer un tuteur à son neveu, qu'il considère comme le futur Baudouin V. Mais il confie finalement la régence à Raymond III de Tripoli avant de mourir à 25 ans. Le jeune Baudouin ne lui survit que quelques mois. Sibylle et Gui de Lusignan se font couronner avec l'appui des Templiers. Ils ne pourront empêcher la prise de Jérusalem par Saladin en 1187.

• SIMON DE MONTFORT (v. 1165-1218)

La famille de Montfort est bien établie à l'ouest de l'Île-de-France depuis le XIe siècle. Elle est alliée aux Capétiens grâce au mariage (controversé) de Bertrade de Montfort avec Philippe Ier. Simon est le fils cadet d'Amaury III, devenu comte d'Évreux grâce à la faveur de Louis VII. Simon hérite de Montfort-l'Amaury, berceau de sa famille, et de deux autres châteaux. Il est proche des cisterciens des Vaux-de-Cernay. L'un d'eux, Pierre des Vaux-de-Cernay, tracera un portrait flatteur de Simon dans son *Histoire de la croisade des albigeois*. C'est en effet durant cette croisade que Simon se fait connaître. Revenu de Terre sainte après la quatrième croisade, il s'engage naturellement en 1209 dans le combat contre les hérétiques cathares du Midi. Ses hauts faits d'armes sont récompensés par l'octroi de l'héritage de Raimond Roger Trencavel vaincu : les vicomtés de Béziers, d'Albi, de Carcassonne et du Razès. Simon devient dès lors le chef de la croisade. Il s'empare du comté de Toulouse, qui lui est officiellement accordé par le pape en 1215. Attiré par les domaines provençaux de l'héritage de Raymond VI, Simon se lance dans de nouvelles opérations, où il trouve la mort en 1218.

• PIERRE MAUCLERC (1190-1250)

Cet arrière-petit-fils de Louis VI a reçu le duché de Bretagne par son mariage avec Alix, qui en est l'héritière. Il exerce le pouvoir au nom de sa femme. Ses bonnes relations avec les Capétiens font penser qu'il conservera ce duché dans leur zone d'influence. La même année, en 1213, Pierre Mauclerc prête un hommage lige à Philippe Auguste. Cependant la noblesse bretonne reste très indépendante et accepte mal l'autorité du nouveau duc, malgré tous les moyens qu'il met en œuvre pour s'imposer : fortifications, bourgs neufs, administration locale. Il est défait en 1234 par ses grands vassaux. Jusqu'à la mort de Louis VIII (1226), il est un vassal fidèle du roi de France, qu'il soutient militairement et dans son conseil. Puis les relations se dégradent lorsque le roi s'oppose au remariage de Pierre avec Jeanne de Flandre. Il se rapproche alors du roi d'Angleterre avec lequel il signe un traité en 1226, prévoyant le mariage du roi anglais avec sa propre fille. En 1229, il prête hommage à Henri III et défie le roi de France. L'armée royale l'attaque et le pousse à la soumission en 1234. Il confie le gouvernement du duché à son fils Jean Ier, et part en croisade avec Louis IX. Il meurt au retour de cette éprouvante expédition.

• PIERRE VALDO OU VALDÈS (v. 1140-1205/1207)

À l'origine riche marchand lyonnais cultivé, Pierre Valdo s'intéresse aux problèmes religieux, qu'il approfondit à l'école cathédrale et en fréquentant des ecclésiastiques. Ceux-ci lui traduisent en occitan les Évangiles, des passages de l'Ancien Testament, des extraits de la littérature patristique et des vies de saints. En 1170, à la suite d'un deuil, il abandonne cette vie de marchand et s'adonne à la pauvreté évangélique et à la prédication dans les rues. Il est bientôt entouré par un groupe de laïcs, « les Humiliés ou Pauvres de Lyon », qui vivent de mendicité. L'archevêque lui interdit de prêcher en 1180 ; Valdo fait appel au pape Alexandre III qui confirme l'année suivante la décision épiscopale. Refusant de s'y soumettre, Valdo est excommunié par le concile de Vérone de 1184, qui le déclare hérétique. La répression qui s'ensuit pousse les vaudois vers l'hérésie antisacerdotale et antisacramentelle. Des communautés vaudoises essaiment dans toute la France, en Allemagne et en Piémont, où une branche dissidente se forme au début du XIIIe siècle : les « Pauvres de Lombardie », tandis que certains vaudois reviennent dans le giron de l'Église sous le nom de « Pauvres réconciliés ou Pauvres catholiques ».

• VILLARD DE HONNECOURT (actif premier quart du XIIIe siècle)

On ne sait rien de Villard de Honnecourt, si ce n'est qu'il est rattaché à la région de Honnecourt-sur-Escaut. Son carnet de croquis, découvert au XIXe siècle, révèle un esprit curieux, artiste et inventif dans de nombreux domaines. Il a excellé dans les dessins d'architecture (élévations intérieures et extérieures de la cathédrale de Reims), dans les dessins techniques sur des sujets aussi variés que des engins, des machines, des dispositifs mécaniques, des automates. Mais il est également capable de croquer des animaux et des végétaux avec une grande acuité d'observation. Certains de ses dessins nous renseignent sur l'arpentage et la mesure à distance, et sur les techniques des constructeurs du XIIIe siècle, le siècle des cathédrales.

• **ÉTIENNE BOILEAU (1200/1210-1270)**

Étienne Boileau est d'origine noble, peut-être natif de la région d'Orléans. Il est signalé comme prévôt de cette ville en 1259, puis de Paris à partir de 1261. Il fait compiler vers la fin de sa carrière le *Livre des métiers*, qui rassemble tous les règlements et usages de l'artisanat et du commerce parisiens. Ces règles restent en vigueur jusqu'à la fin du Moyen Âge.

• **EUDES RIGAUD (v. 1205-1276)**

Issu de la petite noblesse d'Île-de-France, Eudes Rigaud entre au couvent des franciscains de Paris alors qu'il est encore étudiant. Il devient maître en théologie (1242) et participe avec trois autres maîtres fameux (Alexandre de Halès, Eudes de La Rochelle et Robert de La Bassée) au commentaire de la règle franciscaine. Il devient régent de Paris en 1246 et se fait connaître comme prédicateur. Envoyé au couvent de Rouen, il se trouve bientôt élu archevêque (1248) et administre avec un zèle remarquable cette province ecclésiastique récemment intégrée au royaume de France. Il fait copier les comptes rendus de toutes les visites pastorales qu'il y effectue entre 1248 et 1269. Ce registre est une source de premier plan sur la vie religieuse des villes et des campagnes de l'époque. Il soutient la politique d'assimilation de la Normandie au royaume capétien et devient un familier de la cour de Louis IX. Nommé membre du parlement de Paris vers 1258, il participe comme conseiller du roi à la négociation du traité de Paris (1259). Il devient directeur de conscience du futur Saint Louis, prêche la croisade durant laquelle le roi trouve la mort devant Tunis. De retour dans son diocèse, Eudes Rigaud continue d'exercer son rôle de conseiller auprès du nouveau roi, Philippe II. Il participe activement au IIe concile de Lyon (1274), dans la commission chargée d'envisager la réunion des Églises grecque et latine.

• GUILLAUME DE RUBROUCK (1215-ap. 1295)

Ce franciscain flamand fait partie de l'entourage proche de Louis IX ; il accompagne le roi en Terre sainte et de là il accomplit plusieurs missions et ambassades en Mongolie auprès du grand khan, dans le but de proposer au chef mongol une alliance contre l'Islam. Saint Louis poursuit peut-être aussi le projet de convertir les Mongols, réputés tolérants sur le plan religieux. Son voyage dure de 1253 à 1255. Le 10 juin de cette année, il envoie son rapport à Louis IX, conservé sous le titre *Itinéraire vers les contrées orientales*. Sa mission est un échec mais son récit apporte une mine de renseignements inédits sur l'Empire mongol, sa géographie, ses mœurs et ses religions.

• ALPHONSE DE POITIERS (1220-1271)

Cinquième fils de Louis VIII et de Blanche de Castille, frère de Saint Louis, Alphonse de Poitiers reçoit les comtés de Poitiers, d'Auvergne et de Toulouse, ce dernier par son mariage avec Jeanne, fille de Raymond VII. Il laisse ses officiers administrer ses terres, préférant fréquenter le Conseil du roi, où il exerce une influence certaine. Il accompagne son royal frère à sa première croisade et partage sa captivité à Mansourah (1250). Après sa libération, il revient en France pour gouverner le pays après la mort de la régente, Blanche de Castille, jusqu'au retour du roi en 1254. Il promulgue en Languedoc une grande ordonnance de réformation qui est un modèle pour celle de Saint Louis appliquée à tout le royaume. Il fortifie de nombreuses bourgades sur ses terres (Cordes) et fonde une quarantaine de bastides (Sainte-Foy-la-Grande, Montflanquin, Villeneuve-sur-Lot…), pour garder la frontière avec les Anglais.

• JEAN DE JOINVILLE (1224-1317)

La carrière de Jean de Joinville commence lors de la septième croisade, lorsque, à court d'argent, il s'engage au service du roi Louis IX. Il devient rapidement son conseiller, et même son confident lors de la captivité qu'il partage avec le roi. Il est alors chargé de négocier avec les Templiers le paiement de la rançon pour faire libérer le roi et son armée prisonniers des Mamelouks. Après 1250, il rentre en Champagne et fréquente assidûment la cour royale. Il refuse de participer à la huitième croisade. À la fin du XIIIe siècle, il entreprend de rédiger les *Mémoires du sire de Joinville ou Histoire de Saint Louis*, à la demande de la reine Jeanne de Navarre. Sa proximité avec tous les personnages décrits et l'esprit critique de son auteur font de cet ouvrage une source historique de premier plan.

• CHARLES Ier D'ANJOU (1227-1285)

Dernier fils de Louis VIII et de Blanche de Castille, frère de Saint Louis, il reçoit les comtés d'Anjou, du Maine et de Provence. Il suit son frère lors de la sixième croisade et est fait prisonnier comme lui à Mansourah en 1250 puis rapidement libéré. En 1264, le pape l'investit du royaume de Sicile aux dépens des héritiers de Frédéric II. Après les victoires de Bénévent (1266) et de Tagliacozzo (1268), il devient l'arbitre de l'Italie. Il repart à la septième croisade de Tunis, puis à son retour, s'empare de Durazzo et devient roi d'Albanie en 1272, puis de Jérusalem en 1277. En 1282, les Vêpres siciliennes mettent fin à la présence française en Sicile.

• JACQUES DE MOLAY (1243-1314)

Ce templier est le dernier grand maître (élu en 1298) de l'Ordre condamné par Clément V en 1312. Venu de Chypre en Occident, Jacques de Molay compose pour le pape deux mémoires destinés à donner son point de vue sur le dernier projet de croisade et sur celui de fusion de tous les ordres militaires. Sur ce dernier point, son opposition est sans appel, mais est interprétée comme une volonté de conserver les avantages acquis à l'Ordre et à son grand maître devenus très puissants. À la suite d'une enquête, il est arrêté, comme tous les Templiers de France, le 13 octobre 1307. Il avoue alors des erreurs doctrinales et morales. L'Ordre est supprimé par le pape en avril 1312 et Jacques de Molay, condamné à la prison à perpétuité le 19 mars 1314. Il proteste contre sa condamnation et meurt sur le bûcher.

• CHARLES II D'ANJOU (1248-1309)

Roi de Naples de 1289 à 1309, marié à Marie de Hongrie en 1270, Charles II exerce une forte influence sur les papes avec lesquels il partage une admiration pour les franciscains. Sa domination sur la Sicile est remise en question jusqu'à la paix de Caltabellota (conclue en 1302 : à la mort du prince aragonais, le royaume de Sicile devait revenir aux Angevins). En outre, Charles II conserve une souveraineté théorique sur Jérusalem. Ses fils règnent sur diverses contrées européennes : Philippe Ier de Tarente sur l'Albanie et l'Achaïe, Jean sur le duché d'Arezzo et son petit-fils Carobert sur la Hongrie (à partir de 1308).

• PHILIPPE DE BEAUMANOIR (v. 1252-1296)

Fils de Philippe de Rémi, Philippe de Beaumanoir est bailli de Clermont-en-Beauvaisis de 1279 à 1282, au service du comte de Clermont, sixième fils de Saint Louis. Dans les années 1282-1283, il met par écrit les *Coutumes du Beauvaisis* en soixante-dix chapitres composés avec le soin et la clarté d'un juriste de terrain, qui n'oublie pas de préciser au passage les qualités requises pour être un bon bailli. Après cette rédaction, il entre au service du roi, occupant divers postes de sénéchal et de bailli (Vermandois, Touraine, Senlis). Il est inhumé chez les dominicains de cette dernière ville. Il illustre parfaitement le mouvement général de promotion de l'écrit caractéristique du XIIIe siècle.

• BERNARD DÉLICIEUX († 1319)

Franciscain devenu célèbre pour ses démêlés avec l'Inquisition, particulièrement active dans le midi de la France, Bernard Délicieux est entré dans l'ordre des frères mineurs en 1284 à Montpellier. Il est lecteur du couvent de Carcassonne quand des citoyens de la ville, poursuivis par l'Inquisition, viennent s'y réfugier. Il les défend avec une telle énergie que la procédure est arrêtée. Il affronte également les inquisiteurs d'Albi, avant d'organiser dans tout le Midi une ligue anti-inquisitoriale. Arrêté et déféré devant le pape Clément V à Lyon en 1305, il réussit à sauver sa cause. Quelques années plus tard, il se rapproche de Philippe le Bel (entrevue de Chartres en 1310). Bernard se consacre dès lors au mysticisme et aux sciences occultes, chères aux Spirituels franciscains. Venu en Avignon avec les soixante-douze frères spirituels convoqués par Jean XXII, il y est arrêté. Il subit la torture et un procès inique, qui le brisent. Il meurt en prison après avoir été privé de son habit religieux.

• GUILLAUME DE NOGARET (v. 1270-1313)

Bourgeois originaire du Languedoc, Guillaume de Nogaret accède au rang de conseiller du roi à partir de 1302. Il commence sa formation en droit à l'université de Montpellier, où il devient maître. Puis il se met au service de l'administration capétienne dans la sénéchaussée de Beaucaire comme juge-mage (1294). Après avoir été anobli en 1299, son ascension politique est rapide : dès 1307, il a la garde du sceau et la haute main sur les affaires ecclésiastiques du royaume. Il soutient sans faillir le roi Philippe le Bel contre le pape Boniface VIII, qu'il va rencontrer à Anagni. Il participe à la condamnation des Templiers, officialisée en 1312. Ces deux affaires sont soutenues par de véritables campagnes de manipulation de l'opinion publique. Cet apôtre de la raison d'État voit son influence décliner à partir de 1311 au profit d'Enguerrand de Marigny.

• ENGUERRAND DE MARIGNY (v. 1275-1315)

Modeste chevalier normand, Enguerrand de Marigny devient chambellan et conseiller de Philippe le Bel grâce à l'appui de la reine Jeanne. L'ascension sociale d'Enguerrand de Marigny ne manque pas de susciter des jalousies, d'autant que le roi le dote en outre des fonctions de capitaine du Louvre et de gardien du Trésor, tout en lui conférant la prééminence parmi ses chambellans et en lui confiant des missions diplomatiques en Flandre. À partir de 1311, son influence l'emporte sur celle de Guillaume de Nogaret. Mais la chute de la monnaie en 1313 lui est imputée, et les états de 1314 protestent contre sa politique financière. Après la mort de Philippe le Bel, il est accusé de tous les méfaits. Arrêté en 1315, il est soumis à un réquisitoire accablant comptant pas moins de quarante et un chefs d'accusation. L'un des plus graves est l'abus de pouvoir : il aurait exigé des trésoriers et maîtres des comptes de n'obéir aux mandements du roi que s'ils étaient munis de son propre sceau. Louis X l'abandonne tout à fait quand une rumeur se propage au sujet de tentatives d'envoûtement et d'assassinat menées contre lui par l'épouse et la belle-sœur d'Enguerrand. Il est pendu au gibet de Montfaucon le 30 avril 1315.

LES PAPES D'AVIGNON (1308-1352)

• CLÉMENT V (1305-1314)

Originaire de Gironde, Bertrand de Got reçoit une formation en droit à Orléans et à Bologne. Évêque de Comminges en 1295, puis archevêque de Bordeaux (1299) ; à Rome il devient chapelain du cardinal Francesco Caetani. Il est élu pape à Pérouse le 5 juin 1305 et investi à Lyon en novembre de la même année. Il crée par deux fois dix cardinaux français et gascons. En 1307, le roi Philippe le Bel exige du pape la suppression de l'ordre des Templiers et la condamnation de Boniface VIII. Clément V fait abolir l'ordre des Templiers par le concile de Vienne (1312), mais réussit à éviter la condamnation de Boniface VIII. Le même concile condamne les thèses de Pierre Jean Olieu, celles du Libre Esprit et le mode de vie des béguinages. Ce pape introduit l'enseignement de l'arabe, de l'hébreu, du syriaque et du grec dans les universités de Paris, Oxford, Bologne et Salamanque. Il choisit de s'établir en Avignon à partir de 1308, où il réside dans le couvent des dominicains. Il fait canoniser Célestin V (1311) et préside le concile de Vienne (1312). Il meurt en 1314 à Roquemaure (Gard).

• JEAN XXII (1316-1334)

Jacques Duèse est issu d'une famille bourgeoise de Cahors. Évêque de Fréjus (en 1300), d'Avignon (1310), puis cardinal de Saint-Vital (1312), il est élu pape au conclave de Lyon le 7 août 1316 grâce à l'appui du futur Philippe V. Il fixe sa résidence en Avignon tout en gardant l'espoir d'un retour en Italie (un projet d'installation à Bologne échoue en 1330). Il réforme l'administration pontificale dont il redresse la situation financière grâce à de nouveaux impôts perçus sur les bénéfices ecclésiastiques. Il doit affronter la querelle de la pauvreté au sein de l'ordre franciscain et l'insoumission de l'empereur Louis de Bavière, qui se fait couronner à Rome par des évêques schismatiques. Il crée de nouveaux évêchés dans le sud-ouest de la France, où il place nombre de ses parents quercynois. Il procède à la canonisation de Thomas d'Aquin. En 1331, il développe la théorie de la vision béatifique différée jusqu'au jugement dernier, ce qui déclenche une querelle théologique retentissante au point qu'il se rétracte sur son lit de mort en 1334.

• BENOÎT XII (1334-1342)

Issu d'une modeste famille de Saverdun dans le diocèse de Pamiers, Jacques Fournier est un moine cistercien. Élu évêque de Pamiers (1317) et de Mirepoix (1326), il devient cardinal de Sainte-Prisque et s'oppose à Jean XXII dans la querelle de la vision béatifique.

Après son élection au pontificat, le 20 décembre 1334, il remplace la demeure épiscopale d'Avignon par un palais tenant à la fois de la forteresse et du monastère cistercien. Il réorganise la chancellerie pontificale et la pénitencerie. Il améliore le recrutement du clergé en imposant un examen aux impétrants et en luttant contre le cumul des bénéfices. Il tente en vain d'apaiser le conflit entre la France et l'Angleterre ainsi qu'avec l'empereur Louis de Bavière excommunié.

• **CLÉMENT VI (1342-1352)**

Pierre Roger entre à La Chaise-Dieu à l'âge de 10 ans. Il étudie la théologie à Paris, puis devient abbé de Fécamp (1326), évêque d'Arras (1329), archevêque de Sens (1329), de Rouen (1330) et finalement cardinal (1338). Il est apprécié du roi de France. Élu pape le 7 mai 1342, il comble sa famille et ses compatriotes limousins de faveurs. Il renforce la centralisation pontificale, entreprend l'archivage des suppliques et intensifie la fiscalité ecclésiastique. Pour recevoir sa fastueuse cour, il adjoint au palais des Papes un second édifice magnifiquement décoré. Il prononce la déchéance de l'empereur Louis de Bavière (1346). Il achète Avignon pour 80 000 florins à la reine Jeanne de Naples en 1348. Cette dernière s'était réfugiée auprès de lui après l'assassinat de son mari et l'arrivée d'une troupe hongroise. Lors de l'épidémie de Peste noire, il condamne les violences faites aux Juifs et le mouvement des flagellants (1349). Durant la guerre de Cent Ans, il négocie plusieurs trêves.

Lettre ornée, Graduel de Saint-Michel de Gaillac
(Paris, BnF, lat. 776, f° 5 ; XIe siècle)

ORIENTATION BIBLIOGRAPHIQUE

Cette bibliographie propose un choix d'ouvrages en langue française et, pour l'essentiel, édités ou réédités dans les dix dernières années.

• SOURCES

Les textes sont édités dans différentes collections bilingues :

- C. U. F. (Paris, Les Belles Lettres – dite collection Budé).
- Classiques Garnier (Paris, Flammarion).
- Sources chrétiennes (Paris, Le Cerf).

Il faut signaler des traductions d'auteurs moins connus dans la collection de la Roue à Livres (Paris, Les Belles Lettres). On trouvera, au format poche, d'excellentes traductions dans la collection Lettres gothiques et en 10/18.

Quelques anthologies sont à recommander :

G. Brunel et E. Lalou (s. d.), *Sources d'histoire médiévale* IXᵉ*-milieu du* XIVᵉ *siècle*, Paris, Larousse, 1992.

P. Guichard et D. Alexandre-Bidon (s. d.), *Comprendre le* XIIIᵉ *siècle*, Lyon, PUL, 1995.
Cet ouvrage explore plusieurs types de textes médiévaux, du fabliau à l'ordinaire liturgique en passant par les actes notariés. Un spécialiste de chaque domaine fait le point sur les apports historiques de ces sources et traite un exemple précis.

Pour repérer un auteur, il est utile de se reporter au *Dictionnaire des lettres françaises*, t. 1 ; *Le Moyen Âge*, éd. remise à jour sous la dir. de G. Hasenohr et M. Zink, Paris, Fayard, 1992.

A compléter par A. Vauchez (s. d.), *Dictionnaire encyclopédique du Moyen Âge*, 2 vol., Paris, Le Cerf, 1997.

Pour comprendre la logique de chaque type de sources, on pourra se reporter à la très riche collection lancée par L. Génicot : *Typologie des sources du Moyen Âge occidental* chez Brepols (de la miniature aux pièces de monnaie en passant par les traités d'astrologie) et à la nouvelle collection, *L'Atelier du médiéviste,* chez le même éditeur (volumes déjà parus : O. Guyotjeannin et alii, *Diplomatique médiévale* ; J. Berlioz, *Identifier sources et citations* ; etc.).

• HISTOIRE ET CIVILISATION

Ouvrages généraux

J. Favier, *Dictionnaire de la France médiévale,* Paris, Fayard, 1995.
D. Matthew, *Atlas du Moyen Âge,* Paris, Nathan, 1985.
M. Parisse, *Atlas de la France de l'an mil : état de nos connaissances,* Paris, Picard, 1994.
Le Moyen Âge, 1. Les événements, Paris, Encyclopedia Universalis, 1999 (coll. Le miroir des siècles).
Le Moyen Âge, 2. Institutions, Figures, Savoirs, Paris, Encyclopedia Universalis, 1999 (coll. Le miroir des siècles).
R. Fossier (s. d.), *Le Moyen Âge,* 3 vol., Paris, A. Colin, 1982-1983.
G. Duby (s. d.), *Histoire de la France rurale,* t. 1, *Des origines au* XIVe *siècle,* Paris, Seuil, 1975.
–, *Histoire de la France urbaine,* t. 2 , *La Ville médiévale,* Paris, Seuil, 1980.
Cl. Gauvard, *La France au Moyen Âge du* V^e^ *au* XVe *siècle,* Paris, PUF, 1996, rééd. 1999.
O. Guyotjeannin, *Les Sources de l'histoire médiévale,* Paris, Le Livre de Poche, Références, 1998.
B. Lorioux, *La Civilisation du Moyen Âge (France,* XIe-XVe*),* Paris, Nathan, 1998 (coll. 128).

De la royauté féodale à la genèse de l'État moderne

R. Lejan, *Histoire de la France : origines et premier essor, 480-1180,* Paris, Hachette, 1996 (Carré Histoire).
J. Kerhervé, *Histoire de la France, naissance de l'État moderne 1180-1492,* Paris, Hachette, 1998 (Carré Histoire).

D. BARTHÉLEMY, *L'An mil et la paix de Dieu. La France chrétienne et féodale 980-1060*, Paris, Fayard, 1999.

A. RIGAUDIÈRE, *Gouverner la ville au Moyen Âge*, Paris, Anthropos, 1993.

O. GUILLOT, A. RIGAUDIÈRE, Y. SASSIER, *Pouvoirs et institutions dans la France médiévale*, 2 vol., Paris, A. Colin, 1994 (coll. U).

W. LEWIS, *Le Sang royal : la famille capétienne et l'État en France (xe-xive siècle)*, [1981], trad. franç., Paris, Gallimard, 1986.

N. BULST, J.-Ph. GENET, *La Ville, la bourgeoisie et la genèse de l'État moderne (xiie-xviie siècle)*, Paris, Éd. du CNRS, 1988.

A. GUERREAU, *Le Féodalisme, un horizon théorique*, Paris, Le Sycomore, 1980.

H. MARTIN, B. MERDRIGNAC, M. CHAUVIN, *Les Capétiens. Histoire et dictionnaire, 987-1328*, Paris, R. Laffont, 1999 (coll. Bouquins).

J.-P. POLY, E. BOURNAZEL, *La Mutation féodale, xe-xiie siècle*, [1980], 2e éd., Paris, PUF, 1991.

Fr. CARDINI, *La Culture de la guerre*, [1982], trad. franç., Paris, Gallimard, 1992.

Biographies

L. THEISS, *L'Avènement d'Hugues Capet*, Paris, Gallimard, 1984.
–, *Robert le Pieux. Le roi de l'an 1000*, Paris, Perrin, 1999.

A. FLICHE, *Le Règne de Philippe Ier, roi de France*, Paris, Société française d'imprimerie et de librairie, 1912.

J. BALDWIN, *Philippe Auguste et son gouvernement*, Paris, Fayard, 1991.

G. MOREL, *Ingeburge, la reine interdite*, Paris, Payot, 1987.

R. H. BEAUTIER, *Recueil des actes de Louis VI, roi de France, 1108-1137*, t. 1, *Actes antérieurs à l'avènement*, t. 2 : *1126-1137 et Appendices*, Paris, De Boccard, 1992.

Y. SASSIER, *Louis VII*, Paris, Fayard, 1991.

G. SIVERY, *Louis VIII le Lion*, Paris, Fayard, 1995.

J. LE GOFF, *Saint Louis*, Paris, Gallimard, 1996.

G. SIVÉRY, *Blanche de Castille*, Paris, Fayard, 1990.

G. DUBY, *Dames du xiie siècle*, Paris, Gallimard, 1995, 3 vol. (notamment vol. 1 : *Héloïse, Aliénor, Iseut et quelqu'autres*).

Ch. V. LANGLOIS, *Le Règne de Philippe III le Hardi*, Paris, Hachette, 1887 [Reprint Magariotis, Genève, 1979].

J. FAVIER, *Philippe le Bel*, Paris, Fayard, 1978.

P. LEHUGEUR, *Histoire de Philippe V le Long*, Paris, 1897 [Reprint Slatkine, Genève, 1975].

R. Cazelles, *La Société politique et la crise de la royauté sous Philippe de Valois*, Paris, Librairie d'Argences, 1958.

Vie quotidienne – Mœurs – Mentalités

G. Levi, J.-Cl. Schmitt (éd.), *Histoire des jeunes en Occident*, 2 vol., Paris, Seuil, 1996.

E. Becchi, D. Julia (éd.), *Histoire de l'enfance en Occident*, 2 vol., Paris, Seuil, 1998.

D. Lett, *Famille et parenté dans l'Occident médiéval, v^e^-xve siècle*, Paris, Hachette supérieur, 2000.

D. Alexandre-Bidon, *La Mort au Moyen Âge*, Paris, 1998, Hachette (coll. La vie quotidienne).

D. Alexandre-Bidon et D. Lett, *Les Enfants au Moyen Âge, v^e^-xve siècle*, Paris, Hachette, 1997 (coll. La vie quotidienne).
Les Âges de la vie au Moyen Âge, Paris, 1992.

J. Gourevitch, *La Naissance de l'individu dans l'Europe médiévale*, Paris, Seuil, 1997.

M. Banniard, Viva voce. *Communication écrite et communication orale du ive au ixe siècle en Occident latin*, Paris, Institut d'études augustiniennes, 1992.

P. Garrigou-Grandchamp, *Demeures médiévales, cœur de la cité*, Paris, Rempart, Desclée de Brouwer, 1992.

J.-Cl. Schmitt, *La Raison des gestes dans l'Occident médiéval*, Paris, Gallimard, 1990.

Br. Lorioux, *Le Règne de Taillevent. Livres et pratiques culinaires à la fin du Moyen Âge*, Paris, 1997.

J. Ducos, C. Thomasset (s. d.), *Le Temps qu'il fait au Moyen Âge. Phénomènes atmosphériques dans la littérature, la pensée scientifique et religieuse*, Paris, Presses de l'Université de Paris-Sorbonne, 1998.

Cl. Gauvard, R. Jacob (s. d.), *Les Rituels judiciaires au Moyen Âge*, Cahiers du Léopard d'or, 2000

M. Pastoureau, *Jésus chez le teinturier. Couleurs et teintures dans l'Occident médiéval*, Paris, Le Léopard d'or, 1998.
–, *Traité d'héraldique*, Paris, Picard, 1993.

J.-M. Mehl, *Les Jeux dans le royaume de France du xiiie au début du xvie siècle*, Paris, Fayard, 1988, rééd. 1990.

Religion

Cl. CAROZZI, *Apocalypse et salut dans le christianisme ancien et médiéval*, Paris, Aubier, 1999.

S. GOUGUENHEIM, *Les Fausses Terreurs de l'an mil. Attente de la fin des temps ou approfondissement de la foi ?*, Paris, Picard, 1999.

J.-M. MAYEUR, A. VAUCHEZ *et alii* (s. d.), *Histoire du christianisme*, Paris, Desclée, t. 5, *Apogée de la papauté et expansion de la chrétienté (1054-1274)*, 1993, t. 6, *Un temps d'épreuves (1274-1449)*, 1990.

E. BOZOKY et A. M. HELVETIUS (s. d.), *Les Reliques : objets, cultes, symboles*, Actes du colloque de Boulogne-sur-Mer, Turnhout, Brepols, 1997.

E. PALAZZO, *Liturgie et société au Moyen Âge*, Paris, Aubier, 2000.

Cl. CAROZZI, *Le Voyage de l'âme dans l'au-delà d'après la littérature latine (Ve-XIIIe s.)*, Rome, École française de Rome, 1994.

J. BASCHET, *Les Justices de l'au-delà. Les représentations de l'enfer en France et en Italie (XIIe-XVe siècle)*, Rome, École française de Rome, 1993.

C. VINCENT, *Les Confréries dans le Royaume de France , XIIIe-XVe siècle*, Paris, A. Michel, 1994.

J. LE GOFF, *La Naissance du purgatoire*, Paris, Gallimard, 1981.
–, *Saint François d'Assise*, Paris, Gallimard, 1999.

J. BERLIOZ (s. d.), *Moines et religieux au Moyen Âge*, Paris, Seuil, 1994 (coll. Points Histoire).

A. DEMURGER, *Les Ordres religieux militaires au Moyen Âge*, Paris, Hachette, 2000.

Ph. FAURE, *Les Anges dans le christianisme médiéval*, Paris, Aubier, 2000.

J.-Cl. SCHMITT, *Les Revenants. Les vivants et les morts dans la société médiévale*, Paris, Gallimard, 1994.

G. LOBRICHON, P. RICHÉ (s. d.), *Le Moyen Âge et la Bible*, Paris, 1984.

G. LOBRICHON, *La Religion des laïcs en Occident XIe-XVe siècle*, Paris, Hachette, 1994 (La vie quotidienne).

A. DAVRIL, E. PALAZZO, *Les Moines dans le Haut Moyen Âge*, Paris, Hachette, 2000 (La vie quotidienne).

Avignon au temps des papes, Paris, Mango, 1999.

J. FLORI, *Croisade et chevalerie (XIe-XIIe siècle)*, Bruxelles, De Boeck Université, 1998.

A. DUPRONT, *Le Mythe de croisade*, Paris, Gallimard, rééd. 1997.

G. LOBRICHON, *1099. Jérusalem conquise*, Paris, Seuil, 1998.

J. LE GOFF (s. d.), *Histoire de la France religieuse*, t. 1, *Des dieux de la Gaule à la papauté d'Avignon*, Paris, Seuil, 1988.

M. ZERNER (s. d.), *Inventer l'hérésie ? Discours, polémiques et pouvoirs avant l'Inquisition*, Nice, Centre d'études médiévales, 1998.

D. Logna-Prat, *Ordonner et exclure. Cluny et la société chrétienne face à l'hérésie, au judaïsme et à l'Islam (1000-1150)*, Paris, Aubier, 1998 (coll. Historique).
J. Berlioz, (s. d.), *Le Pays cathare. Les religions médiévales et leurs expressions méridionales*, Paris, Seuil, 2000 (Point Histoire).
A. Vauchez, *Saints, prophètes et visionnaires. Le pouvoir surnaturel au Moyen Âge*, Paris, Albin Michel, 1999.
R. M. Dessi, M. Lauwers (s. d.), *La Parole du prédicateur (Ve-XVe siècle)*, Nice, Centre d'études médiévales, 1997.

Économie – Société

G. Sivéry, *Les Capétiens et l'argent au siècle de Saint Louis*, Lille, Presses universitaires du Septentrion, 1995 (coll. Histoire).
J.-L. Flandrin, M. Montanari, *Histoire de l'alimentation*, Paris, Fayard, 1996.
La Chasse au Moyen Âge, colloque de Nice, 1979, Paris, 1980.
R. Delort, *Les Animaux ont une histoire*, Paris, 1993.
N. Faucherre, *Châteaux forts*, Cédérom, Syrinx, 1999.
Y. Esquieu, J.-M. Pesez, *Cent maisons médiévales*, Valbonne, 1998.
J. Verdon, *La Femme au Moyen Âge*, Paris, Jean-Paul Gisserot, 1999.
–, *Voyager au Moyen Âge*, Paris, Le Grand Livre du Mois, 1998.
M. Rouche (s. d.), *Sexualité et mariage au Moyen Âge*, Paris, Presses universitaires de Paris-Sorbonne, 2000.
J.-L. Flandrin, *Un Temps pour embrasser*, Paris, Seuil, 1983.
J. Rossiaud, *La Prostitution médiévale*, Paris, Flammarion, 1988.
M. Rouche et alii (s. d.), *Histoire de la vie privée*, Paris, nouvelle éd. Seuil, 1999.
P. L'hermite-Leclercq, *L'Église et les femmes*, Turnhout, Brepols, 1998.
M. Parisse (s. d.), *Veuves et veuvages au Moyen Âge*, Paris, Picard, 1993.
Chr. Klapisch-Zuber (s. d.), *Histoire des femmes en Occident*, t. 2, *Le Moyen Âge*, Paris, Perrin, 1990.
Femmes, mariages, lignages, XIIe-XVIe siècle. Mélanges offerts à G. Duby, Bruxelles, De Boeck Université, 1992.
J. Flori, *Chevaliers et chevalerie au Moyen Âge*, Paris, Hachette, 1998 (La vie quotidienne).
Fr. Piponnier, P. Mane, *Se vêtir au Moyen Âge*, Paris, A. Biro, 1995.
N. Coulet et O. Guyotjeannin (s. d.), *La Ville au Moyen Âge*, t. 1, *Ville et espace*, Paris, CTHS, 1998.

Ph. Contamine, *La Guerre au Moyen Âge*, Paris, PUF, 1980.
R. Barber, J. Baker, *Les Tournois*, Paris, Cie 12, 1989 (trad. franç.).
R. Fossier, *Le Travail au Moyen Âge*, Paris, Hachette, 2000 (collection la Vie quotidienne).
M.-Cl. Hubert (s. d.), *Construire le temps, normes et usages chronologiques*, Paris, École nationale des chartes, Champion, 2000.
R. Germain, *La France centrale médiévale*, Saint-Étienne, Publications de l'Université, 1999.
Ph. Contamine *et alii*, *L'Économie médiévale*, Paris, A. Colin, 1993.
P. Beck (s. d.), *L'Innovation technique au Moyen Âge*, Paris, éd. Errance, 1998.
J.-C. Hoquet, *La Métrologie historique*, 1995 (col. Que sais-je ?, 2972).
S. Roux et M. Balard, *Le Monde des villes au Moyen Âge*, Paris, Hachette, 1995 (coll. Supérieur).
J. Day, *Monnaies et marchés au Moyen Âge*, Paris, Imprimerie nationale, 1994.
Les Élites urbaines au Moyen Âge, colloque de la SHMES, Paris, Publications de la Sorbonne, École française de Rome, 1997.
J. Le Goff, *Marchands et banquiers du Moyen Âge*, [1956], Paris, PUF, 1993.
J. Le Goff (éd.), *L'Homme médiéval*, Paris, Seuil, 1989.
H. Zaremska, *Les Bannis au Moyen Âge*, Paris, Aubier, 1996.
J.-L. Goglin, *Les Misérables dans l'Occident médiéval*, Paris, Seuil, 1996.
P. Lambrechts, J.-P. Sosson (éd.), *Les Métiers au Moyen Âge. Aspects économiques et sociaux*, Louvain-la-Neuve, Publications de l'Institut d'études médiévales, 1994.
J. Mesqui, *Châteaux et enceintes de la France médiévale, De la défense à la résidence*, 2 vol., Paris, Picard, 1991-1993.
J.-M. Poisson (dir.), *Le Château médiéval, forteresse habitée (XIe-XVIe siècle)*, Paris, Éd. de la Maison des Sciences de l'Homme, 1992.
J. Chapelot, *Le Château de Vincennes*, éd. Revue, Rennes-Paris, Ouest-France, Caisse nationale des monuments historiques et des sites, Ministère de la Défense, 1998.
J. Berlioz, *Catastrophes naturelles et calamités au Moyen Âge*, Florence, Sismel et Turnhout, Brepols, 1998.
J. Dufour, H. Platelle (s. d.), *Fondations et œuvres charitables au Moyen Âge*, Paris, CTHS, 1999.
G. Veyssière, *Vivre en Provence au XIVe siècle*, Paris, L'Harmattan, Université de la Réunion, 1998.
J.-N. Biraben, *Les Hommes et la peste en France et dans les pays européens et méditerranéens*, 2 vol., Paris et La Haye, 1975-1976.

M. D. GRMEK (s. d.), *Histoire de la pensée médicale en Occident*, t. 1, *Antiquité et Moyen Âge*, Paris, Seuil, 1995.

D. JACQUART, Cl. THOMASSET, *Sexualité et savoir médical au Moyen Âge*, Paris, PUF, 1985.

Fr.-O. TOUATI, *Maladie et société au Moyen Âge. La lèpre, lépreux et léproseries dans la province ecclésiastique de Sens jusqu'au milieu du XIVe siècle*, Bruxelles, De Boeck Université, 1998.

N. BÉRIOU, Fr.-O. TOUATI, Voluntate Dei leprosus. *Les Lépreux entre conversion et exclusion aux XIIe et XIIIe siècles*, Spolète, Centro italiano di studi sull'alto medioevo, 1991.

Fr.-O. TOUATI, *Archives de la lèpre : atlas des léproseries entre Loire et Maine au Moyen Âge*, Paris, CTHS, 1996.

H. BRESC (dir.), *Figures de l'esclave au Moyen Âge et dans le monde moderne*, Paris, Éd. de l'Harmattan, 1996.

Cl. GAUVARD, *« De grace especial ». Crime, État et société en France à la fin du Moyen Âge*, 2 vol., Paris, Publications de la Sorbonne, 1991.

N. GONTHIER, *Le Châtiment du crime au Moyen Âge*, Rennes, PUR, 1998.

Littérature – Philosophie – Théologie

L. M. PATERSON, *Le Monde des troubadours. La société médiévale occitane 1100-1300*, (éd. angl. 1993, Cambridge University Press), trad. franç., Montpellier, Les Presses du Languedoc, 1995.

P. BOURGAIN, *Poésie latine lyrique du Moyen Âge*, Paris, 2e éd., 2000, Le Livre de Poche (Lettres gothiques).

Y. CAZAL, *La Voix du peuple* - Verbum Dei *: le bilinguisme latin-langue vulgaire au Moyen Âge*, Champion, Genève, 1998.

J. VERGER, *Enseignement, culture et société en Occident aux XIIe et XIIIe siècles*, Rennes, PUR, 1999.

N. L. GOODRICH, *Le Roi Arthur*, Paris, Fayard, 1991.

M. GALLY, Chr. MARCELLO-NIZIA, *Littératures de l'Europe médiévale*, Paris, Magnard, 1985.

M. STANESCO, *Histoire européenne du roman médiéval*, Paris, PUF, 1992.

La Chanson de Roland, éd. I. Short, Paris, Le Livre de Poche, 1990.

M. de RIQUER, *Les Chansons de geste françaises* (trad. I. Cluzel), Paris, Nizet, 1957.

M. ZINK, *Littérature française du Moyen Âge*, Paris, PUF, 1992.

B.-D. BERGER, *Le Drame liturgique de Pâques du Xe au XIIIe siècle. Liturgie et théâtre*, Paris, Beauchesne, 1976.

B. GUENÉE, *Histoire et culture historique dans l'Occident médiéval*, Paris, Aubier, 1980, rééd. 1991.

A. de LIBERA, *La Philosophie médiévale*, Paris, PUF, 1993.

–, *Penser au Moyen Âge*, Paris, 1991.

R. HALLEUX, *Les Textes alchimiques*, Turnhout, 1979 (coll. Typologie des sources du Moyen Âge occidental).

B. OBRIST, *Les Débuts de l'imagerie alchimique, XIVe-XVe siècle*, Paris, Le Sycomore, 1982.

E. GILSON, *L'Esprit de la philosophie médiévale*, Paris, Vrin, 1932.

M. D. CHENU, *La Théologie au XIIe siècle*, Paris, Vrin, 1957.

J. VERGER, *La Renaissance du XIIe siècle*, Paris, Le Cerf, 1996.

Arts

E. MÂLE, *L'Art religieux du XIIe siècle en France*, Paris, A. Colin, 1966 (1re éd. 1902).

–, *L'Art religieux du XIIIe siècle en France*, Paris, A. Colin, 1986 (1re éd. 1898).

–, *L'Art religieux de la fin du Moyen Âge en France*, Paris, A. Colin, 1995 (1re éd. 1908).

L. GRODECKI, *Le Moyen Âge retrouvé*, 2 vol., Paris, Flammarion, 1986.

Fr. AVRIL (s. d.), *L'Art au temps des rois maudits, Philippe le Bel et ses fils, 1285-1328*, Catalogue de l'exposition aux Galeries nationales du Grand Palais, 17 mars-29 juin 1998, Paris, Réunion des musées nationaux, 1998.

Autour du psautier d'Ingeburge, Catalogue de l'exposition au Musée national des monuments français, 24 octobre1986-4 janvier 1987, Paris, Musée national des monuments français, 1987.

J. BASCHET, J.-Cl. SCHMITT, *L'Image. Fonctions et usages dans l'Occident médiéval*, Paris, Le Léopard d'or, 1996.

J.-Cl. SCHMITT et J.-M. SANSTERRE, *Les Images dans les sociétés médiévales : pour une histoire comparée*, Bruxelles-Rome, Institut historique belge de Rome, 1999.

M. PARISSE, *La Tapisserie de Bayeux, Un document du XIe siècle*, Paris, Denoël, 1983.

Pour l'art roman, voir dans la collection Zodiaque, La Pierre-qui-Vire, les monographies régionales (*Provence romane*, *Rouergue roman*, etc.).

A. ERLANDE-BRANDEBOURG, *Quand les cathédrales étaient peintes*, Paris, Gallimard, 1993.

ORIENTATION BIBLIOGRAPHIQUE

R. Recht, *Le Croire et le Voir. L'art des cathédrales, XIIe-XVe siècle*, Paris, Gallimard, 1999 (coll. Biliothèque des Histoires).

X. Barral, I. Altet, *L'Art médiéval*, Paris, PUF, 1993 (coll. Que sais-je ?s).

X. Barral, I. Altet *et alii, Le monde roman : villes, cathédrales et monastères*, Cologne, Taschen, 1998.

J. Wirth, *L'image médiévale. Naissance et développement (VIe-XVe siècle)*, Paris, Méridiens Klincksieck, 1989.

O. Pätch, *L'Enluminure médiévale. Une introduction* [1984], trad. franç., Paris, Macula, 1997.

G. Garrigou, *Naissance et splendeurs du manuscrit monastique du VIIe au XIIe siècle*, Nancy, 1992.

J. Chailley, *Histoire musicale du Moyen Âge*, Paris, PUF, 1984.

M. Durliat, *L'Art roman*, Paris, Mazenod, 1982.

X. Barral I Altet (s. d.), *Artistes, artisans et production artistique au Moyen Âge*, 3 vol., Paris, Picard, 1986-1991.

INDEX GÉNÉRAL

– les entrées de l'index regroupent les occurrences tant du mot lui-même que des mots de la même famille ou du même champ sémantique (ex. : justice cf. juridiction, juge).

– les mots en caractères gras bénéficient d'une rubrique (cf. Sommaire).

– les mots en italique bénéficent d'une définition dans le glossaire (p. 235-243).

INDEX GÉNÉRAL

E

F

Q

R

INDEX DES NOMS DE PERSONNES

– les mots en gras bénéficent d'une notice : cf. Chronologie (vie politique et sociale, p. 35-42), Quelques auteurs (p. 162-174), Reines de France, papes d'Avignon et personnalités politiques et religieuses (p. 246-268).

INDEX DES NOMS DE PERSONNES

R

Ce volume,
le huitième
de la collection « Guide Belles Lettres des Civilisations »,
publié aux Éditions Les Belles Lettres
a été achevé d'imprimer
en septembre 2002
dans les ateliers
de Normandie Roto Impression s.a.s.
61250 Lonrai

N° d'édition : 4093
N° d'impression : 021879
Dépôt légal : septembre 2002